I0283045

MÉMOIRES
DE MIRABEAU.

VII.

IMPRIMERIE ET FONDERIE DE FAIN,
Rue Racine, 4, place de l'Odéon.

MÉMOIRES

BIOGRAPHIQUES,

LITTÉRAIRES ET POLITIQUES

DE MIRABEAU

ÉCRITS PAR LUI-MÊME,

PAR SON PÈRE, SON ONCLE ET SON FILS ADOPTIF.

TOME SEPTIÈME.

PARIS.

DELAUNAY LIBRAIRE,

PÉRISTYLE VALOIS, Nos 182 ET 183.

PALAIS-ROYAL.

1835.

SOMMAIRES

DES LIVRES CONTENUS DANS CE VOLUME.

SOMMAIRE DU LIVRE IV.

(Page 1 à 99.)

Lettre inédite de Mirabeau sur la situation des affaires. — Autre sur sa propre position. — Curieux extrait du *Courrier de Provence*. — Morceau inédit sur la nécessité et l'habileté de la tolérance en matière politique. — Opinion de Mirabeau sur le projet de division départementale du royaume. — Extrait de son discours à ce sujet. — Nouvelles attaques de Mirabeau contre la caisse d'escompte. — Extrait d'un discours inédit sur le projet d'une *banque nationale*. — Jugement de Mirabeau sur Necker. — Extraits de trois lettres inédites. — Sur la nécessité d'une graduation dans la distribution des fonctions publiques, et sur les candidatures successives. — Extrait du discours de Mirabeau à ce sujet. — Causes du rejet inconséquent de cette proposition. — Sur un don de 900,000 francs offert par la république de Genève. — Opposition de Mirabeau. — Sur les protestations écrites et orales du parlement de Rennes, contre les actes de l'Assemblée nationale. — Extrait du discours de Mirabeau à ce sujet. — Sur la liberté de la presse. — Considérations générales. — Projet non réalisé de Mirabeau à cet égard. Transcription d'un discours qu'il avait préparé pour traiter la question, et qui est resté inédit. — Sur un projet de révision générale des pensions. — Opposition de Mirabeau. — L'abbé Maury. — Ses rapports avec Mirabeau. — Sur les dissensions civiles et les scènes de désordre plusieurs fois renouvelées à Marseille. — Causes. — Aperçu des événemens. — Questions portées devant l'Assemblée nationale. — Brève analyse des rapports et discours de Mirabeau. — Ses démêlés avec l'abbé Maury, rapporteur partial et inexact. — Autres événemens. — Témérité du marquis d'Ambert. — Soulèvement. — Le fort de Notre-Dame-de-la-Garde, enlevé par surprise. — Attaques des forts Saint-Jean et Saint-Nicolas. — Assassinat du chevalier de Beausset. — Compte rendu à l'Assemblée. — La municipalité inculpée, défendue par Mirabeau. — Mémoire inédit par lequel il explique les causes des événemens, les juge, et donne ses conseils sur le parti à prendre. — Prétentions de quelques princes d'Allemagne privés de droits féodaux qu'ils percevaient en France. — Opinion de Mirabeau. — Sur la proposition de confier au Roi une *dictature* provisoire. — Opposition véhémente de Mirabeau. — Analyses et extraits de son discours. — Il demande qu'on se borne à fortifier le pouvoir exécutif, en complétant la loi martiale. — Sur l'organisation de l'armée. — Lettre inédite de Mirabeau à ce sujet.

SOMMAIRE DU LIVRE V.

(Page 103 à 208.)

Travaux de Mirabeau à propos des colonies. — Fragmens d'une Adresse inédite rédigée par Mirabeau. — Ses présages sur le soulèvement ultérieur des colonies espagnoles. — Sur la représentation coloniale. — Sur les droits électoraux injustement refusés par les *blancs* aux *hommes de couleur*. — Sur le nombre des représentans à nommer par les colonies. — Sur *la traite des nègres*. — Exposé préliminaire des faits antécédens. — Débats commencés en Angleterre, dès 1788, sur la *traite* et la *liberté* des nègres. — Fermentation dans les colonies françaises, notamment à la Martinique. — Les pouvoirs constitués sont méconnus. — Établissement spontané des *comités provinciaux* organisés par les planteurs et colons dans leur intérêt exclusif. — Ils s'attribuent tous les pouvoirs publics. — Effets de ces événemens en France. — Deux partis opposés. — D'un côté la *Société des amis des noirs*. — De l'autre côté les protecteurs de la *traite* et de *l'esclavage*. — Ceux-ci appuyés par le haut commerce et par une députation de Bordeaux. — Mirabeau se décide à demander l'abolition de la *traite* seulement, celle de l'*esclavage* ne pouvant être qu'ultérieure et graduelle. — Il prépare un discours à ce sujet. — Mais il comprend bientôt, avec l'Assemblée, les dangers d'une discussion solennelle à cet égard. — Il retire donc son travail. — Discours inédit sur la *traite des nègres*. — Préliminaires. — Lettre inédite de Mirabeau à Wilberforce pour lui demander le concours de l'Angleterre. — Discussion. — Nécessité d'abolir la traite. — Inconciliable avec les principes de la constitution, et les *droits de l'homme*. — Incompatible avec la population mixte des colonies, où la classe des *hommes de couleur* augmente rapidement en nombre, en instruction, en richesses, en puissance. — Un seul intérêt combat l'abolition proposée, c'est celui des colons et planteurs. — Quelles raisons allèguent-ils? — Que les noirs sont plus malheureux dans leur propre patrie que dans les colonies? — L'orateur établit le contraire. — Que la *traite* n'est pas un commerce inhumain? — Il en démontre l'atrocité. — Que les nègres ne sont pas maltraités dans les colonies, et que les maîtres ont intérêt à bien traiter leurs esclaves pour les conserver? — Il oppose des faits décisifs. — Que les colonies ne peuvent être cultivées que par les noirs? — Il soutient la négative. — Que la traite est indispensable parce que la reproduction naturelle des noirs est insuffisante? — Il prouve qu'elle peut suffire et au delà. — Que sans abolition de la traite, des lois et réglemens peuvent obvier aux abus? — Il prouve que de pareils moyens seraient sans effet, parce que l'application en serait faite par ceux-là mêmes qui profitent des abus. — Dans un autre ordre d'idées, les partisans de la traite disent qu'elle procure de grands profits au commerce? — L'orateur établit qu'aucun trafic ne présente plus de risques, des retours plus lents, des pertes plus certaines. — Que la traite fait écouler beaucoup de produits de la France? — Il soutient que l'assertion est exagérée, et que, d'ailleurs, c'est non le superflu, mais le nécessaire qui s'écoule. — Que l'abolition de la traite détruirait tout commerce avec l'Afrique? — Il démontre qu'elle en ferait naître un plus vaste et plus productif que l'on néglige à tort. — Que la marine marchande restera désœuvrée? — Il prouve que la traite la détruit en la déshonorant. — Que l'abolition de la traite enrichira l'Angleterre aux dépens de la France? — Il montre que les mêmes principes et les mêmes intérêts feront agir l'Angleterre comme agira la France. — Développemens divers. — Péroraison. — Conclusions.

SOMMAIRE DU LIVRE VI.

(Page 211 à 369.)

Considérations philosophiques sur la brièveté de la vie, morceau inédit de Mirabeau. — Considérations politiques. — *L'art d'oser.* — Autre morceau inédit de Mirabeau. — Dénominations à donner aux départemens du royaume. — Observations de Mirabeau. — Sur la nécessité de soumettre à la législature un budget régulier de l'État. — La religion catholique sera-t-elle déclarée *nationale?* — Proposition faite et retirée par le chartreux Dom Gerle. — Opposition énergique de Mirabeau. — Question des *mandats impératifs* et limitatifs. — Renouvellera-t-on l'Assemblée avant l'achèvement de la constitution? — Protestation éloquente de Mirabeau. — *Je jure que vous avez sauvé la chose publique!* — Sur l'organisation de la municipalite de Paris. — Adjuration prophétique dé Mirabeau à Robespierre. — Débat solennel de la question de *paix* et de *guerre*. — Préliminaires. — Premier discours de Mirabeau, extrait. — Effervescence extraordinaire des esprits. — Intrigues et accusations contre Mirabeau. — Sa vie est menacée. — Le peuple marque l'arbre où il sera pendu. — *Grande trahison découverte du comte de Mirabeau.* — Mirabeau rend plainte contre l'auteur de ce libelle. — Réplique de Mirabeau. — Extraits. — Falsification prétendue de ses discours, imputée à lui-même. — Il les fait imprimer et les envoie aux quatre-vingt-trois départemens. — Transcription de la lettre d'envoi. — Analyse de ce qui a été dit des relations de Mirabeau avec le Roi et la Reine. — La vérité à ce sujet. — D'abord la date. — Faut-il la chercher dans un changement du système politique de Mirabeau? — Non car il n'en a jamais changé. — Époque réelle des premiers rapports. — Mais quels motifs? — Déviation dangereuse de la révolution. — Services immenses de l'Assemblée nationale. — Mais aussi fautes graves.

— Les pouvoirs désorganisés. — L'anarchie menaçante. — Le trône ébranlé. — La constitution compromise. — Ainsi nécessité de secourir l'un et l'autre contre la république réprouvée par le vœu national. — Comment les secourir? par une restauration constitutionnelle et monarchique. — Mais à quel titre? — Un député ne pouvait pas être ministre. — Donc nécessité d'un rôle secret. — Mais le Roi entrait-il de bonne foi dans un projet pareil? — Discussion à cet égard. — Faiblesse et longues indécisions du Roi. — Mais plus tard il se résout franchement. — Preuves jusqu'à présent inconnues. — Correspondance secrète. — Extraits, citations. — Cette résolution partagée par la Reine, long-temps hostile à la révolution, long-temps inspiratrice et idole de la cour. — Mais plus tard éclairée par les événemens, et persuadée par Mirabeau. — Elle renonce à tous projets contre-révolutionnaires. — Elle acquiesce franchement à la constitution. — Preuves révélées pour la première fois. — Correspondance inédite de la Reine avec son frère l'empereur Léopold II. — Citations. — Aussi Mirabeau compte surtout sur la Reine. — *Le seul homme que le Roi ait auprès de lui.* — Mais cependant, en cas de défection de l'un et l'autre, qu'aurait fait Mirabeau? — Discussion à cet égard. — Résumé de ces préliminaires. — Justifications. — Restent à expliquer l'entremise et les conditions. — Le comte de Lamarck. — Ses précédens rapports avec Mirabeau. — Ils se retrouvent à l'Assemblée nationale. — Ils se concertent. — Mirabeau ennemi du despotisme ne l'est pas de la royauté. — Première tentative faite par le comte de Lamarck auprès de la Reine. — Sa proposition est repoussée. — Il est interpellé de la part de *Monsieur*. — Mirabeau écrit pour ce prince un Mémoire qui reste sans résultat. — Peu après le comte de Lamarck absent est mandé à Paris. — Il est invité à mettre Mirabeau en rapport avec le Roi et la Reine. — Hésitation de Mirabeau. — Il consent enfin à fournir des notes et conseils. — Traitement convenu. — L'archevêque de Fontanges. — Opulence prétendue de Mirabeau. — Preuves détaillées des mensonges et

APPENDICE DU TOME VI.

LIVRE IV.

IV.

Le livre précédent a terminé le compte rendu de la plus grande partie des travaux politiques de Mirabeau pendant l'année 1789. Avant de passer outre, nous ferons connaître d'après lui-même la situation où il était dans l'Assemblée nationale.

Les progrès de la révolution avaient été rapides. La plupart des institutions anciennes étaient abolies de droit ou de fait; les nouvelles étaient encore incomplètes et imparfaitement assises; l'esprit d'anarchie marchait plus vite que l'esprit de réforme légale; faute de bien comprendre celui-ci, et de s'y associer franchement, l'autorité se trouvait trop faible contre celui-là : il fallait donc donner à l'autorité des lumières et de la force.

A cette occasion, Mirabeau écrivait à un de ses amis : « La monarchie est plutôt en danger parce « qu'on ne gouverne pas que parce que l'on con- « spire; si nul pilote ne se présente, il est probable « que le vaisseau touchera. Si au contraire la force « des choses contraint à appeler un homme de « tête, et donne le courage de vaincre tous les faux « respects humains, et la jalousie subalterne, qui ne « cesseront de s'y opposer, vous ne vous figurez pas « à quel point il est aisé de mettre le vaisseau pu- « blic à flot. Les ressources de ce pays, la mobilité « même de cette nation, mobilité qui est son « vice capital, ménage tant d'expédiens et de fa- « cilités, qu'il ne faut jamais en France ni présumer « ni désespérer. Nous sommes dans l'état de fai- « blesse où est tout pays qui se constitue; mais le « royaume est tout entier, et s'il éprouve des ti- « raillemens, il n'est pas vrai qu'il y ait une seule « véritable division dans la masse nationale [1]. »

En même temps et quelque inutiles que fussent ces sortes de conseils que Mirabeau prodiguait par toutes les voies, chaque jour élevait sa haute po-

[1] *Lettres à Mauvillon*, page 488.

sition parlementaire, et accroissait son influence vainement combattue dans l'Assemblée, où il avait été accueilli par tant de préjugés sincères ou de dédains affectés, de défiances irréfléchies ou de véritables terreurs, d'aversions d'emprunt, ou de haines invétérées. De piquans détails à ce sujet se trouvent dans une autre lettre également confidentielle, adressée à la même personne, et qui prouve combien il y avait de patriotisme dans cette grande âme que l'on a supposée pleine d'égoïsme, et desséchée par l'ambition : .

« Hélas! mon ami, vous avez trop raison : *Beau-« coup de vanité et peu d'amour de la gloire.* « C'est à cause de cela qu'il faut changer le carac-« tère national; et le pouvons-nous mieux qu'en « nous constituant? Au reste, il n'y a point encore « de parti chez nous; tout cela ne naîtra qu'à la « seconde et peut-être à la troisième législature, car « nous ne sommes pas naturellement systémati-« ques. Je ne dis pas que l'Assemblée ne soit un « peu sévère pour moi; mais si vous saviez en com-« bien de sens le gouvernement et tous les em-« bryons de parti l'ont pratiquée contre moi! si vous « saviez quelle activité de corruption, d'intrigues « et de calomnies, les ministres, l'aristocratie et le « clergé y ont apportée, vous vous étonneriez « moins. Et avec tout cela, ils n'empêchent jamais « que, dans l'occasion, cette assemblée récalci-

« trante, tumultueuse, ostraciste par excellence, ne « rentre entièrement dans ma main [1]; cela tient « à la fermeté de mes principes qui ont été et se« ront jusqu'au bout ma force, et le point d'appui « de mon talent [2]. Voyez, mon ami, il est bien vrai « que j'ai attaché presque tous les grelots, mais « lequel n'a pas sonné? enfin, c'est du plus pro« fond de mon cœur que j'ai dit dans mes *Ba« taves : Malheur, malheur aux peuples recon« naissans !* on n'est jamais quitte envers son pays; « à le servir en tout état de cause, on gagne au « moins de la gloire, et le marché est bon. Il ne « faut vouloir aucun élément de servitude publique, « et la reconnaissance en est un très-actif [3]. »

Après cette noble profession de foi adressée à un obscur ami, à un étranger qui, certes, ne pouvait pas aider Mirabeau dans son rôle de politique militante, nous reproduirons un de ces conseils de modération et d'indulgence qu'écrivait, tantôt publiquement, tantôt confidemment, ce même homme à qui l'on a reproché de vouloir porter tout à l'extrême, de tendre à toutes les sortes de domination, et d'aspirer au despotisme par l'hypocrite apostolat de la liberté.

« Tant qu'il existe des partis, il y a, de part et

(1) *Lettres à Mauvillon*, page 507.
(2) *Ibid.*, page 489.
(3) *Ibid.*, page 508.

« d'autre, des interprétations insidieuses, des exa-
« gérations forcées, des calomnies. Le parti qui ne
« peut plus faire une résistance ouverte a recours
« à des efforts secrets; il croise du moins ce qu'il
« ne peut plus empêcher, il se ménage des conso-
« lations honteuses dans l'amertume de la satire,
« et des reproches personnels; il n'a plus les moyens,
« il montre encore l'intention de nuire. En accu-
« sant ses adversaires d'opinions outrées, il se laisse
« entraîner lui-même vers l'autre excès, et à chaque
« pas que les uns font dans un sens, les autres aussi
« font un pas dans le sens contraire.

« Telle est la nature du cœur humain : toutes les
« fois qu'un parti exagère ses griefs, ou élève trop
« ses prétentions, aussitôt une réaction violente se
« déploie de la part de l'autre parti, et bientôt le
« procès des plaintes réciproques, grossissant tous
« les jours, embarrasse d'incidens la cause de la
« patrie.

« Si l'on veut diminuer la fermentation, il ne faut
« donc pas déprécier ceux que l'on cherche à cal-
« mer, ni rabaisser leurs droits, ni dissimuler leurs
« services, ni leur susciter des querelles. La manière
« la plus sûre de contribuer au bien général, c'est
« de se calmer soi-même; mais tant que l'on con-
« serve une attitude menaçante et des armes offen-
« sives, peut-on exiger que le parti opposé se dé-
« sarme?

« Si le parti populaire va trop loin quelquefois, « et s'il a été trop vite, n'est-ce pas aux aristocrates « qu'il faut principalement l'attribuer? ne l'ont-ils « pas forcé d'enlever la constitution, comme une « conquête? n'ont-ils pas montré, dès le commen« cement, l'intention de tout défendre? ne se « sont-ils pas refusés souvent à des réclamations « très-justes, par la peur secrète que leur facilité ne « provoquât des prétentions exaltées? Quand on s'é« loigne d'un côté de la ligne du droit, on produit « de l'autre un écart contraire, et comme on a « abandonné la règle, on n'est plus autorisé à se « plaindre, si l'événement n'y est pas conforme. « Les aristocrates auraient dû sentir de bonne heure « qu'ayant à sauver un poste important, il ne fal« lait point en sortir pour défendre un terrain mal « gardé. Ils ont perdu des forces dans ces acces« soires; ils ont affaibli leurs véritables moyens, ils « ont tourné contre eux toute la puissance de l'opi« nion qu'ils auraient pu partager. Les fautes de « leur conduite doivent, du moins, les éclairer pour « l'avenir; qu'ils se hâtent de rentrer dans le sein « de la nation; le salut de la chose publique est « leur unique retraite [1]. »

Enfin pour terminer cette digression dont le but a été de présenter à nos lecteurs quelques nuances

[1] *Courrier de Provence*, n° 87, pages 13 et 14.

qui auraient pu être incohérentes, ou rester inaperçues dans la suite de narrations et d'analyses où nous allons rentrer, nous rapporterons une dernière citation empruntée à une lettre particulière, qui nous paraît empreinte d'une philanthropie également sincère, touchante et spirituelle :

« Nous sommes un singulier mélange d'Oromase « et d'Arimane, ou, plus philosophiquement par- « lant, de l'esprit céleste de Dieu animant une « matière imparfaite et réfractaire. Aussi ne devons- « nous jamais ni trop admirer, ni trop mépriser. Ce « que nous devons encore moins, c'est désespérer « et haïr. Trois chemins doivent nous conduire à la « plus inaltérable indulgence : la conscience de nos « propres faiblesses; la prudence qui craint d'être « injuste ; et l'envie de bien faire, qui, ne pouvant « refondre ni les hommes ni les choses, doit cher- « cher à tirer parti de tout ce qui est, comme il « est. Je me crois obligé de porter désormais cette « extrême tolérance sur toutes les opinions philo- « sophiques et religieuses. Il faut réprimer les mau- « vaises actions, mais souffrir les mauvaises pensées, « et surtout les mauvais raisonnemens. Le dévôt et « l'athée, l'économiste et le réglementaire aussi « entrent dans la composition et la direction du « monde, et doivent servir aux têtes douées de la « bonne ambition d'aider, autant que le peut notre « faiblesse, au bien-être du genre humain. Tolé-

« rons donc les écrivains quelconques : s'ils appel-« lent à la raison, c'est très-bien fait, nous leur « parlerons raison ; s'ils invoquent la liberté, c'est « encore mieux fait; nous leur dirons [illegible] liberté « de penser, d'écrire, surtout celle [illegible]ons in-« nocentes, celle du travail et du commerce, sont « l'âme de la politique....... ils battront des mains, « et répéteront avec nous, et leurs élèves en feront « autant. Tolérons de même jusqu'aux gens à cha-« pelets; ils adorent la Providence, ils ont raison! « Nous leur dirons qu'elle est toute bienfaisante, « et qu'elle nous prescrit de l'imiter ; qu'elle a « chargé l'homme de besoins; qu'elle nous oblige « de ne pas l'empêcher d'y pourvoir ; qu'elle lui a « donné des droits, imposé des devoirs, et nous « ferons de notre philosophie secourable une reli-« gion, un culte. En vérité, dans un certain sens, « tout m'est bon; les événemens, les hommes, les « choses, les opinions; tout a une anse, une prise. « Je deviens trop vieux pour user mon reste de « force à des guerres; je veux la mettre à aider ceux « qui aident; quant à ceux qui n'y songent que « faiblement, je veux m'en servir aussi en leur per-« suadant qu'ils sont très-utiles. Que m'importe, à « d'autres conditions, la gloire qu'il ne faut em-« ployer elle-même que comme un outil? ce se-« rait vanité d'en faire un autre usage. N'excom-« munions personne et associons-nous à quiconque

« a un côté sociable. *Mal est ce qui nuit, bien est* « *ce qui sert.* Nous devons nous garder d'être en- « nemis des autres écoles; c'est la postérité qui « marqu[illegible] les rangs. Notre affaire à nous c'est « d'ava[illegible] nous le pouvons, de quelques an- « nées, de quelques mois, de quelques jours, le « règne de la propriété, de la liberté et des secours « réciproques (1). »

Nous reprenons la suite de nos récits et analyses.

Le 14 novembre l'Assemblée s'occupait de nouveau d'un décret que l'on a considéré comme une de ses plus utiles opérations, et un service signalé parmi tous ceux qu'elle a rendus à la France.

Nous voulons parler de la division du territoire français en départemens, division conçue par Sieyes, proposée par Thouret, et qui avait pour but d'imposer une organisation homogène et uniforme à toutes les parties du royaume. Quelques-unes en effet, successivement réunies à la France par des négociations et des conquêtes, n'y avaient été qu'imparfaitement fondues depuis leur incorporation; et elles avaient conservé dans leurs institutions locales, dans des lois et coutumes, dans des exemptions et priviléges, dans des modes et bases

(1) *Lettres à Mauvillon*, page 416.

d'impôts, une foule de différences qui rappelaient que ces provinces avaient été jadis rivales ou ennemies de la France, qu'elles avaient eu d'autres intérêts, reconnu d'autres souverains, subi d'autres lois [1].

Un tel état de choses ne pouvait durer plus long-temps au milieu d'une réformation générale, et parmi tant de circonstances qui réclamaient un système d'administrations locales assorti à l'esprit de la constitution ; une preuve de plus de cette nécessité ressortait des tentatives que Mounier faisait alors, dans le Dauphiné, pour soulever contre les conséquences des nouveaux principes la province qui leur avait donné le premier essor.

Le 3 novembre Mirabeau avait approuvé, au fond, le projet du comité de constitution ; car « il « faut certainement, » disait-il, « changer la division « actuelle par provinces, parce qu'après avoir aboli « les prétentions et les priviléges, il serait impru- « dent de laisser subsister une administration qui

[1] Les inconvéniens de l'état de choses préexistant étaient reconnus par le gouvernement lui-même, qui ne pouvait pas y remédier seul : « Quand on considère par quels accroissemens « successifs, par quelles réunions de contrées diversement « gouvernées, le royaume est parvenu à sa consistance ac- « tuelle, on ne doit pas être étonné de la diversité des régimes, « de la multitude des formes hétérogènes, et de l'incohérence « des principes qui en désunissent les parties. » (Discours de Calonne à l'ouverture de l'Assemblée des notables, du 22 février 1787.)

« pourrait offrir les moyens de les réclamer, de les « reprendre. Il le faut encore, parce qu'après avoir « détruit l'aristocratie, il ne convient pas de con« server de trop grands départemens ; l'adminis« tration y serait, par cela même, nécessairement « concentrée en très-peu de mains, et toute ad« ministration concentrée devient bientôt aristo« cratique.

« Il le faut encore, parce que nos mandats nous « font une loi d'établir des municipalités, de créer « des administrations provinciales, de remplacer « l'ordre judiciaire actuel par un autre ; et parce « que l'ancienne division par provinces présente « des obstacles sans nombre à cette foule de chan« gemens.

« Mais, en suivant le principe du comité de con« stitution, en vous offrant même de nouveaux « motifs de l'adopter, je suis bien éloigné d'en ap« prouver toutes les conséquences.

« Je voudrais une division matérielle et de fait, « propre aux localités, aux circonstances, et non « point une division mathématique, presque idéale, « et dont l'exécution me paraît impraticable.

« Je voudrais une division dont l'objet ne fût « pas seulement d'établir une représentation pro« portionnelle, mais de rapprocher l'administra« tion des hommes et des choses, et d'y admettre « un plus grand concours de citoyens, ce qui aug-

« menterait sur-le-champ les lumières et les soins, « c'est-à-dire, la véritable force et la véritable puis- « sance.

« Enfin je demande une division qui ne paraisse « pas, en quelque sorte, une trop grande nou- « veauté; qui, si j'ose le dire, permette de compo- « ser avec les préjugés, et même avec les erreurs; « qui soit également desirée par toutes les pro- « vinces, et fondée sur des rapports déjà connus; « qui, surtout, laisse au peuple le droit d'appeler « aux affaires publiques tous les citoyens éclairés « qu'il jugera dignes de sa confiance. »

Partant de ces bases, Mirabeau faisait quelques reproches au projet du comité.

Par exemple, au lieu de quatre-vingts départemens proposés, il en demandait cent vingt, et un de ses motifs était le besoin « d'accorder à un plus « grand nombre de villes l'avantage d'être chef- « lieu, et d'ouvrir à un plus grand nombre de ci- « toyens la carrière des affaires publiques. »

Il blâmait aussi le système de division des départemens : « en s'étendant, comme on le propose, « de Paris jusqu'aux frontières, et en formant des « divisions à peu près égales en étendue, il arrive- « rait souvent qu'un département serait formé des « démembremens de plusieurs provinces, et je pense « que cet inconvénient serait des plus graves. Je « sais bien qu'on ne couperait ni des maisons ni des

« clochers; mais on diviserait ce qui est encore plus « inséparable, on trancherait tous les liens que res- « serrent, depuis si long-temps, les mœurs, les ha- « bitudes, les coutumes, les productions et le lan- « gage.

« D'un autre côté, l'égalité d'étendue territo- « riale que l'on voudrait donner aux quatre-vingts « départemens, en composant chacun à peu près de « trois cent vingt-quatre lieues de superficie, me « paraît encore une fausse base.

« Si, par ce moyen, l'on a voulu rendre les « départemens égaux, on a choisi précisément la « mesure la plus propre à former une inégalité « monstrueuse. La même étendue peut être cou- « verte, ici de forêts, là de cités; la même super- « ficie présente tantôt des landes stériles, tantôt de « fertiles champs; ici des montagnes inhabitées, là « une population malheureusement trop entassée; « et il n'est point vrai que, dans plusieurs étendues « égales de trois cent vingt-quatre lieues, les villes, « les hameaux et les déserts se compensent.

« Si c'est pour les hommes et non pour le sol, si « c'est pour administrer et non pour défricher qu'il « convient de former des départemens, c'est une « mesure absolument différente qu'il faut prendre. « L'égalité d'importance, l'égalité de poids dans la « balance commune, si je puis m'exprimer ainsi, « voilà ce qui doit servir de base à la distinction

« des départemens; or, à cet égard, l'étendue n'est « rien, et la population est tout. Elle est tout, « parce qu'elle est le signe le plus évident, ou des « subsistances qui représentent le sol, ou des ri- « chesses mobiliaires, et de l'industrie qui les rem- « placent, ou des impôts dont le produit, entre « des populations égales, ne peut pas être bien dif- « férent. »

Mirabeau blâmait encore le plan de subdivision projetée, plan qui consistait à créer dans chaque département neuf *communes* fictives, c'est-à-dire neuf agrégations de communes, dont une principale aurait été le centre; et dans chaque *commune* neuf cantons, pourvus chacun d'une assemblée primaire.

Les inconvéniens reprochés aux divisions départementales se retrouveraient, selon lui, dans ces subdivisions; il est vrai qu'afin de résoudre ces difficultés à peu près insolubles pour une législature, le comité proposait de confier le travail des subdivisions à des assemblées locales; « mais, » « ajoutait Mirabeau, la prudence permet-elle d'a- « dopter ce moyen? toute votre sagesse n'échoue- « rait-elle pas inévitablement contre les contradic- « tions, contre les oppositions sans nombre que « vous verriez naître? le bouleversement que pro- « duiraient ces sept cent vingt assemblées préala- « bles formerait bientôt de tout le royaume un « véritable chaos. »

Mirabeau proposait de distribuer les provinces en départemens, de manière que la totalité du royaume en comprît cent vingt; que chaque département fût placé dans une ville principale; que le ressort fût combiné de manière à se prêter facilement à un système d'administration uniforme pour tout le royaume; il ne voulait pas, d'ailleurs, que l'on procédât à cette division « par surfaces « égales; car ce n'est point d'une manière égale « que la nature a produit la population, laquelle, « à son tour, produit les richesses, » et il demandait que l'on prît pour bases « des distinctions déjà « connues, des rapports déjà existans; et, par- « dessus tout, l'intérêt des petites agrégations que « l'on voudra fondre dans une seule. » Il confiait cette première opération à un comité où entrerait un député de chaque province, et qui devrait opérer d'après des données bien connues telles « que l'étendue géographique, la quantité de po- « pulation, la quotité d'impositions, la fertilité du « sol, la qualité des productions, les ressources de « l'industrie. » La seconde opération, c'est-à-dire la sous-division des départemens, devait être faite pour chaque province par ses propres députés; enfin il fallait que l'un et l'autre travail fussent combinés de manière à constituer des départemens et des arrondissemens « égaux, autant que possible, « non point en étendue territoriale, ce qui serait

« impraticable, ce qui serait même contradictoire, « mais en valeur foncière, en population, en im- « portance. »

Mirabeau résumait ainsi les conséquences de son plan : « Les départemens ne seront formés que par « les citoyens de la même province, qui déjà la « connaissent, qui déjà sont liés par mille rap- « ports. Le même langage, les mêmes mœurs, les « mêmes intérêts ne cesseront pas de les attacher « les uns aux autres; des sections, connues dans « chaque province, et nécessitées par leur adminis- « tration secondaire, seront converties en dépar- « temens, soit que le nombre des citoyens y soit « assez considérable, soit qu'il faille en réunir « plusieurs, pour n'en former plus qu'une seule. « Par-là l'innovation sera, j'ose le dire, moins tran- « chante, et le rapprochement plus facile. L'attente « des ennemis du bien public sera trompée ; et la « dislocation des provinces, impérieusement exigée « par un nouvel ordre de choses, n'excitera plus au- « cune commotion. »

Ces propositions avaient été combattues dans leurs principales dispositions par le comité dont Mirabeau avait lui-même critiqué les idées. Le 14 novembre il reproduisit les siennes, les motiva, les défendit avec force; mais, dans la crainte des répétitions et des longueurs, nous n'analyserons pas ces nouveaux développemens d'un projet qui entra en grande partie dans la loi de division départementale, et de sous-division administrative (15 janvier, 16 et 20 février 1790) dont la France a joui depuis, et dont l'expérience d'un demi-siècle a démontré la sagesse et les avantages [1].

On a vu que dans la séance du 26 septembre 1789 l'éloquence de Mirabeau avait entraîné l'Assemblée à voter de confiance le plan présenté par Necker, pour subvenir aux besoins du service, et soutenir les finances, jusqu'à ce qu'un système de contributions publiques eût été voté par la législature. Parmi les combinaisons subséquentes du ministre était un projet de convertir *la caisse d'escompte* en une *banque nationale*.

[1] Cette loi, modifiée depuis dans ses détails, mais non dans ses bases essentielles, partagea la France en quatre-vingt-trois départemens, régis chacun par un directoire et un conseil administratif; les départemens furent sous-divisés en districts régis de même par un directoire et un conseil; les districts comprirent divers cantons, etc. La principale des modifications qu'apporta dix ans après à cette organisation la loi du 28 pluviôse an VIII, qu'on peut considérer comme la constitution administrative du Consulat qui tendait à *monarchiser* des institutions trop républicaines, fut le remplacement de l'autorité collective des directoires de département et de district par l'institution d'un seul fonctionnaire, sous les titres de préfets et de sous-préfets; ce qui, sauf le nombre, était un retour évident à l'ancienne magistrature des *intendans* et des *subdélégués*.

Devenu l'infatigable antagoniste de cette caisse, depuis cinq ans, c'est-à-dire depuis qu'elle avait gravement abusé de son privilége, Mirabeau ne l'avait pas plus épargnée dans ces derniers temps (1), selon ses promesses dès long-temps consignées devant le public, dans ses ouvrages sur les finances, et devant les électeurs provençaux, à qui il avait promis « d'attaquer cet établissement égoïste et in-« fidèle, jusqu'à ce qu'il fût enfin et pour la pre-« mière fois, et pour toujours, administré dans « l'esprit du véritable financier de Sénèque (2). »

Mirabeau s'était donc soulevé contre l'idée d'une sorte d'adoption nationale de la caisse d'escompte,

(1) « Un financier de la caisse d'escompte vint (le 20 juil-« let 1789), au nom de son agioteuse compagnie, féliciter « l'Assemblée nationale et lui offrir, sur le crédit, tous les « éclaircissemens nécessaires, à peu près comme les chevaliers « d'industrie qui viendraient instruire la Sainte-Hermandad. « Un député des Communes qui a dévoilé depuis long-temps « les manœuvres de ces vampires, prit jour dans l'Assemblée « pour lui offrir, à cet égard, un travail très-important et « très-urgent. » (19e *lettre du comte de Mirabeau à ses commettans*, du 9 au 24 juillet 1789, page 49.)

(2) *Lettre d'un bourgeois de Marseille à un de ses amis*, déjà citée tome V, page 281 des présens Mémoires.

Il y a probablement ici allusion à ce passage de Sénèque parlant à Paulin, son beau-père, selon la conjecture de Juste Lipse : « *Tu quidem orbis terrarum rationes administras,* « *tam abstinenter quam alienas, tam diligenter quam* « *tuas, tam religiose quam publicas ; in officio amorem* « *consequeris, in quo odium vitare difficile est*, etc. » (*De brevitate vitæ*, XVIII.)

et il avait préparé pour cette occasion un discours énergique qui, à la vérité ne fut pas prononcé; mais il a été imprimé, et nous en dirons ici quelques mots comme introduction nécessaire au compte que nous avons à rendre de la séance du 20 novembre, où, à propos de la même question, Mirabeau put, cette fois, arriver à la tribune.

Appuyant sur l'irrésistible nécessité de fonder solidement le crédit public, Mirabeau blâme avec amertume les *arrêts de surséance* que nous l'avons déjà vu combattre ailleurs, arrêts qui, quatre fois en huit ans (le dernier était du 18 juin 1789), avaient permis à la caisse d'escompte de limiter d'abord, d'atermoyer ensuite le remboursement de ses billets, c'est-à-dire d'éluder, même de violer l'obligation essentielle et fondamentale de son privilége. Il prouve que ces arrêts absurdes, iniques, sont de plus illégaux, car les seuls créanciers de la caisse avaient le droit de lui accorder des délais; il démontre que les embarras, soit vrais, soit simulés, qui, avec l'aide de l'autorité aveugle ou complice, ont servi à la caisse de prétexte pour suspendre ses payemens à vue, nuisent prodigieusement aux transactions commerciales, parce que les étrangers ne veulent plus de papier sur Paris, depuis qu'ils savent que ce papier ne sera payé qu'en billets de caisse, qui devraient être et ne sont plus payables *à présentation*; d'où il résulte que, hors de la capitale, ces billets n'ont plus qu'une partie de leur valeur. Enfin parmi les inconvéniens graves qui s'ensuivent, il faut compter, dit l'orateur, de grandes pertes sur le change, et une immense exportation de numéraire hors du royaume [1].

La conséquence nécessaire de ce désordre c'est

[1] Voilà le véritable sens de cette phrase, souvent citée, de Mirabeau : « Je ne m'appitoie pas aisément sur la faïence « des grands ou la vaisselle des rois ; mais je pense, comme « les préopinans, par une raison différente, c'est qu'on ne « porte pas un plat d'argent à la Monnaie, qui ne soit aussitôt « en circulation à Londres. (Séance du 22 septembre 1789.)

Cette saillie, mal interprétée alors, ne serait pas mieux comprise aujourd'hui, si l'on en jugeait par M. E. Labaume qui dit à ce sujet : « La calomnie osait même empoisonner les « bienfaits du Roi et de la Reine, en adoptant l'opinion « émise à la tribune qu'ils n'avaient fait monnayer leur ar- « genterie qu'afin de subvenir aux dépenses secrètes d'une « conspiration. (Tome 3, page 477.)

Outre l'évidence du calcul de tactique financière relevée par Mirabeau, pour apprécier l'assertion de M. E. Labaume on peut relire au tome 6 des présens Mémoires, page 305, l'hommage touchant que, quatre jours après le propos incriminé, Mirabeau avait rendu au Roi et à la Reine, en louant à la tribune leur bienfaisance, et leur généreux sacrifice du luxe royal.

L'aperçu de Mirabeau sur la rareté du numéraire est développé dans un discours inédit que nous possédons, mais dont nous n'insérons que deux pages, parce qu'il n'est pas supérieur à tout ce qui a été imprimé par ou d'après Mirabeau, sur la caisse d'escompte, et parce que nous ne voulons pas trop insister sur des questions vieillies, qui ne peuvent plus renaître :

qu'un profond discrédit atteint la caisse, et par suite la nation; « une nation puissante, une nation pro-« priétaire du meilleur sol de l'univers, une na-« tion fidèle et pleine d'honneur; une nation qui, « une fois éclairée, et par cela même sévère dans « ses opinions sur la chose publique, déploierait

« D'où vient que le numéraire disparaît? c'est parce qu'on « le cache d'abord, et qu'après on l'exporte.

« Pourquoi le cache-t-on? parce que beaucoup d'imagi-« nations s'inquiètent ou s'irritent des effets inséparables « d'un grand mouvement politique. C'est à notre constance, « à notre vigueur, c'est à la raison publique qu'il appar-« tient de rassurer les timides, comme de comprimer les « malveillans.

« Pourquoi cet argent, caché d'abord, est-il ensuite ex-« porté? en voici la raison :

« L'homme inquiet ou mécontent de notre situation poli-« tique, ne le serait pourtant pas assez pour envoyer son « argent hors du royaume, si les billets de la caisse d'es-« compte se payaient à présentation; car, pouvant concen-« trer de grandes valeurs sous un imperceptible volume, « sûr de réaliser à l'heure, à la minute où il voudrait réaliser, » il se garderait bien d'encourir le déficit énorme qu'il « éprouve en envoyant ses capitaux hors de France. Mais, « tout au contraire, les premiers pas qu'il fait vers leur réa-« lisation ne lui procurent que des billets de caisse; et pressé « par ses appréhensions, il ne peut convertir promptement « ces billets que contre des lettres de change sur l'étranger.

« Mais Paris n'en reçoit pas. On n'envoie pas négocier « des lettres de change là où on les paie en billets qui ne « peuvent pas être réalisés à volonté. Il faut donc que quel-« qu'un dans Paris les fournisse. Mais qui osera les fournir, « s'il ne conserve pas dans le prix du change la ressource

« en tout genre la plus grande capacité, la plus « grande puissance, et jouirait du premier crédit. »

Précédemment la caisse d'escompte a étouffé les plaintes et vaincu les oppositions, en s'appuyant de l'arbitraire ministériel; mais, aujourd'hui que ce moyen lui manque, essaiera-t-elle de tromper et d'éblouir l'Assemblée nationale?

« d'envoyer à Londres ou à Amsterdam, des louis ou des « écus de France pour les payer? aussi notre numéraire est « devenu, dans ces grandes places de commerce, plus abon- « dant que les espèces de toutes les autres nations.

« Il faut donc mettre fin à ce malheur. S'il dure, nous « éprouverons les mêmes calamités qui ont signalé l'appari- « tion de Law. En vain fondrons-nous de la vaisselle pour « en faire des écus. Ce ne sera jamais que comme des gouttes « d'eau qui irritent la soif au lieu de l'éteindre. Cette vais- « selle passera dans l'étranger, et nous resterons de plus en « plus accablés par nos infortunes (*).

« Et qu'on ne dise pas que j'exagère, qu'au temps de Law « le papier-monnaie était innombrable, car je répondrais « que nous sommes dans une crise politique qu'on ne con- « naissait point alors; et d'ailleurs, qu'importe la forme « du papier quand il déborde partout? n'en sommes-nous « pas accablés? et, dès qu'il faut passer par les billets de la « caisse d'escompte pour réaliser, le nombre de ceux-ci est « presque indifférent. »

(*) Cette prédiction sur laquelle Mirabeau revint plusieurs fois n'empêcha pas les offres de métaux de se multiplier de tous côtés; et, par exemple, l'Assemblée de décréter le 20 novembre que ses membres feraient *à la patrie le sacrifice de leurs boucles d'argent.*

Ajoutons que les ecclésiastiques-députés, qui n'avaient pas de *boucles d'argent* à sacrifier, se crurent obligés de faire le don, en argent, d'une somme équivalente.

Que pourrait dire la caisse d'escompte pour expliquer, ici la langueur, là les désastres des manufactures, du commerce, de l'agriculture, qu'elle devait servir, et qu'elle a paralysés ou compromis? pour faire comprendre comment a disparu l'argent qu'elle devait faire circuler, hausser l'intérêt qu'elle devait réduire? quels moyens proposera-t-elle pour relever le crédit, elle qui a perdu le sien? pour inspirer de la confiance, quand ses opérations alarment tous ses prêteurs? pour rétablir la foi due aux engagemens, quand elle l'a violée?

Ce qui importe donc, « c'est de demander la « révocation de l'arrêt de surséance, afin que la « caisse d'escompte remplisse ses obligations, selon « les conditions de son établissement; ou d'ordon- « ner que sa liquidation soit incessamment faite, et « qu'en attendant elle cesse toute émission de billets, « puisque ne pouvant pas les payer à présentation, « elle ne fait, en les répandant, qu'augmenter les « embarras et accroître les inquiétudes.

« Si, comme on n'en doit pas douter, elle re- « prend ses payemens, elle se contraindra elle- « même à de sages mesures. Le discrédit cessera de « s'aggraver par elle; la confiance renaîtra, du « moins dans l'esprit de ceux qui jugeront saine- « ment de notre situation, qui verront la sûreté de « l'empire dans la généralité du vœu national; car

« un très-grand crédit s'attache aux constitutions « libres, aux lois que désire la masse entière d'un « peuple. Eh! quand des lois, et non des caprices « gouvernent une puissante nation; quand depuis « le monarque jusqu'au plus pauvre des sujets, « chacun connaît ses droits et ses devoirs; quand, « remplissant les uns, on est assuré de jouir des « autres, qui peut craindre de confier sa fortune à « d'aussi grandes sûretés? »

Si la caisse d'escompte fait sa liquidation, une grande cause de perturbation publique cessera, et la sécurité renaîtra pour elle-même, et pour tous les intérêts qui sont liés à son sort; car, d'un côté, il n'y a nul inconvénient pour elle à exiger la libération de ceux de ses débiteurs qui sont solvables; et, d'un autre côté, si on la laissait continuer tant de lenteurs, de tergiversations, et de fausses mesures, sa ruine et la ruine des capitalistes dont elle a la fortune en dépôt, pourrait être consommée par celle de ses propres débiteurs, dont elle allègue les embarras pour expliquer les siens. Dans l'état critique où elle est, il faut se hâter de calmer la méfiance universelle, née de la faute qu'on a commise en multipliant les billets, au point de ne pouvoir les payer *à vue*; et le moyen de dissiper cette méfiance, qui s'étend des billets de la caisse à tous les effets publics, c'est de la forcer à éteindre ses billets avec les valeurs qui, entre ses mains, sont, ou inertes, ou employées à nourrir l'agiotage, c'est-à-dire criminellement détournées de leur véritable destination, au profit de quelques intérêts particuliers.

Vous régénérerez ainsi la caisse d'escompte et vous vous garderez bien de céder à « sa folle ambition de vouloir étendre son empire sur tout le « royaume, et de prétendre à devenir *banque nationale*. Ce titre obligerait-il la nation à répondre « des engagemens d'une telle banque? une telle « prétention serait une démence, et si le titre de « *national* n'emporte pas la garantie de la nation, « que signifie-t-il? déploierons-nous toujours les « enseignes du charlatanisme?

« Peut-être aurons-nous besoin d'une *caisse nationale*; peut-être l'industrie des banques sagement réglées conviendra-t-elle pour un peu de « temps à l'administration de nos finances; mais « gardons-nous des piéges de l'intérêt particulier; « craignons cette longue habitude de la capitale, « de chercher dans les besoins de l'État des occasions de fortune. Le crédit, résultant désormais « des volontés nationales, n'a nul besoin d'appui « étranger; que le commerce ait autant de banques « qu'il voudra, leur concurrence lui sera toujours « utile; mais une banque nationale, une banque « qui prétendrait dans ses opérations, être, tout à « la fois, l'appui du commerce et celui de l'État,

« ne présente que des dangers; celui, surtout, d'of-
« frir à la puissance exécutive les moyens d'éluder « les décrets du corps législatif, de se procurer des « secours d'argent contre ses intentions et sa poli- « tique ([1]). Ce corps surveillera-t-il une banque « qui embrasserait tous les genres d'affaires? cette

([1]) Cet aperçu est plus développé dans un discours inédit dont nous parlions tout à l'heure, et auquel, du reste, nous n'emprunterons plus qu'une seule citation : « *Quoi! la banque « proposée* (*) *se réserve un fonds de cinquante millions, « et, par ce moyen, l'État trouvera près d'elle les avances « dont il aura besoin !*

« Mais si je ne me trompe, voilà un avantage tout-à-fait « discordant avec notre constitution.

« Selon l'esprit et les maximes qui nous dirigent, il y aura « législature permanente, dépenses réglées, concert obligé « entre la législature et le pouvoir exécutif, celui-ci ne pou- « vant dépenser, en destination et en quotité, que ce que « celle-là aura voté, ni plus ni moins.

« Or, dans cet état de choses, un établissement qui pour- « rait avancer des deniers au gouvernement sans l'autorisa- « tion de la législature, attaquerait nos principes, détruirait « notre constitution. Cette pièce de rapport lui est donc « étrangère, même hostile, et nous ne pouvons pas l'admettre.

« S'il est besoin d'avances, la législature doit les ordonner, « et dès lors, nous ne pouvons pas préparer un établissement « pour lui demander de temps à autre des avances. En quoi « consisteront-elles? serons-nous dépourvus de moyens parce « que n'aurons pas à notre dévotion une banque d'action- « naires? je crois que le prestige de l'utilité pourrait bien « avoir gagné M. de Laborde lui-même. »

(*) Le projet d'une banque particulière proposée par le député Laborde de Méréville.

« surveillance serait contraire anx principes de la li-« berté, au secret dont la manutention des banques « ne peut se passer. Laisserez-vous, cependant, sans « une inspection exacte et sévère, l'usage des res-« sources que l'état de nos finances nous contraint « de chercher dans le crédit? Non, car cette in-« spection n'exigeant aucun secret, sera elle-même « une base de crédit : il faut donc laisser au com-« merce ces établissemens, et en séparer soigneuse-« ment les nôtres. »

Mais on vous menacera encore de la chute de la caisse d'escompte, et l'on vous dira qu'il faut se hâter de la remplacer par un autre établissement. Loin de désirer cette chute, c'est pour l'empêcher que je vous supplie d'asseoir le crédit national sur des bases inébranlables; mais il ne faut plus que la caisse d'escompte prétende retenir désormais le monopole dont elle a violé les conditions, au lieu de les remplir.

Mirabeau concluait donc en demandant que les *arrêts de surséance* « fussent déclarés contraires « à la foi publique, » et que le Roi fût supplié de retirer celui du 18 juin 1789.

Il nous semble que cette analyse du travail dans lequel Mirabeau combattit par anticipation la proposition de Necker, du 14 novembre 1789, nous dispense d'insister sur les débats de ce projet. Nous nous bornerons à dire que, comme nous l'avons annoncé, il tendait à convertir la caisse d'escompte en *banque nationale*; à lui donner un privilége pour dix, vingt ou trente ans; à en faire élire par les actionnaires, les administrateurs, portés au nombre de vingt-quatre, dont six ou huit étrangers aux affaires de banque et de finances; à faire surveiller leur gestion par des commissaires publics, pris dans l'Assemblée nationale; à limiter l'émission des billets à 240 millions; à faire cautionner, par la nation, ces billets qui seraient reçus pour argent comptant dans les caisses publiques et particulières, etc.

A l'appui de cette proposition, Necker déclarait que les ressources créées par l'Assemblée nationale ne pouvaient être que graduellement et lentement réalisées; que, cependant, une somme de 170 millions, comptant, était indispensable au service de l'État; qu'il fallait, par conséquent, user de quelque moyen extraordinaire pour l'obtenir.

Mirabeau soutint, le 20 novembre, que ce projet, repoussé d'avance par la plupart des convictions, serait à la fois dangereux et stérile; qu'en effet, la caisse d'escompte, transformée en banque nationale, ne prêterait à l'État que le crédit de l'État; qu'ainsi elle serait inutile; que la conversion proposée ne ferait pas cesser l'absurde et fatale iniquité des arrêts de surséance; que la garantie nationale imposerait à l'État des obligations qui seraient encore trop onéreuses, alors même que l'opération obtiendrait un plein succès d'ailleurs impossible; qu'un privilége exclusif accordé à la banque porterait un grave préjudice aux provinces; l'orateur, en concluant au rejet de la proposition, renouvela celle qu'il avait précédemment présentée, et qui tendait à séparer la dette publique, en principal et intérêts, des autres dépenses, et à la soumettre à une gestion particulière, sous la surveillance de la nation.

Nous n'étendrons pas plus loin ce simple extrait, parce qu'il s'agit ici d'une question temporaire et circonscrite, tandis que, selon notre plan, nous n'insistons d'ordinaire que sur les généralités. Le même motif nous détermine à ne point faire usage (sauf les citations qu'on a lues tout à l'heure), d'un long discours, déjà cité, dont nous possédons le manuscrit, et par lequel Mirabeau devait combattre la proposition présentée le 5 novembre 1789 par Laborde Méréville ([1]), qui, écartant aussi de son côté, l'idée de *la banque nationale* de Necker, proposait une banque de particuliers pour lesquels il demandait : « l'autorisation de faire fabriquer des espèces,

([1]) Il s'agit ici de François-Louis-Joseph, garde du trésor royal, député d'Étampes à l'Assemblée nationale, fils aîné du bienfaisant et célèbre banquier de la cour, Jean-Joseph de Laborde, qu'on a souvent confondu, mal à propos, avec le fermier général Jean-Benjamin de Laborde; celui-ci avait été premier valet de chambre de Louis XV, et avait publié

« et de recevoir, comme caissiers de la nation, les « fonds des dépenses qui ne pouvaient se payer « dans les provinces. » Le discours dont nous parlons nous paraît être l'ouvrage de Clavière plus que de Mirabeau qui, à la vérité, avait beaucoup corrigé, de sa propre main, le manuscrit; mais qui du reste ne nous semble pas se l'être approprié, et qui dans le cas contraire l'aurait probablement refait, sinon quant au fond, du moins quant à la forme.

Enfin, sur cet ensemble de questions financières nous nous bornerons à dire que l'Assemblée n'adopta ni les idées de Mirabeau, ni celle de Laborde Méréville; et que, par décret des 19 et 21 décembre, en maintenant la caisse d'escompte et la surséance, elle créa un système de finances tout nouveau, dont nous n'avons pas à nous occuper ici, d'autant qu'il ne dura guère, et qu'il fut remplacé par d'autres mesures que nous exposerons, quand il en sera temps, en ce qui concerne la part qu'y prit Mirabeau.

Au moment de passer à d'autres matières nous

plusieurs ouvrages, notamment des *Tableaux de la Suisse*, que nous avons mentionnés à propos de l'écrit de Mirabeau sur *Cagliostro et Lavater*. (Voir tome IV des présens Mémoires, page 308.)

Comme tant d'autres hommes de bien et de mérite, les deux de Laborde, Jean-Joseph et Jean-Benjamin, ont péri en 1794 sur l'échafaud révolutionnaire.

nous apercevons que les discours prononcés ou projetés dont nous venons de rendre compte, sont les derniers travaux connus de Mirabeau, sur des sujets de finances, sauf en ce qui concerne les *Assignats*, question qui ne vint, pour lui du moins, que huit mois plus tard, et qui d'ailleurs est toute spéciale, comme les circonstances d'où elle sortit.

En conséquence, et pour terminer ici ce qui concerne les généralités financières, nous croyons à propos de transcrire quelques pages d'une correspondance privée, où Mirabeau s'exprime d'une manière également énergique et conséquente sur le compte du ministre, et présente une combinaison d'aperçus financiers et de principes constitutionnels qui, si nous ne nous trompons pas, seront goûtés par nos lecteurs.

Vers l'époque où nous sommes parvenu, Mirabeau écrivait à un de ses amis : « Ce n'est pas à un « homme tel que vous qu'il faut dire que jusqu'ici « M. Necker a fait faire à l'Assemblée nationale, en « finances, le métier d'un mauvais bureau de « finances, et non le métier d'une Assemblée lé- « gislative. Nos fonctions, comme législateurs dans « cette partie, c'est d'arrêter un système général « d'impositions, et par conséquent de fixer une « législation de l'impôt, travail d'autant plus im- « portant et d'autant plus difficile, que tous les sys- « tèmes d'impositions établis en Europe sont fonda-

« mentalement vicieux et mauvais ([1])......... Les « circonstances de tous les jours ajoutent au portrait « du pilote agonisant ([2]) des couches fort rem- « brunies. Cet homme, qui ne fut jamais qu'un « financier médiocre, et qui n'a ni les élémens na- « turels ni les talens acquis d'un homme d'État, « perdrait dix empires plutôt que de compromettre « son amour-propre, ou de faire signal de détresse, « au moins dans sa conduite ministérielle; car d'ail- « leurs il ne nous épargne ni les jérémiades ni les « alarmes. La véritable agonie qu'il cherche depuis « quelques mois à prolonger est enfin convertie en « maladie de langueur, dont les symptômes sont si « graves, qu'il est douteux qu'elle finisse avec sa « mort individuelle. Tout était encore entier il y a « quelques mois; tout se décompose aujourd'hui, « et la plus belle, la plus grande des révolutions « menace d'avorter par l'impéritie d'un banquier « hors de sa place, et le plus beau des royaumes de « périr par la maladie honteuse des finances ([3]). »

On retrouve de semblables présages et la même expression dans une lettre subséquente. « Nous « périrons par la partie honteuse des finances, nous « et notre magnifique révolution, si nous ne nous « résolvons pas à circonscrire rigoureusement ce

([1]) *Lettres à Mauvillon*, page 498.
([2]) Necker.
([3]) *Lettres à Mauvillon*, page 493.

« que nous pouvons. Quels sont les deux be-« soins indispensables de notre société? payer les « troupes et les intérêts de la dette, afin de faire « reparaître la confiance avec le numéraire. A qui « persuadera-t-on que l'on ne fera pas supporter « très-gaîment à un royaume tel que le nôtre les « 350 à 380 millions qu'il faut pour ces deux objets? « Atermoyez tout le reste en renouvelant le titre, « c'est-à-dire en donnant de nouveaux papiers qui « portent intérêt; car il faut faire des intérêts à ses « créanciers, quand on recule leur payement. Ce-« pendant changez votre système d'impôts, et lais-« sez à l'industrie et au commerce, abandonnés au « régime de la liberté, à réparer les plaies de la « fiscalité et à fournir des moyens de reconstituer « et d'amortir votre dette, et vous verrez ce que « deviendra en quinze ans votre empire français « constitué. Je dis quinze ans, parce que rien ne « prendra de véritables racines que par un bon « système d'éducation publique, et certainement il « faut au moins quinze ans pour planter des hommes « nouveaux [1]. »

Nous ne rapporterons plus que ce dernier fragment : « En laissant aux assemblées de districts « et de départemens (car vous savez que nous « n'avons plus de provinces) à répartir sur eux

[1] *Lettres à Mauvillon*, page 504.

« l'impôt, il faut que l'Assemblée nationale en fixe « exclusivement la nature et la quotité, sans quoi « nous retomberons dans la confusion des langues, « et la barbarie des perceptions et des contribu- « tions contradictoires, sans compter que le gou- « vernement trouverait dans ce reste de l'ancien « système des moyens d'indépendance que nous ne « devons jamais lui laisser. En tout, je tiens plus « que jamais à mon opinion, qu'un grand empire « ne peut être vraiment bien gouverné que comme « une congrégation de petits états fédératifs, dont « le nœud fédéral est dans une assemblée représen- « tative médiatement présidée et surveillée par le « monarque. C'est ainsi que par la seule force d'une « bonne constitution, nous aurions bientôt les bords « du Rhin, et ce qui est plus, une irrésistible in- « fluence sur tous les gouvernemens de l'Europe, « pour l'amélioration et la plus grande prospérité « de l'espèce humaine. Mais pour cela, il faut admi- « nistrer, il faut que nous ne soyons pas obligés de « faire, outre les lois générales, les lois de détail, aux- « quelles nous n'entendons rien et ne devons rien « entendre. Il faut que le gouvernement soit pro- « fesseur et non disciple, chef et non esclave. Il « faut que le délégué de la nation n'aille pas en sens « contraire avec elle. Il faut enfin qu'un joueur de « gobelets agonisant ne veuille pas continuer ses « grossiers tours de passe-passe, quand il n'est plus

« question ni de gibecière ni de tréteaux. Il faut « que Comus ou Pinetti (1) ne veuillent pas réussir « à l'Académie des sciences, comme ils ont charmé « à la foire (2). »

Le 8 décembre 1789 l'Assemblée nationale discutait le travail relatif à l'organisation des municipalités, et cette discussion suggéra à Mirabeau une proposition dont l'initiative lui appartenait tout naturellement.

Sa sorte de vocation native, signalée dès sa jeunesse, le hasard des circonstances, ses fautes et ses infortunes, le besoin de se défendre, et l'instinct ardent de la liberté, l'avaient de tout temps porté à l'étude des affaires publiques. Mais fort peu de personnes s'y adonnaient à cette époque; la révolution, en mettant tous les esprits en mouvement, les avait, au moins pour la plupart, pris au dépourvu; partout, et surtout dans l'Assemblée, des hommes d'ailleurs bien intentionnés, généreux, éclairés, n'avaient pas, à beaucoup près, l'expérience et l'habileté pratique indispensables dans l'exercice des fonctions auxquelles tous aspiraient dès lors, et pouvaient désormais prétendre; et, pour des législateurs tels que Mirabeau qui, loin de considérer la révolution comme une commotion passagère, en

(1) Fameux prestidigitateurs.
(2) *Lettres à Mauvillon*, page 505.

embrassaient d'avance les résultats indéfinis, il y avait grande utilité à y préparer les mœurs nationales, et à faire l'éducation politique des futurs fonctionnaires; préalable bien nécessaire, en effet, pour qu'en temps et lieu ils se trouvassent au niveau des institutions qui les appelleraient aux affaires publiques, et qu'ils en assurassent ainsi le développement libre et prospère, au lieu de le contrarier, même involontairement, comme on n'en voyait que trop d'exemples à l'époque dont nous nous occupons.

Mirabeau proposait « d'assujettir à une marche « graduelle les membres des différentes adminis- « trations publiques.

« Si nous n'avions pas posé l'égalité comme une « loi fondamentale, on dirait peut-être qu'il est « contraire aux préjugés de quelques individus de « commencer la carrière des affaires publiques par « des commissions subalternes; mais cette égalité, « dont nous avons fait une loi, il nous importe « qu'elle ne soit pas une chimère; il nous im- « porte qu'elle soit retracée dans toute la consti- « tution, qu'elle en devienne le principe indestruc- « tible, et que par une suite de nos établissemens « politiques, les mœurs, les habitudes, les sentimens « se rapportent aux lois, comme les lois se rappor- « tent à la raison et à la nature des choses. Si nous « négligeons les secrets de cet accord, si nous ne

« mettons pas l'homme en harmonie avec les lois, « nous aurons fait un beau songe philosophique, « nous n'aurons pas fait une constitution. Les règles « fondamentales d'un bon gouvernement sont fa« ciles à connaître; mais lier si bien ces règles à « l'exécution, que l'obéissance de la loi découle de « la loi même, enchaîner les citoyens par toutes « les habitudes au joug de la loi, c'est aller au delà « du philosophe, c'est atteindre le but du législa« teur.

« Une marche graduelle n'est-elle pas indiquée « par la nature elle-même dans toutes ses opéra« tions, par l'esprit humain dans tous ses pro« cédés, par l'expérience dans tous ses résultats, « comme la marche à laquelle a voulu nous assu« jettir l'auteur éternel des êtres? La politique est « une science; l'administration est une science et « un art, le gouvernement embrasse tout ce qu'il y « a de grand dans l'humanité; la science qui fait « le destin des états, est une seconde religion, et « par son importance et par ses profondeurs.

« L'art le plus difficile serait-il donc le seul qu'il « ne faudrait point étudier? le regarderions-nous « comme les jeux de hasard que l'on n'apprend point « parce qu'ils dépendent de combinaisons qui sur« passent notre portée? raisonnerions-nous sur la « politique autrement que sur tous les objets de la « vie?

« Si l'expérience ne se forme que par degrés, si « elle étend sa sphère peu à peu, si la marche naturelle est de s'élever graduellement du simple au « composé, la nature et la raison veulent que l'on « passe par les fonctions les plus simples de l'administration, avant de parvenir aux plus compliquées; qu'on étudie les lois dans leurs effets, dans « leur action même, avant d'être admis à les réformer, et à en dicter de nouvelles; qu'on ait subi « enfin un genre d'épreuves qui écarte l'incapacité « ou la corruption, avant d'arriver à l'Assemblée « nationale. »

Si vous décidiez que nul ne pourra être nommé député qu'après avoir été deux fois élu administrateur ou juge, vous donneriez une double valeur à toutes les élections, vous mettriez les candidats dans l'obligation de mériter dès leur début l'estime de leurs concitoyens; vous amélioreriez par une heureuse réforme la jeunesse que trop souvent la frivolité et ensuite les désordres conduisent à la nullité; vous releveriez des classes « qui, dans tous les pays « du monde, semblent s'abaisser dans l'ordre moral, à proportion de ce qu'elles s'élèvent dans celui « de la société. »

« Un second motif me démontre l'utilité du système graduel, c'est la nécessité de rendre toutes « les fonctions publiques intéressantes et honorables, de répandre une émulation de vertu et

« d'honneur dans les municipalités, de rehausser « le prix des suffrages populaires, même lorsqu'ils « ne confèrent qu'une place subalterne d'adminis- « tration.

« Vous ne craindrez plus alors que les municipa- « lités soient dédaignées par les uns comme des « emplois inférieurs, redoutées par les autres « comme des postes de fatigue et d'ennui; aban- « données à un petit nombre de postulans qui, dé- « pourvus de tout mérite, de toutes facultés, de « toute considération personnelle, ne tarderaient « pas à les avilir; car les places ne valent souvent, « aux yeux des hommes, que par l'idée qu'ils se « forment de ceux qui les recherchent et qui les « occupent.

« Vous le savez, il n'est pas d'emploi si mince « dans la société qui ne puisse donner du lustre à « l'homme qui n'en a aucun, ni si peu lucratif qui « ne présente une ressource à quiconque en est dé- « pourvu. Mais nous devons élever les municipa- « lités au-dessus des ambitions et des intérêts de « ce genre.......

« Sachons, d'ailleurs, donner de l'éclat à tous les « emplois décernés par la patrie. Gardons-nous « d'un préjugé malheureux qui, sur la ruine des « distinctions anciennes, ne manquerait pas d'é- « lever des distinctions d'une nouvelle espèce; qui, « sur les débris des classes et des ordres, créerait de

« nouvelles classes, de nouveaux ordres tirés du « sein des élections mêmes, des différences inévita- « bles entre les municipalités, les administrations « de département, et l'Assemblée nationale. Nous « n'aurions fait notre devoir qu'à demi, si nous « n'ôtions à l'orgueil cette ressource dangereuse. « Mais nous mettrons de la fraternité entre toutes « les fonctions publiques, si la moins éclatante de « ces fonctions est un degré nécessaire pour s'éle- « ver; si la plus haute tient, par des transitions « inévitables, aux grades inférieurs; si tous les « honneurs publics sont comme une onde pure dis- « tribuée dans des canaux différens, mais coulant « des uns dans les autres, toujours limpide, et sur- « tout toujours la même. Cette filiation des emplois « produirait un autre effet non moins avantageux; « l'ambition des hommes deviendrait, dans les « places les moins brillantes, la caution de leur « zèle à en remplir les devoirs. Ah! que le législa- « teur est puissant quand il a su donner aux pas- « sions cette direction morale, quand il a su mon- « trer aux citoyens leur intérêt dans leur probité, « quand il a eu l'heureuse habileté de prendre leurs « inclinations dominantes pour les leviers de la « loi! Quelque fonction qu'un homme exerce, lors- « qu'elle est un état passager d'épreuve, sur lequel « on apprécie ses talens et son intégrité pour l'éle- « ver à des postes plus éminens, dès lors on peut

« compter sur son attention continuelle à se main-« tenir irréprochable, et à se concilier l'estime de « ses concitoyens.

« Vous avez fait de sages décrets pour établir la « responsabilité de tous les officiers publics; mais « punir, réprimer, retenir par la crainte, c'est peu « de chose; au lieu d'aiguiser contre les lois la sub-« tilité des hommes, et leur fatale industrie à les « éluder, il faut asseoir l'obéissance due à ces lois « sur des motifs qui, pénétrant au fond des cœurs, « la rendent douce et facile; on n'arrache jamais « par des lois réprimantes qu'une docilité trom-« peuse et dégradée; mais l'honneur mis en dépôt « dans les suffrages du peuple, mais l'espérance ha-« bilement ménagée de place en place, et de fonc-« tions en fonctions, mais l'ambition appelée à tout « mériter au lieu de tout envahir, voilà des ressorts « dont la force est en proportion avec les obstacles « qu'il faut surmonter, des ressorts qui ont la « trempe indestructible de la liberté. »

L'orateur s'appuie des exemples de Rome, et de l'opinion de J.-J. Rousseau; il revient sur les avantages de l'émulation que fera naître la gradation régulière et légale de l'avancement; il va au-devant des objections qu'il prévoit de la part des personnes qui craindraient de restreindre ou même de violer la liberté des élections; il cite les restrictions inévitables qui existent déjà, et qui, en réglant des conditions d'âge et de cens, excluent par le fait une foule de prétendans; il montre le même effet, quoique indirect, dans l'inamovibilité, pourtant indispensable aussi, de certains emplois; il montre aux députés que n'étant et ne pouvant être élus, chacun, que par un seul département, et par un petit nombre de délégués de sa population, ils trouveront eux-mêmes dans un système d'élections graduelles, une consécration plus solennelle et plus forte, parce qu'elle aura été plusieurs fois répétée; enfin, ajoute l'orateur, les électeurs pourront dire à leurs concitoyens : « Notre choix a « été dicté par le vôtre; nous ne vous donnons pas « un homme inconnu. Il est précédé de ses services, « et la voix publique nous l'a désigné. Quant aux « provinces, elles se donneront par-là des cautions « réciproques que la brigue, la faveur, la complai- « sance, la vénalité, un caprice populaire, une fan- « taisie subite, ne livreront pas les destinées de l'em- « pire à des représentans corrompus ou ineptes. « Les provinces seront ainsi plus calmes, plus « tranquilles sur la foi de la raison publique; les « décrets souverains seront plus respectés, et l'opi- « nion morale sera leur plus grande puissance. »

Mirabeau reconnaît, du reste, qu'un pareil système ne pourrait pas être immédiatement établi; il propose, en conséquence, de ne l'appliquer à l'élection des députés que huit ans après la date du décret à intervenir; et à l'élection des membres des administrations départementales, qu'après cinq ans écoulés depuis le même point de départ.

L'adoption de cette proposition si judicieuse et si habile aurait eu des avantages de tout genre; et par exemple elle aurait prévenu ou du moins atténué à certains égards les inconvéniens déplorables du décret qui empêcha les députés d'une législature d'être appelés à la suivante; néanmoins le projet de Mirabeau rencontra les plus violentes oppositions de la part, surtout, de Barnave et de Duport qui, chaque jour, ainsi que leurs amis politiques (1), se séparaient plus ouvertement de leur imposant collègue. Cette fois encore, de petites passions éphémères prévalurent sur les profondes combinaisons d'un homme dont le génie embrassait tout l'avenir; malgré l'appui de quelques députés sages (2), il ne lui fut pas même permis de réfuter les objections, et son projet échoua contre une coalition inattendue d'opinions qui,

(1) On connaît le célèbre *triumvirat* de Barnave, Lameth et Duport. Leur rôle respectif nous paraît caractérisé d'une manière juste et piquante par un historien de la révolution : Les rôles étaient partagés; Duport pensait ce « qu'il fallait faire, Barnave le disait, et Lameth le faisait. » (Emm. Toulongeon, tome 1, page 65.)

Dans cette circonstance, le vicomte de Mirabeau vota avec eux. Lui, du moins, était dans son véritable rôle.

(2) Tels que Clermont-Tonnerre, et Rœderer, notamment.

bien que parfaitement contradictoires dans leur principe et dans leur but, furent souvent entraînées par une animosité également haineuse, inconséquente, et aveugle, jusqu'au point de se réunir contre des mesures favorables à leur parti même, non moins qu'aux intérêts de la France et du trône ([1]).

Le 18 décembre l'Assemblée nationale avait eu communication d'une lettre écrite au nom de la ville de Genève qui, en exposant ses embarras politiques et financiers, chargeait néanmoins son compatriote Necker d'offrir à l'Assemblée, de la part de la république, un don de 900,000 francs. Cette démarche excitait une juste méfiance; on l'attribuait aux aristocrates genevois; on supposait que la somme offerte était le prix déguisé d'une garan-

([1]) Étienne Dumont (*Souvenirs*, page 238 et suivantes) s'attribue la pensée et la rédaction de ce discours. Quant au défaut de succès, il l'explique par l'opposition du *triumvirat*, et par la défection ou plutôt par l'impuissance de Mirabeau même qui, cependant, « avait embrassé le plan avec chaleur. » Oubliant un fait consigné dans tous les recueils, oubliant que, malgré la plus forte insistance, le grand orateur ne put pas obtenir la parole pour répliquer, Dumont ajoute modestement : Ce fut une de ces occasions où je regrettai que Mi-« rabeau qui *saisissait superficiellement*, et n'approfondis-« sait rien, eût si peu le talent du débat parlementaire; il « ne sut pas répondre à Barnave, il ne connaissait rien sur « la question, au delà de son discours, il ne le possédait pas

tie qu'ils avaient obtenue contre le parti populaire; Mirabeau, le 29 décembre, appuya cette double supposition. Il s'étonna d'une libéralité proposée aux dépens de tous par quelques Genevois qui, en même temps, présentaient un lugubre tableau de la misère publique; il rappela les prétentions et les attentats des uns, les résistances et les malheurs des autres; l'injuste appui accordé naguères par le despotisme à ceux-là, l'oppression soufferte par ceux-ci. Il demanda si, sous le régime de la liberté, la future constitution devait laisser désormais aux ministres « le pouvoir de « mêler la France dans les tracasseries inté« rieures des autres pays, de préparer pour l'ave« nir des semences de difficultés, de guerres, de dé-

« même assez pour reproduire les argumens sous les formes « de la réplique. »

A la vérité le puissant Dumont vint au secours du débile Mirabeau. « J'eus la satisfaction de répondre dans le *Cour« rier de Provence* à Barnaye, et je n'ai rien écrit avec tant « de plaisir; je le réfutai complétement, et toute la partie « pensante de l'Assemblée, bien convaincue de l'utilité de « cette mesure, engageait Mirabeau à la reproduire dans « quelqu'autre circonstance. »

On voit que ce n'est pas d'Étienne Dumont qu'on peut dire qu'il *saisissait superficiellement* l'occasion de se vanter. Nous devons reconnaître, du reste, qu'il y a beaucoup de talent, sinon de style, du moins d'argumentation, dans le morceau cité qui fait partie du n° 79 du *Courrier de Provence*, pages 9 à 24.

« penses onéreuses pour nous, absurdes en elles-« mêmes, et odieuses à nos voisins. » Il prouva que la dignité de l'Assemblée ne lui permettait pas d'accepter une offre à la fois irrégulière et suspecte; et cette fois, ses conclusions furent unanimement adoptées, par un décret rendu séance tenante.

Au milieu des actes d'acquiescement que, de tous côtés, les corporations et les citoyens envoyaient en hommage à l'Assemblée nationale, quelques dissidences partielles signalaient les rancunes et les espérances des ennemis de la révolution.

Ainsi, par exemple, les parlemens auraient voulu arrêter, et même faire rétrograder la crise politique, après l'avoir si hautement provoquée ([1]).

([1]) Ceux qui se signalaient le plus étaient les parlemens de Rennes, de Rouen, de Metz, de Bordeaux, de Toulouse. « Les parlemens s'étaient flattés que les États-généraux, s'ils « étaient convoqués, ressembleraient à presque tous ceux qui « les avaient précédés; que des divisions interminables s'éta-« bliraient entre les ordres dont ces mêmes parlemens ont, « plus tard, réclamé le maintien; et que la Cour, qui n'avait « pas l'opinion en sa faveur, se trouvant au milieu d'em-« barras, et peut-être de troubles sérieux, aurait recours à « leur influence, et la paierait par de nouvelles concessions. « Ils se trompèrent complétement, parce qu'ils n'avaient « point assez observé les immenses changemens opérés de-« puis deux siècles dans les mœurs et dans les idées des Fran-« çais, par le progrès des lumières, l'extension du commerce, « et l'accroissement des richesses. Lorsqu'ils s'aperçurent de

Antérieurement, des retards de transcription et d'enregistrement de décrets avaient excité des plaintes et motivé des actes impératifs de la législature, actes en vain combattus par Mirabeau qui, alors comme dans d'autres circonstances, reprocha à l'Assemblée de s'immiscer dans des actes d'administration (1).

Une pareille désobéissance avait été commise par la chambre des vacations du parlement de Rennes; mais, non contente de refuser l'enregistrement

« leur faute, ils voulurent revenir sur leurs pas, mais il n'é-« tait plus temps, le prestige était détruit et le moment arrivé « où le pouvoir politique devait être entièrement placé en « dehors de l'ordre judiciaire. (Alex. de Lameth, tome 1, page 250.)

(1) « De qui doivent émaner les ordres aux tribunaux, aux « municipalités, aux corps administratifs? est-ce à la légis-« lature qu'il appartient d'exécuter la loi qu'elle a faite? En « Angleterre où les deux chambres du Parlement sont si ja-« louses de leur pouvoir législatif, si actives, si constantes à « le conserver intact, elles se tiennent sans cesse en garde « contre toute atteinte qu'elles pourraient porter au pouvoir « exécutif, soit qu'elles craignent d'affaiblir aux yeux des peu-« ples une autorité nécessaire, et qui pourtant n'existe que « dans l'opinion; soit que, fidèlement attachées aux principes « de leur constitution mixte, elles sentent que tout peut être « perdu si le Corps législatif s'attribue l'exécution de la loi. « Ont-elles quelque plainte à former? c'est toujours par des « *humbles adresses*, non par des *décrets* ou des *ordres* qu'el-« les la font parvenir. *Le roi sera très-humblement sup-« plié*, etc., *sa majesté sera très-humblement requise*, etc., « voilà les formules de ces assemblées où l'on sait allier l'or-« dre et la liberté. (*Courrier de Provence*, n° 55, page 17.)

d'un décret du 3 novembre qui la prorogeait, elle lui avait opposé une formelle protestation. Un décret du 15 décembre l'avait mandée à la barre de l'Assemblée. Le 8 janvier 1790, le président de cette chambre des vacations avait essayé de la justifier en alléguant *les droits de la Bretagne;* et ses paroles peu mesurées avaient été loin d'atténuer cette prétention de placer une province en dehors de l'État, de mettre d'anciennes conventions privées au-dessus de la loi générale, et de faire prévaloir une prétendue constitution locale sur la constitution du royaume.

Le lendemain Mirabeau s'empara de cette grave question, et il présenta avec autant de netteté que de force les vrais principes qu'il fallait opposer à un tel acte de révolte. Des magistrats, dit-il, de ces corps qui pendant des siècles se sont efforcés de dominer les rois par le peuple, et le peuple par les rois, viennent se glorifier aujourd'hui de leur désobéissance; mais que représentent-ils? où est leur force contre une révolution qui a vaincu des résistances bien plus puissantes? organes des priviléges vaincus, que peuvent-ils contre une réforme nationale aussi légitimée par les pouvoirs de ses auteurs, que par l'assentiment de la nation au profit de qui elle est faite? quelle valeur peuvent avoir aujourd'hui d'anciennes transactions locales imposées par la force ou la ruse, contre le grand contrat politique auquel souscrivent tous les Français? Veulent-ils « arrêter dans sa course le développement de la « liberté, et faire reculer les destinées d'une grande « nation? » Comprennent-ils mieux les intérêts de la Bretagne, que ses soixante-six députés qui siégent parmi nous? « Ignorent-ils que chacune des « parties qui composent ce superbe royaume, est « sujette du tout, quoique leur collection et l'a- « grégation de leurs représentans soient souverai- « nes? » —Vous les dépossédez, il est vrai... « Ah! « je le crois, c'est bien eux et leurs pareils que vous « dépossédez, quand vous affermissez l'autorité « royale sur l'indestructible base de la liberté pu- « blique et de la volonté nationale.......... »

« Mais que nous permettions à des résistances « partielles, à de prétendus intérêts de corps, de « troubler l'harmonie d'une constitution dont l'é- « galité politique, c'est-à-dire le droit inaliénable « de tous les hommes, est la base immuable, c'est « ce que ne doivent pas espérer les ennemis du « bien public. »

La nature même d'une question aussi restreinte ne nous permet pas d'étendre davantage l'analyse et les citations de ce discours, un des plus vigoureux que Mirabeau ait prononcés; il nous suffira de dire qu'il démontra la nécessité de punir par une éclatante réprobation la résistance vraiment factieuse des magistrats de Rennes; et que sur sa proposition l'Assemblée décréta, le 11 janvier 1790, qu'ils seraient *inhabiles à remplir aucune fonction de citoyens actifs, jusqu'à ce que, sur leur requête présentée au Corps législatif, ils eussent été admis à prêter le serment de fidélité à la constitution décrétée par l'Assemblée nationale, et acceptée par le Roi.*

Nous avons vu que Mirabeau voulait, pour tous comme pour lui-même, par le concours de tous comme par son propre concours, cette liberté dont la conquête avait été le vœu et l'objet des efforts de sa vie entière, et dont l'idée lui était toujours présente, comme le prouve une lettre familière, entre autres, où il était question de sa propre cause, c'est-à-dire, d'un pamphlet dans lequel il était atrocement calomnié ([1]).

« Tu as raison, » écrivait-il à sa sœur, « ce libelle « est infâme; mais c'est le mal d'un bien qui com- « pense tous les maux possibles; et ne me parle « pas de renoncer au bien à cause du mal, car ceux « qui réclament contre la liberté de la presse, sous « prétexte des abus qui peuvent en résulter, res- « semblent beaucoup au sénat de Carthage qui, « par un décret insensé, défendit aux Carthaginois « d'apprendre à écrire et à parler grec, parce qu'un

([1]) Nous croyons qu'il s'agissait du *Domine, salvum fac regem* de Peltier.

« traître avait écrit, en grec, à Denys, qu'une ar-« mée carthaginoise partait pour attaquer les Sy-« racusains ([1]). »

Mais il sentait mieux que personne combien il importait de régler légalement l'exercice de cette précieuse liberté, pour empêcher qu'elle ne se détruisît elle-même; et il attendait avec impatience le moment où les circonstances permettraient de fixer une législation spéciale pour la presse.

Cependant il est évident qu'il voulut différer de s'expliquer, jusqu'à ce qu'un débat s'ouvrît à ce sujet sur le principe même, lequel ne fut vraiment approfondi que fort tard, à une époque où d'autres soins absorbaient Mirabeau, qui d'ailleurs ne survécut que de peu de jours au décret ([2]); et si l'on nous demandait pourquoi ce réformateur si hardi ne saisit pas l'occasion du rapport et du projet présenté par Sieyes le 12 janvier 1790, pour en provoquer la discussion immédiate, et pour empêcher l'ajournement de fait qui eut lieu; si l'on nous demandait encore pourquoi il ne prit pas, à son tour, l'initiative d'une

([1]) *Voir* Justin, l'abréviateur de Trogue-Pompée.

. . . . . « Comprehensis epistolis, facto senatus-consulto, « *ne quis postea Carthaginiensis, aut litteris græcis, aut* « *sermoni studeret; ne aut loqui cum hoste, aut scribere,* « *sine interprete posset.* » (Lib. XX, cap. 5.)

Lettre inédite de Mirabeau à Mme du Saillant, du 20 mai 1790.

([2]) Du 17 mars 1791 qui proclame la liberté de la presse.

proposition, nous répondrions que Mirabeau, à notre avis, ne se décida à attendre, et ne s'abstint de toute démarche personnelle, que pour n'être pas soupçonné de cacher sa cause propre sous la cause publique.

En effet, aucun autre député n'était plus que lui maltraité par la presse, car il se voyait en butte à toutes les opinions extrêmes, tellement que *l'Orateur et l'Ami du Peuple*, de Marat et de Fréron, ne le calomniaient pas avec moins de fureur que *l'Ami du Roi* de Royou et *les Actes des Apôtres* de Peltier. Mirabeau se résolut donc de bonne heure à n'opposer aux journaux et aux libelles que le dédain, le silence, et d'itératives insistances dans l'Assemblée pour faire écarter par l'ordre du jour les plaintes individuelles qui lui étaient apportées contre la licence de la presse (1).

Quoi qu'il en soit, avant d'avoir arrêté ses résolutions à ce sujet, Mirabeau avait un moment cédé au ressentiment, non pas d'homme privé, mais d'homme

(1) C'est ce qu'on le vit faire en toutes circonstances, notamment lors des dénonciations réitérées de Malouet, de Demeunier, etc., contre les journalistes et les pamphlétaires démagogues ; et lors des poursuites dirigées par la municipalité contre Marat qui, entre autres atrocités, avait écrit à propos d'un projet de licencier l'armée : « Citoyens ! élevez huit « cents potences ! pendez-y tous ces traîtres, et à leur tête « l'infâme Riqueti l'aîné.... »

Marat, du reste, traitait de même et voulait qu'on traitât

politique, que lui inspiraient les attaques réitérées de Mallet du Pan contre la majorité de l'Assemblée; il avait préparé en conséquence une dénonciation oratoire que nous avons en manuscrit; et comme aucun autre discours de lui n'existe sur la liberté de la presse, comme il n'y a pas ici de question personnelle, mais seulement une question générale, comme enfin la manière dont celle-ci est traitée est fort remarquable, nous nous décidons à imprimer ce projet de discours tout-à-fait inédit, pour honorer la mémoire de l'auteur par une nouvelle preuve de talent et de patriotisme.

« Quels que soient les opinions ou les principes « qui partagent cette Assemblée, sans doute aucun « de ses membres n'en méconnaît la dignité. La « nation, en choisissant ses représentans, en leur « déléguant le pouvoir de la constituer, n'a pas « supposé que tous penseraient de la même ma- « nière; mais elle a prétendu que le corps entier « jouirait des égards et du respect nécessairement « dus à l'importance de nos fonctions, au ca-

de même non-seulement Lafayette et Bailly, les principaux objets de sa haine, mais encore les plus vertueux et les plus sages, les plus éclairés et les plus éloquens députés des diverses nuances d'opinion, tels que Clermont-Tonnerre, Lanjuinais, Rabaud-Saint-Étienne, Camus, Chapelier, Sieyes, Thouret, Larochefoucauld-Liancourt, etc., etc., et plus tard, les Lameth, Barnave, Duport eux-mêmes.

« ractère imposant que tous les Français ont im« primé d'avance à nos décrets.

« Ainsi les représentans de la nation, en rece« vant d'elle le pouvoir le plus grand et le plus « auguste qui puisse être confié à des mortels, ont « par cela même contracté l'obligation de mainte« nir, de réprimer tous les actes qui tendraient à « affaiblir une puissance à laquelle le sort de l'em« pire se trouve lié désormais; et cette obligation « est d'autant plus sacrée, qu'on n'envisage pas sans « frémir l'affreuse confusion où tomberait le royau« me, si l'Assemblée nationale cessait de tenir « d'une main ferme le faisceau de toutes les vo« lontés.

« Notre conduite a répondu jusqu'ici à l'attente « de nos commettans. Nous n'avons pas toléré la « désobéissance à nos décrets; et quand nous avons « pu croire que les agens du pouvoir exécutif né« gligeaient de les promulguer, nous nous sommes « hâtés de les rendre responsables des malheurs qui « pouvaient en résulter.

« Mais serait-il moins coupable d'insulter l'As« semblée nationale, que de lui désobéir? tolére« rait-elle le manque de respect, qui toujours pré« pare la désobéissance? Non, sans doute. Vous « approuverez donc que je vous dénonce comme « un délit grave, comme un délit qui ne doit pas « rester impuni, un outrage dont l'auteur de la

« partie politique du *Mercure de France* n'a pas « craint de se rendre coupable envers les représen- « tans de la nation.

« Voici ce qu'on lit à la page 164 du second nu- « méro de cette année [1]:

« *L'Assemblée nationale depuis long-temps* « *était partagée en trois sections : celle qu'on ap-* « *pelle des* ENRAGÉS, *celle dénommée des* ARISTO- « CRATES, *et la troisième des* MODÉRÉS, *qui n'ont* « *jamais varié depuis l'origine, également éloi-* « *gnés de l'aristocratie et de l'anarchie, du des-* « *potisme et de la démocratie. Le parti appelé* « *aristocrate s'est déjà, en grande partie, réuni* « *à ces derniers, c'est-à-dire aux modérés*, etc. »

« Je n'examine point dans quel esprit, sous « quelle influence, le journaliste a composé cet in- « solent paragraphe; mais je demande s'il n'est ja- « mais arrivé à la section des modérés et à celle « des aristocrates (je parle un moment le langage « du journaliste), d'approuver des opinions nées « dans la section des *enragés*? Je demande même « si presque tous les décrets qui, de l'aveu universel, « font le plus d'honneur à cette Assemblée, et « préparent à l'empire la plus grande prospérité, « n'ont pas été proposés, développés, soutenus par

[1] Voir *Mercure de France*, nº 2, du 9 janvier 1790. (*Note de l'éditeur.*)

« cette même section contre laquelle le journaliste « annonce que les deux autres vont se réunir? Je « demande enfin s'il est avantageux à la paix publi- « que, au rétablissement de l'harmonie, à la res- « tauration du royaume, que M. Mallet du Pan « invite, dans le plus habile et le plus répandu « des journaux, les amis nombreux de la section « qu'il ose outrager, à user aussi, à l'égard des au- « tres sections, de cet amer et injurieux langage « qui, ne tenant aucun compte des erreurs de l'es- « prit, des habitudes ou des préjugés de la nais- « sance, et même de la pureté des intentions, ne « nous présenterait plus que comme un assemblage « de caractères odieux ou méprisables, faisant tour « à tour prévaloir les passions plutôt que les prin- « cipes, dans des décrets destinés à former la con- « stitution du royaume?

« Ce degré d'audace ne peut pas être toléré. Il « est temps de rappeler aux écrivains les limites « qu'ils ne peuvent franchir sans se rendre coupables. « Il ne s'agit pas ici de ces personnalités, dont nous « préférons le plus souvent de nous venger par le « mépris, plutôt que d'occuper le public de nos « griefs personnels. Il ne s'agit pas de la liberté des « opinions sur le mérite des résolutions de l'As- « semblée nationale : tout homme a droit de criti- « quer. Il s'agit d'une atteinte au respect dû à la « nation elle-même; il s'agit d'une insulte qui ne

« tend pas à moins qu'à provoquer la sédition, l'a-« narchie, la révolte; tandis qu'une critique moti-« vée avec décence ne provoquera jamais que des « controverses utiles et des représentations modé-« rées. Il s'agit enfin de la justice que vous devez « à ceux-là mêmes que vous avez punis de leur « désobéissance; car ils vous diraient à bon droit : « *Tandis que, d'un côté, vous nous frappez, d'un* « *autre côté votre lâche tolérance pour des injures* « *provoque à vous désobéir.*

« Mais seriez-vous portés, par un mouvement de « générosité, trop facile contre de tels ennemis, à « pardonner un outrage qui ne saurait vous attein-« dre? Je ne le crois pas : il me semble que vous « ne pouvez pas transiger avec les intérêts de la « liberté de la presse; et c'est en son nom que je « réclame votre sévérité.

« Cette salle a retenti plusieurs fois de plaintes « graves sur la licence effrénée d'une multitude de « satires, et jusqu'ici vous avez eu la sagesse de re-« garder avec un froid dédain ce débordement d'in-« sinuations perfides, d'injures, de calomnies qu'ont « dans tous les temps suscitées les citoyens courageux « qui, aux époques mémorables où les peuples se « sont levés pour recouvrer leurs droits, ont égale-« ment irrité les hommes qui voulaient refuser de « reconnaître ces droits, et ceux qui pouvaient les « compromettre à force d'en abuser.

« Cependant, comme tout a un terme, les ci-
« toyens qui ont profondément réfléchi sur la li-
« berté de la presse ne sont pas sans inquiétude. Ils
« redoutent pour ce précieux asile de toute liberté
« légitime, pour ce protecteur invincible de toute
« innocence persécutée, de toute vérité méconnue,
« pour cette principale et peut-être unique sauve-
« garde de toute bonne constitution, ils redoutent
« l'indignation qu'excitent trop aisément les excès
« des factieux qui, pour mieux décrier les opi-
« nions, attaquent les personnes.

« Il faut en convenir : il n'est donné qu'à un
« petit nombre d'hommes de persévérer dans les
« grands principes, malgré les suggestions d'une
« juste et légitime susceptibilité. Plus les inten-
« tions sont pures, plus il est à craindre que le res-
« sentiment de l'injustice n'égare les amis de l'or-
« dre; et que, sans avoir les mêmes vues, ils ne soient
« conduits à se réunir, non d'intention, mais de fait,
« à quelques conspirateurs qui, en haine des droits
« de tous, voudraient détruire la liberté de la presse.
« Je ne sais si le plus grand nombre des membres
« de cette Assemblée est convaincu que cette liberté
« n'est susceptible d'aucune police *de précaution;* on
« peut rester dans le doute jusqu'à ce que le comité
« de constitution ait prouvé, par ses propres tentati-
« ves, que des règlemens sur la liberté de la presse,
« qui auraient pour objet d'en prévenir les abus,

« sont incompatibles avec les puissans motifs qui « commandent à cet égard des franchises illimitées.

« En effet, après le régime de la censure, à ja- « mais réprouvé par la raison, que fera-t-on pour « séparer les avantages et les inconvéniens de la « presse, en sorte que, jouissant du bien, nous « soyons préservés du mal? Par exemple, prohibe- « ra-t-on indifféremment tous les ouvrages sans « noms d'auteurs ou d'imprimeurs?

« Mais pour qu'une telle exclusion n'exposât la « chose publique à la perte d'aucune vérité impor- « tante, il faudrait qu'il fût possible de rendre tous « les hommes indépendans, d'élever leur âme au- « dessus de tous les besoins, et même au-dessus de « certaines bienséances; il le faudrait, dis-je, car « autrement cette prohibition priverait la société « des précieuses lumières que peuvent répandre « dans son sein le grand nombre d'hommes éclai- « rés, mais timides, qui, craignant des persécu- « tions, se condamneraient au silence, dès que vous « leur enlèveriez le voile de l'anonyme, dont sou- « vent des intentions innocentes peuvent vouloir se « couvrir, quoiqu'il serve d'ordinaire à cacher des « desseins criminels ou du moins coupables.

« Cette privation peut-elle être justifiée? est- « elle indifférente dans un bon système de législa- « tion? ne laisse-t-elle pas aux abus l'espoir de se « maintenir? n'assure-t-elle pas l'impunité à ces

« délits, contre lesquels on n'a que la censure de « l'opinion?

« Non, nous ne tomberons point dans le double « malheur de multiplier les ennemis du bien en « rendant ses défenseurs plus rares et plus timides. « Eh! qui ne connaît les ménagemens dont la vé- « rité a besoin pour nous persuader, et les persé- « cutions dont la société elle-même, dans son in- « concevable légèreté, tourmente ceux que leur « franchise, leur zèle ou leurs talens appellent au « grand jour? Leur enlèverons-nous l'égide qui « leur est si souvent nécessaire pour les défendre « contre le danger de nous instruire, contre la « rage des méchans, contre la vengeance des pas- « sions? Exiger que les auteurs se fassent connaître, « ce serait leur dire : *Nous ne vous permettrons de « nous éclairer qu'autant que vous vous expose- « rez à perdre votre repos, votre fortune, les re- « lations qu'on vous a rendues nécessaires.*

« Que ceux qui voudraient assujettir la liberté « de la presse à des lois sévères nous apprennent « donc de quel côté le bien l'emporterait sur le « mal! La société gagnerait-elle aux précautions « qui retiendraient les auteurs des libelles, plus « qu'elle ne perdrait par l'influence de ces précau- « tions sur les écrivains estimables qui craindraient « de se nommer? Un bon livre est doué d'une vie « active, comme l'âme qui le produit; il conserve

« cette prérogative des facultés vivantes qui lui « donnent le jour. Le bienfait d'un livre utile « s'étend sur la nation entière, sur les générations à « venir. Il agrandit, il féconde l'intelligence hu- « maine; il multiplie, il prolonge, il propage, il « éternise l'influence des lumières et des vertus, de « la raison et du génie; c'est leur essence pure et « précieuse que l'avenir ne verra pas s'évaporer; « c'est une sorte d'apothéose que l'homme supé- « rieur donne à son esprit afin qu'il survive à son « enveloppe périssable..... Et l'on voudrait y atten- « ter, ou seulement en courir les risques! Ah! les « immenses avantages de la liberté de la presse « peuvent-ils être balancés par les inconvéniens « passagers et circonscrits de ces libelles éphé- « mères, de ces personnalités calomnieuses qui se « détruisent en se multipliant, et dont le mépris « qu'elles inspirent ne tarde pas à devenir le con- « tre-poison?..... La question est donc jugée. Tout « ce qui gênerait la liberté de la presse léserait « nécessairement la nation; ce serait vraiment un « crime, un grand crime. Tuer un homme, c'est « détruire une créature raisonnable; mais étouffer « un bon livre, c'est tuer la raison elle-même [1].

[1] Nos lecteurs reconnaîtront ici l'épigraphe du livre de Mirabeau sur la liberté de la presse : *Who kills a man, kills a reasonable creature..... but, he who destroys a good book, kills reason itself.* (*Voir* tome 5 des présens Mémoires, page 125.)

« D'ailleurs, vous l'avez vu, l'obligation à la-« quelle vous assujettiriez les auteurs et les impri-« meurs ne vous garantirait pas des libelles. On « suppose des noms d'auteurs et d'imprimeurs « comme on invente des calomnies, comme on « foule aux pieds tout ce qu'il y a de plus respec-« table et de plus saint. Dès lors les précautions « que vous auriez cru prendre contre la licence des « écrivains ne feraient que la rendre plus fâcheuse. « Ils ajouteraient à des productions répréhensibles « le crime de les faire passer sous des noms suppo-« sés. Moins un honnête citoyen prêterait des ap-« parences à la calomnie, plus la calomnie rafinée « serait tentée d'emprunter son nom comme une « attestation de vérité.

« Et ne croyez pas que s'interdire tout règle-« ment de précaution, ce serait s'exposer à voir res-« ter impunis les libelles, les écrits outrageans, « provocateurs du désordre et de l'anarchie : non, « pas plus que les autres délits auxquels la société « n'oppose que la vengeance des lois.

« Oblige-t-on les hommes à attacher d'avance à « leurs discours, à leurs actions, à l'usage qu'ils font « de tant de facultés dont ils peuvent abuser, des « signes qui facilitent contre eux les poursuites de « la justice, lorsqu'ils violent la décence, les lois, « l'ordre public? Non, sans doute, et qui oserait « y songer? Pourquoi donc l'auteur ou l'impri-

« meur d'un livre répréhensible serait-il plus difficile à découvrir qu'un faussaire, qu'un voleur, « qu'un assassin, qu'un empoisonneur? s'interdit-on « l'usage de la monnaie parce que des malfaiteurs en « fabriquent de la fausse? et le publicateur d'un libelle est-il plus difficile à découvrir qu'un faux « monnayeur? Est-il même beaucoup de crimes « qui, par les détails auxquels il faut s'assujettir « pour les commettre, par les complices qu'il faut « avoir, exposent plus leurs auteurs à être découverts que la fabrication d'un livre?

« Quelle est donc la nécessité de prendre contre « les livres des précautions qu'on ne prend pas « contre des choses dont l'abus est tout à la fois « plus facile, plus dangereux, et où une obscurité « plus grande dérobe plus aisément le coupable? Il « faut le dire pour la honte éternelle des gouvernemens, pour l'opprobre de cette classe d'hommes « qui, du sein de l'ignorance, veulent rester les maîtres héréditaires de toutes les opinions, de toutes « les conditions sociales, et s'approprier exclusivement le monopole de tous les rapports et de tous « les moyens que la nature a créés sans distinction au profit de tous les hommes; il faut le dire, « ce n'est pas contre les livres condamnés par la « raison et les bienséances qu'on a imaginé de gêner la liberté de la presse; c'est contre les livres « vraiment instructifs; c'est contre les lumières

« qu'ils répandent et qui tendent à détruire les « usurpations; et, dans cette vue criminelle, est-il « étonnant que la force publique ait paru insuffi- « sante à réprimer les libelles diffamatoires, les « écrits que les honnêtes gens redoutent le plus? « Les diffamations imprimées ne sont-elles pas « aussi un des moyens dont les agens du pouvoir « ont voulu se conserver l'usage, en haine des hom- « mes assez éclairés et assez courageux pour se faire « redouter des oppresseurs du genre humain?

« Ainsi donc, que le citoyen outragé dans des écrits « trouve les officiers de l'ordre public aussi zélés à « le venger qu'ils se sont montrés jusqu'ici sourds « à ses plaintes, afin de s'en servir pour appuyer « d'exemples leurs odieux et faux argumens contre « la liberté de la presse; que la puissance publique « soit seulement impartiale dans sa vigilance, et « qu'elle proscrive les écrits qui corrompent, comme « elle a persécuté ceux qui instruisent, et bientôt on « verra s'épurer l'usage de la plus précieuse des li- « bertés; et bientôt elle ne servira plus qu'à défen- « dre et attaquer ce qui doit être attaqué et défendu « dans l'intérêt de l'ordre public, dans l'intérêt de « l'amélioration sociale.

« C'est d'en haut que doivent venir les exemples « utiles et courageux; en conséquence, et tous les « principes étant religieusement réservés, je con- « clus à ce que l'Assemblée nationale, qui ne peut

« pas être soupçonnée de passion contre un journa-
« liste, essaie elle-même l'usage du meilleur moyen
« de préserver la société et les individus de toute
« licence criminelle dans les écrits. Le parlement
« d'Angleterre est inexorable contre les outrages
« faits à sa dignité; il ne souffre point qu'on insulte
« en lui la nation qui lui confie l'exercice de sa vo-
« lonté; la certitude d'une punition soudaine avertit
« tous les écrivains que les débats qui divisent la
« chambre ne sont pas une raison qui autorise à in-
« jurier aucune de ses sections; et que si les partis
« se combattent avec chaleur, il ne faut pas oublier
« que l'opinion qui prévaut devient la loi de l'État,
« et que cette loi doit être respectée, quel que soit
« celui des systèmes rivaux à la prépondérance du-
« quel le public l'attribue.

« Je propose que l'auteur de la partie politique
« du *Mercure de France*, et le propriétaire de ce
« journal, soient mandés à la barre, et qu'ils soient
« censurés par le président. »

Le 22 janvier 1790, au sujet du rapport du comité des finances qui proposait de liquider l'arriéré, un député du côté droit, Cazalès, demanda que l'origine, les causes, les progrès de la dette publique fussent soumis à de minutieuses et sévères investigations. Mirabeau, en qui la haine des abus du passé ne dominait jamais les vues d'une sage politique, Mirabeau, disons-nous, se récria sur les dangers dont une pareille mesure, renouvelée des anciennes *chambres ardentes*, menacerait le crédit public, « par l'établissement d'une inquisition arbi-« traire qui pourrait frapper également sur les titres « légitimes et sur les titres illégitimes. » Le fougueux organe du clergé, qui, défenseur habituel de la propriété, appuyait inconséquemment la proposition de Cazalès, l'abbé Maury se livra dans cette occasion à un emportement tel, qu'une proposition fut faite de l'exclure de l'Assemblée. Mirabeau voulut prendre la parole; soit qu'ils ignorassent, soit qu'ils feignissent d'ignorer l'empire qu'il avait sur lui-même, et la générosité de caractère qui ne lui permit jamais d'autre vengeance que le dédain ([1]), quelques députés exprimèrent la crainte que la violence de l'abbé Maury ne fût imitée par son antagoniste habituel; mais Mirabeau n'avait vu dans le projet d'*exclusion* « qu'une grande question

([1]) Ce sentiment si naturel à un homme qui avait profondément la conscience de sa force, ce dédain réfléchi est la seule explication que nous ayons à donner sur la prétendue poltronnerie de Mirabeau. Aussi ses amis l'ont-ils entendu plus d'une fois s'appliquer ce passage de Sénèque : « *Magni* « *animi est injurias despicere : ultionis contumeliosissi-* « *mum genus est, non esse visum dignum, ex quo petere-* « *tur ultio. Multi leves injurias altius sibi demisere dum* « *vindicant. Ille magnus et nobilis est qui more magnæ* « *feræ, latratus minuitorum canum securus exaudit.* » (De ira, lib. II, cap. 32.)

« de droit public, qui n'était certainement ni « décidée ni instruite, » il ne demanda contre l'abbé Maury qu'une simple censure, et l'Assemblée la prononça (1).

Notre conviction est que, pour éviter des longueurs et des superfluités, le biographe de Mirabeau ne doit s'arrêter que sur ses principaux travaux législatifs. Nous omettons donc à dessein plu-

(1) On sait combien furent vives et souvent personnelles, les luttes de tribune qui mirent tant de fois aux prises Mirabeau et l'abbé Maury. On n'a, sur leurs rapports en dedans et en dehors de l'Assemblée, que des notions qui ne sont pas assez piquantes et assez neuves pour que nous jugions à propos de les répéter. Nous dirons seulement que Mirabeau, dans l'occasion, traita fort bien en société son habile et fougueux adversaire, quoiqu'il estimât peu son caractère, dont, en effet, les défauts firent plus tard perdre à l'abbé Maury la haute fortune, les honneurs et la réputation (car il ne s'éleva jamais jusqu'à la gloire), que lui avaient acquis son talent et son courage.

Cet homme, plus fameux que célèbre, nous paraît bien caractérisé par Toulongeon : « Il sentit que le parti du cou-« rage était le seul assuré dans les oppositions révolutionnai-« res. Il obtint ce qu'il voulait, la célébrité due au défenseur « infatigable d'une cause vaincue. Son éloquence, plus faite « pour la chaire que pour la tribune, lui fut plus utile qu'à « son parti, et souvent même il nuisit à sa cause, et fit croire « qu'il voulait plutôt l'avoir défendue que gagnée. On re-« marqua dans la suite qu'il fut le seul dont la révolution ait « amélioré l'existence personnelle. » (Tome 1, page 94.) Remarquons, à propos de ce dernier aperçu, que Toulongeon écrivait en 1800.

sieurs questions incidentes où il ne prit qu'une faible part; nous ne parlerons même qu'en passant (parce qu'il s'agit seulement de faits locaux) des débats d'où sortit le décret du 11 mars 1790, relatif aux procédures criminelles instruites à Marseille contre plusieurs citoyens, à qui l'autorité attribuait les troubles qui avaient plusieurs fois éclaté dans cette ville, dont la population est si impressionnable et si passionnée.

Dès les 5 et 25 novembre 1789, Mirabeau avait dénoncé les rigueurs et les illégalités d'une procédure prévotale commencée et continuée au mépris des décrets rendus par l'Assemblée, pour régler les nouvelles formes de l'instruction criminelle. Le 8 décembre, il avait renouvelé ses réclamations, et un décret du même jour avait renvoyé la procédure devant la sénéchaussée de Marseille. L'abbé Maury fit le 23 janvier 1790 sur cette affaire un rapport qui manquait d'exactitude dans les faits, et d'impartialité dans la discussion, dans les conclusions surtout. Mirabeau, à cette occasion, prononça le 26 un discours fort étendu; il remonta jusqu'aux premières émotions populaires dont, comme nous l'avons rapporté, le principe fut dans la rareté et la cherté des subsistances, et dans la réunion des assemblées primaires qui précédèrent l'élection des députés. Il expliqua comment, à cette époque, après avoir calmé le peuple, il fallut comprimer une foule d'hommes dangereux, la plupart étrangers, qu'avait attirés l'espoir du désordre et du pillage; comment s'organisèrent, à la fois et spontanément, d'abord un *Conseil*, dit *des trois ordres*, qui remplaçait une municipalité incomplète et en partie fugitive; conseil que l'autorité vacillante abolit et réinstitua plusieurs fois; ensuite une milice bourgeoise, bientôt dissoute, sans égard pour son dévoûment, ses services, et remplacée par un nombreux corps d'officiers sans soldats, hommes impopulaires et choisis dans une classe ouvertement opposée aux institutions réformatrices, que quelques privilégiés repoussaient à Marseille, alors que, dans la plus grande partie du royaume, elles s'établissaient paisiblement.

A la suite de ces préliminaires, Mirabeau parla des nouveaux troubles qui, après les scènes du 14 juillet 1789, éclatèrent à Marseille, comme dans les principales villes de France; de la décision royale qui amnistiait les personnes compromises dans les événemens antérieurs, qui retirait au parlement, et attribuait au prévôt général de la maréchaussée la connaissance des faits à rechercher ultérieurement, et que de nouvelles circonstances, de nouvelles fautes de l'autorité, et surtout l'exaltation des esprits, firent naître en effet. Mirabeau établit avec la plus grande force les abus de pouvoir du prévôt, et la désobéissance, tantôt cauteleuse, tantôt déclarée qu'il opposait aux décrets de l'Assemblée; l'orateur multiplia, sur ce sujet, des développemens de faits et d'argumentation dont la plus simple analyse tiendrait dans notre travail une place que nous ne pouvons accorder à un débat épisodique; il accusa de partialité et combattit avec force le rapport de l'abbé Maury; l'Assemblée, apparemment persuadée, nomma un nouveau rapporteur; et le 11 mars, selon la proposition de Mirabeau, un décret fut rendu qui, renouvelant celui du 8 décembre, suppliait le Roi de dessaisir le prévôt de Provence, et de renvoyer devant la sénéchaussée de Marseille les procès instruits jusqu'alors, depuis le 19 août 1789, époque où la juridiction prévôtale avait été instituée.

Mais pour ne pas séparer des faits connexes, nous devons dire que ce ne fut malheureusement point là le terme des troubles de Marseille, remplie d'une population inquiète, irritable, qui se composait, comme depuis elle s'est toujours composée, de deux partis distincts l'un et l'autre, inégaux en force, mais respectivement dominés par cette intolérance fougueuse qui ne peut supporter l'opinion contraire, et qui, à toute occasion, se laisse entraîner des violences aux crimes, et des rixes aux assassinats.

Outre cette disposition naturelle et en quelque sorte congéniale des esprits, plusieurs circonstances particulières entretenaient dans Marseille une fermentation toujours plus formidable; et de ce nombre, par exemple, étaient la présence continuelle d'une foule d'étrangers aventureux qui avaient besoin de désordre; puis encore les intrigues et les jactances des émigrés réfugiés dans le voisinage, c'est-à-dire à Nice et sur le littoral, en Savoie, en Piémont; et enfin les démonstrations ouvertes de leurs partisans, restés à l'intérieur, et dont quelques-uns commandaient six mille soldats placés à Marseille, et répartis chez les habitans qu'obérait la dépense du logement des troupes, et qu'irritaient leurs dispositions, présumées d'après celles de leurs officiers.

De telles causes ne tardèrent pas à produire leurs effets inévitables; et, quoique en nous resserrant le plus possible, pour ne pas trop reculer la suite des débats législatifs, sur les matières générales, nous anticiperons quelque peu ici pour rendre compte des démarches que fit Mirabeau en faveur de la ville qui était la patrie de ses pères, et qui l'avait élu.

Le décret du 11 mars, que nous avons rapporté tout à l'heure, avait mécontenté à Marseille les ennemis de la révolution. Le 20, en rentrant dans la ville, le colonel d'un des régimens de la garnison, *royale-marine*, le marquis d'Ambert se permit, envers la garde nationale et la municipalité, des insultes également gratuites et téméraires. Elles furent déférées par l'Assemblée nationale au Roi qui, le 27 mars, ordonna l'arrestation du colonel agresseur, le renvoi de la plainte à la même sénéchaussée de Marseille, et la sortie de plusieurs corps de troupes qui se retirèrent avec trop de lenteur, et en menaçant. A peine calmé par cette satisfaction, le peuple crut s'apercevoir que l'on faisait, dans les forts de la ville, des préparatifs de défense, et peut-être d'attaque. Les esprits s'émurent de nouveau. Le 29 avril quelques officiers de la garde nationale, auxquels se joignirent cinquante-deux volontaires, s'approchèrent, épars et désarmés en apparence, du fort *Notre-Dame-de-la Garde*, et s'en saisirent par surprise; aussitôt après, et entourés d'une multitude exaltée, ils se dirigèrent sur les forts Saint-Jean et Saint-Nicolas, dont les commandans, jugeant toute résistance inutile, remirent les deux tours à la municipalité qui les fit occuper par la garde nationale. Malheureusement, quelques ennemis personnels du major du fort Saint-Jean, le chevalier de Beausset (1), quelques-uns de ces hommes féroces qui, dans les grandes villes, et à Marseille plus qu'ailleurs, surgissent toujours au milieu des désordres publics, persuadèrent à la

(1) M. Lacretelle le suppose par erreur commandant du fort Notre-Dame-de-la-Garde. (Tome 7, page 286.)

populace, sans la moindre apparence de probabilité, que ce brave et malheureux officier voulait mettre le feu à la poudrière du fort, et faire sauter la ville; le 30 avril M. de Beausset fut massacré.

La nouvelle de ces événemens étant parvenue à Paris, le Roi la fit, tout de suite, annoncer à l'Assemblée nationale, par le ministre, comte de Saint-Priest, dont le récit fut taxé de partialité. D'orageux débats s'ensuivirent; il fut question de mander à la barre de l'Assemblée, la municipalité de Marseille, vivement inculpée, par plusieurs députés, d'avoir fomenté et dirigé l'insurrection. D'autres, Mirabeau à leur tête, la défendirent, et démontrèrent qu'absolument impuissante à contenir une population furieuse de 120 mille habitans, la municipalite avait fait le plus et le mieux possible, en régularisant le mouvement, en occupant les forts au nom du Roi, en empêchant la guerre civile. Ils parvinrent à écarter les conclusions des accusateurs, et obtinrent, le 12 mai, le renvoi de l'affaire devant *le comité des rapports*, chargé d'informer, d'instruire, et de rendre compte à l'Assemblée.

On peut lire dans les recueils les discours très-éloquens, mais très-longs que Mirabeau prononça dans ces diverses circonstances. Nous nous dispenserons de rapporter ces énergiques plaidoiries qui remplissent un demi-volume[1]; nous n'analyserons pas même celle du 12 mai; non que nous nous croyions libres d'omettre des faits d'une si grande importance; mais parce que, quant aux points culminans de la question, les seuls qui doivent être montrés ici, nous avons un document tout-à-fait neuf qui nous paraît, comme résumé, préférable à des transcriptions, extraits ou analyses de discours imprimés depuis long-temps.

Ce document, resté inconnu jusqu'à présent, contient un ensemble succinct et substantiel de narrations et d'argumentations qui concordent parfaitement avec les discours publics de Mirabeau; voici, de sa main, une lettre inédite singulièrement remarquable à notre avis par la sagesse et la hauteur des vues politiques, et qu'il avait écrite le 10 mai, au marquis de Crillon, choisi par le Roi pour commander à Marseille, en remplacement de M. de Miran, démissionnaire, nomination que M. de Crillon n'accepta point, parce que, dans l'Assemblée même, on lui opposa l'incompatibilité qui résultait de sa qualité de député.

« Vous m'avez consulté, monsieur le marquis, « sur les derniers événemens de Marseille, et sur le

(1) L'ensemble de ces discours absorbe près de deux cents pages dans les *Collections*. Voir aux dates des 5 et 25 novembre, 8 décembre 1789, 26 janvier, 9 et 27 mars, 12 et 29 mai, 18 et 20 décembre 1790.

« parti qu'il convient de prendre. Vous ne m'avez « demandé ni ce que je ferais moi-même, à votre « place, ni ce que, dans un autre temps, et sur un « autre théâtre, la prudence pourrait permettre de « tenter en pareil cas; je ne dois donc vous parler « que de Marseille, et de la Provence qui en est « indivisible. Je ne dois vous donner un conseil que « pour vous-même, pour vos moyens, pour une « époque où l'État est sans magistrature, le pouvoir « exécutif sans armée, les ministres sans influence, « vous-même sans correspondance intérieure; pour « un moment surtout, veuillez bien le remarquer, « où ce qu'on appelle l'insurrection de Marseille « peut, selon le parti que vous prendrez, n'être « rien, ou devenir le signal d'une commotion gé-« nérale.

« Je distingue deux faits très-différens l'un de « l'autre dans ce qui vient de se passer à Marseille : « l'entrée de la garde nationale dans les forts, et la « mort de M. de Beausset.

« Sur le premier fait, je distingue encore les « causes ou secrètes ou connues qui ont porté Mar-« seille à une telle initiative, de l'idée qu'elle s'en « forme elle-même, c'est-à-dire des rapports qu'une « telle conduite peut avoir avec la rébellion ou l'o-« béissance.

« Quelles sont les véritables causes de la reddi-« tion des forts? C'est ce qu'il importe peu de sa-

« voir pour prendre un parti : car si ce premier fait « cache un dessein ultérieur, le peuple entier n'est « pas dans la confidence ; et ce sont les desseins « d'un peuple nombreux, ou de tel homme en « particulier, qu'il est question de prévenir.

« Il suffit de connaître les causes qui ont agi sur « le peuple : je dis de les connaître et non de les « juger ; de les connaître, non pour savoir s'il a tort « ou raison, mais pour déterminer s'il est fidèle ou « s'il se croit tel, et pour trouver en cela la juste « mesure de l'importance que nous devons mettre « à cette affaire et des moyens qu'il faut employer.

« Le peuple a cru voir les chefs des troupes mal « intentionnés, les forts approvisionnés, les batte- « ries de ces forts dirigées sur la ville : s'il n'a agi « que d'après ces motifs, c'est de terreur panique et « non de rébellion qu'il faut l'accuser.

« Ce n'est pas le peuple en insurrection qui s'est « porté contre les forts, c'est la municipalité, en « corps de commune, qui a demandé aux chefs des « forts d'en partager les postes entre les troupes ré- « glées et la garde nationale : jusque-là je ne vois « point encore les caractères d'une scission.

« Enfin, quels sont les motifs qu'allèguent la « municipalité et la garde nationale ? Obligées, di- « sent-elles, par leurs sermens, de garder la consti- « tution, elles ont cru prendre un moyen de plus « de la maintenir. Chargées, par nos décrets, de

« veiller à la sûreté publique, plus menacée que « défendue par les forts, elles n'ont vu dans la de- « mande d'une garnison mi-partie de citoyens et de « soldats qu'un moyen de plus de sûreté.

« Voilà pour les causes de cet événement. J'in- « siste sur ce point, parce que l'histoire présente « mille exemples de démarches impolitiques, de « violences contre les populations, de guerres san- « glantes, de démembremens de provinces, qui « n'ont eu d'autre cause que l'erreur des chefs, « qu'une première fausse idée sur un événement « qui n'aurait point eu de suite, et dont, en vou- « lant punir avec éclat, on a fait une commotion « générale.

« J'en viens à une autre considération. Quelle « est l'idée que le peuple de Marseille s'est for- « mée, je ne dis pas seulement de son insurrec- « tion, je viens de traiter ce point, mais de sa si- « tuation actuelle, des suites de son initiative? « Se croit-il rebelle? pense-t-il qu'on le traite com- « me tel? Ce n'est pas à vous que je ferai sentir « l'importance d'un tel examen; car si tout homme « se refuse aux idées qu'il n'entend pas, les peuples « se refusent aussi aux traitemens qu'ils ne sau- « raient comprendre.

« Le peuple de Marseille croit dans ce moment « avoir imité, avoir égalé le courageux patriotisme « du Parisien, du Breton, du Dauphinois; il dit

« lui-même qu'il a prévenu tout moyen de contre-« révolution, déjoué les malveillans, intimidé les « ennemis publics; et sans l'événement désastreux « et tout-à-fait étranger au peuple proprement dit, « dont je parlerai bientôt, loin de craindre le blâ-« me, il prétendrait à des éloges. On le voit même « se féliciter de l'harmonie qui règne dans les « forts entre les troupes réglées et sa garde natio-« nale; car ce n'est pas des troupes mais des chefs « qu'il se défiait.

« De tous ces élémens se compose une masse d'o-« pinion publique qui, plus que l'événement en « lui-même, doit influer sur le parti qu'il convient « de prendre. En morale, en physique, la vérité « est une; mais, en politique, un fait n'est jamais « que ce qu'on croit qu'il est et ce qu'on veut qu'il « soit.

« A côté de cette opinion universelle du peuple « de Marseille, il faut placer, il faut compter pour « quelque chose l'opinion des ennemis du bien pu-« blic sur ce même événement. S'ils le traitent de « révolte, ce n'est donc pas une révolte; s'ils sont « intimidés, ce n'est donc pas pour eux que la ré-« volution s'est faite; s'ils demandent des troupes, « si, par l'espérance d'en obtenir, de punir, de se « venger, ils se réjouissent de l'insurrection mar-« seillaise, il ne faut donc pas envoyer des troupes, « il ne faut donc pas punir : car le peuple, unique-

« ment frappé des objets qui l'environnent, le peu-
« ple même détrompé, sentant qu'on l'accuse, ne « verrait plus que la vengeance de ses ennemis « dans la punition infligée par la loi.

« Voici donc, puisque vous l'exigez, et que je « l'ai témérairement promis, le conseil que je me « permets de vous donner :

« Ce n'est pas de négocier la paix puisque la « guerre n'existe pas.

« Ce n'est pas d'envoyer des troupes qui ne fe-
« raient qu'indisposer si elles sont inutiles, qui se-
« raient insuffisantes si elles étaient nécessaires.

« Ce n'est pas non plus d'investir un tribunal « d'un délit qui n'est point encore caractérisé, de « l'armer contre un peuple entier qui vient à peine « d'échapper aux fureurs d'une procédure pré-
« vôtale.

« Ce n'est pas non plus de porter ni le Roi ni « l'Assemblée nationale à prendre un parti violent, « de quelque nature qu'il soit; car, si l'ordre vient « du Roi, Marseille ne l'imputera qu'aux minis-
« tres qu'elle regarde, pour la plupart, comme « ses ennemis personnels, et qui l'ont assez mon-
« tré; et Marseille, qui croit avoir servi la cause « commune, n'obéira pas facilement à de tels mi-
« nistres. Si l'ordre vient de l'Assemblée nationale, « Marseille, très-bien instruite de ce qui se passe « ici, croira que, dans cette occasion comme dans

« d'autres, une section de l'Assemblée l'aura em-« porté, et sous ce rapport son obéissance, si elle « n'est pas douteuse, ne sera plus que la soumis-« sion du découragement et du désespoir. Nous « rendrons ainsi nous-mêmes à nos ennemis une « ville reconquise à une liberté qui est temporai-« rement orageuse sans doute, mais qui du moins « est la liberté publique.

« Quel est donc le parti qu'il faut suivre? c'est:

« 1° D'ordonner l'évacuation des forts par les ci-« toyens de Marseille, attendu que le partage des « postes est un acte illégal tant que le Corps légis-« latif n'a point réglé les fonctions, les droits et les « devoirs de la garde nationale;

« 2° De charger les trois commissaires royaux du « département des Bouches-du-Rhône, et le com-« mandant de la garde nationale de la ville d'Aix, « de notifier cet ordre du Roi à la municipalité de « Marseille et à sa milice;

« 3° De charger ces mêmes commissaires de « prendre sur les lieux des informations et des « éclaircissemens sur la mort de M. de Beausset, sur « les causes et les circonstances de cet événement, « et d'en rendre compte au Roi.

« L'effet inévitable d'une telle mesure, c'est que « les forts seront évacués. Les commissaires dont « je parle, et le commandant de la garde nationale « d'Aix, ont la confiance entière de la ville de

« Marseille; ils s'adresseront à des frères d'armes, « à des amis, à des concitoyens; ils ne parleront « pas de rébellion, mais d'illégalité. Si l'on sait en « même temps qu'ils sont chargés de prendre des « informations, de donner des détails sur la mort « de M. de Beausset, cette seconde partie de leur « mission secondera parfaitement le succès de la « première, en faisant prévoir une grâce en échange « de l'obéissance; en permettant du moins d'espé- « rer, si ce délit n'est qu'individuel, comme je suis « porté à le croire, que le seul coupable sera puni.

« Il est facile maintenant de vous montrer qu'il « n'y aurait ni justice, ni politique à vouloir pren- « dre un autre parti.

« *Ni justice*, parce que le partage des postes « dans les forts n'est réellement qu'un acte illégal « et non point une rébellion; et même par-là je « n'entends pas préjuger la grande question si les « citadelles, plus offensives que défensives dans « tout autre endroit que dans les places purement « de guerre, ne devront point à l'avenir être gar- « dées concurremment par la garde nationale et « par les troupes réglées [1].

[1] La défiance publique avait ailleurs les mêmes conséquences qu'à Marseille; par exemple le peuple assaillait presque dans le même temps les citadelles de Montpellier, de Valence, de Bastia; et les commandans de ces deux dernières, MM. de Voisins et de Rully, furent assassinés comme M. de Beausset.

« Je dis encore *ni justice*, parce qu'en politique « un peuple qui ne se croit pas coupable, n'est « pas coupable.

« Je dis *ni justice*, même par rapport au meur- « tre de M. de Beausset; car qui de nous sait, en ce « moment, pour quelle cause, comment et par qui « ce meurtre a été commis? si la prise de posses- « sion des forts en a été la cause ou seulement l'oc- « casion? Ou plutôt y a-t-il quelqu'un aujourd'hui « à qui il ne soit démontré que ce meurtre est l'at- « tentat de quelque ennemi secret et personnel qui « a voulu se cacher dans la foule, et souiller ses « concitoyens de sa propre atrocité? Y a-t-il per- « sonne qui ne sache que la municipalité et la garde « nationale ont fortement voulu et n'ont pas pu « s'opposer à ce crime? En un mot, lorsque les cir- « constances précises de temps, de lieu, de motifs, « de causes sont inconnues, lorsque tout est encore « ignoré, comment établir un tribunal qui ne con- « fondît pas l'innocent avec le coupable? qui même, « ne voulant être que juste, ne devînt pas oppres- « seur?......... Il faut donc commencer par éclaircir « le fait, par entendre les commissaires du roi.

« Je dis encore qu'il serait *impolitique* de sévir « brusquement; car quel serait l'effet certain d'un « éclat contre la ville de Marseille, d'un rassemble- « ment de troupes destiné à la contenir ou à la pu- « nir? Voilà Marseille déclarée rebelle, c'est-à-

« dire voilà une rébellion vraie ou fausse (et j'ai « prouvé qu'elle n'existe pas) annoncée comme « réelle. Que de chances désastreuses ne renferme « pas un tel parti ! Voulez-vous rendre une pro- « vince rebelle ; vous n'avez qu'à déclarer qu'elle « l'est déjà. Voulez-vous que d'autres provinces s'é- « branlent ; vous n'avez qu'à leur apprendre que « déjà le signal est donné. Qui ne connaît le dan- « ger d'un seul exemple de ce genre, lorsqu'un état « est menacé d'une commotion nouvelle ? On « croira d'abord n'avoir à porter des forces que sur « un seul point : bientôt elles seront nécessaires « sur un autre ; elles ne suffiront nulle part. Ici « l'on aura l'exaltation du patriotisme à combattre, « là les complots d'une véritable rébellion. On ne « distinguera plus les amis des ennemis ; la guerre « civile commencera ; elle sera d'autant plus fu- « neste que, portant sur des opinions, sur des inté- « rêts individuels, on s'y égorgera dans chaque pro- « vince, dans chaque ville, dans chaque famille, « sans pouvoir ni s'entendre ni se réunir par un « système commun.

« Malheur à celui qui, avant que la constitution « soit achevée, donnera le conseil de faire marcher « des troupes contre cent quarante mille hommes « placés à l'extrémité de l'empire, et qui se croient « encore fidèles ! celui-là sera l'auteur de tous les « maux de son pays. Gagner du temps, c'est, dans

« l'état actuel des choses, le seul parti qui convienne « à la prudence : voyez comment tous les démembremens des empires se sont opérés : n'est-ce pas « une menace hasardée, un imprudent emploi de « forces militaires, lorsqu'il ne fallait que négocier « la paix, qui ont fait perdre la Hollande et l'Amérique à leurs anciens maîtres? Il y aurait en « France une ville véritablement rebelle que je « m'essaierais encore à la ramener, pour ne pas « rompre moi-même le lien de la paix. Non, il n'y « a point de rébellion !

« Je dis enfin qu'il n'y a pas même *possibilité* d'agir avec la rigueur que conseilleront peut-être des « passions imprudentes. En effet, où sont les forces « que l'on porterait contre Marseille, aigrie par de « longs ressentimens contre le pouvoir ministériel? « Prête à obéir à des ordres qui ne blesseront pas « sa fidélité, elle repousserait un envoi de troupes « qui la supposerait rebelle ; obstinée à se garder, « elle ne voudrait pas perdre dans un instant « le fruit de six mois de réclamations ; et croit-on, du reste, qu'une partie de la province ne « viendrait pas à son secours, et que les premières troupes ne seraient pas inquiétées dans leur « marche ?

« Si Marseille fermait ses portes, a-t-on prévu la « durée de l'attaque, et le degré de forces de l'armée qu'il faudrait employer, d'abord contre une

« seule ville, mais bientôt contre une forte pro-« vince ?

« A-t-on les moyens de suppléer aux subsistan-« ces de tous les genres, surtout au blé que Mar-« seille fournit à une grande distance ?

« A-t-on même les moyens d'empêcher qu'un « peuple irrité, persuadé que ses propres citoyens « le calomnient, ne se venge sur ses ennemis do-« mestiques, sur tous les ennemis de la révolution, « des ordres qu'un ministère imprudent aurait « donnés ? alors Marseille serait rebelle, alors il y « aurait des crimes à punir ; mais ce ne serait que « parce que nous l'aurions ainsi voulu. »

Signé : le comte DE MIRABEAU.

10 mai 1790.

Le 12 mai l'Assemblée remercia le Roi des mesures prises pour informer, et renvoya la suite de l'affaire au comité des rapports.

Pour rentrer dans l'ordre habituellement chronologique de nos narrations et analyses, nous sommes présentement obligés de rétrograder jusqu'à une époque antérieure à celle où vient de nous conduire l'enchaînement naturel des événemens de Marseille.

Le 11 février 1790, l'Assemblée avait eu connaissance d'une démarche de quelques princes d'Allemagne ([1]), qui demandaient que les décrets réformateurs du 4 août ne fussent pas appliqués à leurs possessions d'Alsace, de Lorraine et de Franche-Comté. Nous dirons seulement, à propos de cet incident, que Mirabeau voulait combattre tout de suite cette prétention, non sous le rapport soit de l'équité, soit de la politique, mais d'après les principes du droit germanique, « une des choses « inutiles, » disait-il à l'Assemblée, « que j'ai ap- « prises dans ma vie ; » mais la demande ayant été renvoyée au comité féodal, Mirabeau fit préparer pour le débat ultérieur une dissertation que nous avons, écrite de la main de Peyssonnel ([2]), corrigée par Mirabeau, et dont, comme lui, nous ne ferons pas usage, parce que cette question n'aurait aujourd'hui aucune espèce d'intérêt ([3]).

Des nouvelles alarmantes et de sinistres menaces avaient été répandues dans les provinces par des agens de désordres, qui usaient de toutes sortes de

([1]) Le prince de Wirtemberg, le duc des Deux-Ponts, l'électeur de Trèves, le margrave de Bade-Dourlach, le landgrave de Hesse-Darmstadt, le prince de Salm, le prince de Nassau-Saarbruck, le prince de Limbourg, le comte de Linange, l'évêque de Bâle, l'évêque de Spire, etc.

([2]) Ancien consul général de France à Smyrne, auteur estimé de plusieurs ouvrages sur l'Orient, la diplomatie, etc., né à Marseille en 1727, mort à Paris en mai 1790.

([3]) L'Assemblée, par ses décrets du 15 mars 1790 (sur les droits féodaux, titre II, art. 39), du 28 avril et du 28 octobre

moyens, même de faux ordres du Roi et de l'Assemblée pour semer la révolte et pour exciter le peuple à commettre des actes qu'il croyait de légitime vengeance, à piller et brûler des châteaux, à poursuivre des ennemis, le plus souvent supposés. Par exemple, la populace de Béziers avait cru obéir en se portant à des excès criminels; les officiers municipaux avaient refusé d'intervenir, de proclamer, d'appliquer *la loi martiale*. Enfin, le 20 février 1790, en discutant un projet de loi répressive, fait et refait par le comité de constitution, Cazalès, après avoir tracé un tableau effrayant des désordres publics qui éclataient de tous côtés, avait conclu en proposant d'investir le monarque, pour trois mois, *de la puissance exécutive illimitée* (1).

Mirabeau s'éleva avec force contre cette proposition téméraire (2). Il démontra que le remède à

suivant, et du 19 juin 1791, prouva l'intention de fixer équitablement les indemnités pour suppression de droits féodaux et seigneuriaux dont la nation pourrait être chargée, envers les propriétaires de certains fiefs d'Alsace.

On verra plus tard que la question de droit rigoureux mise à part, Mirabeau était d'avis d'apaiser par des indemnités les mécontentemens que l'émigration exploita avec assez d'habileté pour faire rejeter par la diète de Ratisbonne les dédommagemens offerts.

(1) Faite par Cazalès, cette proposition fut soutenue directement par Maury et Déprémesnil, et indirectement par Malouet.

(2) Nous disons *téméraire*, parce qu'elle suivait de trois

opposer à l'inexécution de la loi, c'était la punition des magistrats, faibles ou prévaricateurs, qui ne la faisaient pas exécuter. « Cependant, » dit-il, « au « lieu d'une pareille mesure, que vous propose-

jours seulement le supplice de l'infortuné Favras, sacrifié aux sombres et furieuses défiances publiques qui l'accusaient d'être l'agent principal d'une contre-révolution toujours redoutée. On sait quels furent, dans cette fatale circonstance, l'emportement de la rage populaire ; le généreux courage avec lequel Lafayette veilla à la sûreté de l'accusé, qui était son ennemi capital ; et l'intrépidité froide de la victime qui mourut sans vouloir révéler les noms des puissans excitateurs dont il était abandonné.

C'est là, certes, une vertueuse et rare magnanimité. Mais que penser d'un prétendu ami de Mirabeau, qui sans pouvoir se fonder sur le plus léger indice, dit, à cette occasion : « Les louanges qu'il donna à l'intrépidité de Favras dans « son dernier interrogatoire, me firent soupçonner que sa « mort n'avait pas moins calmé ses amis que ses ennemis. » « (Étienne Dumont, *Souvenirs*, page 218.)

Mirabeau n'était pas plus l'ami que l'ennemi de Favras. Celui-ci, amené par le duc de Biron, avait eu quelques entretiens sur des matières de finances, avec l'illustre député, qui en déposa devant le Châtelet, et qui, malgré les vives interpellations de l'accusé, déclara n'en avoir reçu aucune confidence sur des projets de révolutionner le Brabant autrichien ; nous ajouterons quelques lignes de citation pour faire apprécier d'autant mieux l'insinuation odieuse d'Etienne Dumont : « M. de Mirabeau prêt à se retirer, M. de Favras l'a « assuré qu'il était fâché que MM. Morel et Turcati eussent « compromis son nom dans leurs dépositions. M. de Mira- « beau a répondu que c'était un tour de ses ennemis, dont il « se souciait peu. » (Voir le *Moniteur* du 8 février 1790, nº 39, page 154.)

« t-on? La dictature? la dictature dans un pays de « vingt-cinq millions d'âmes? La dictature à un « seul! dans un pays qui travaille à sa constitution, « dans un pays dont les représentans sont assem- « blés! la dictature d'un seul!.....

« Lisez, lisez ces lignes de sang dans les lettres « de *Joseph II* au général d'*Alton* : *Il ne faut pas « compter quelques gouttes de sang de plus ou de « moins, quand il s'agit d'apaiser des troubles....* « Voilà le code des dictateurs; voilà ce qu'on n'a « pas rougi de proposer. On a voulu renouveler ces « proclamations dictatoriales des mois de juin et « de juillet. Enfin, on enlumine ces propositions « des mots tant de fois répétés : *les vertus d'un « monarque vraiment vertueux.......* La dictature « passe les forces d'un seul, quels que soient son « caractère, ses vertus, son talent, son génie. Le « désordre règne, dit on; je le veux croire un mo- « ment : on l'attribue à l'oubli d'achever le pouvoir « exécutif, comme si tout l'ouvrage de l'organisa- « tion sociale n'y tendait pas. Je voudrais qu'on se « demandât à soi-même ce que c'est que le pou- « voir exécutif : vous ne faites rien qui n'y ait rap- « port. »

Mais ce qu'il y a de lois constitutionnelles faites jusqu'à présent, nuisent-elles à l'action du pouvoir exécutif? qu'on nous le dise, et nous les rectifierons. Est-ce que son organisation n'est pas complète? qu'on nous donne le temps de l'achever, car elle se coordonne à tout. Ainsi, par exemple, si vous venez me dire « que *le pouvoir militaire* man-« que au pouvoir exécutif, je vous répondrai : lais-« sez-nous donc achever l'organisation du pouvoir « militaire. Est-ce *le pouvoir judiciaire?* laissez-« nous donc achever l'organisation du pouvoir judi-« ciaire; ne nous demandez pas ce que nous devons « faire, si nous avons fait ce que nous avons pu.

« Il me semble qu'il est aisé de revenir à la ques-« tion, dont nous n'avons pu nous écarter. Vous « avez fait une *loi martiale;* vous en avez confié « l'exécution aux officiers municipaux : il reste à « établir le mode de leur responsabilité; il manque « encore quelques dispositions. Eh bien, il faut « fixer le mode des proclamations. Il existe des « brigands, il faut faire une addition provisoire « seulement pour ces cas; mais il ne fallait pas em-« piéter sur notre travail, il ne fallait pas proposer « une exécrable dictature! »

En concluant, Mirabeau présentait un projet de loi complémentaire, en onze articles, dont deux imposaient la plus complète responsabilité aux officiers municipaux qui n'auraient pas observé les formes et rempli les devoirs imposés par la *loi martiale* [1].

[1] Voici le texte de cette proposition :
« Art. 4. La peine de ce délit sera d'être privé de ses fonc-

Un vif débat s'établit le lendemain, et l'on vit éclater les opinions les plus contradictoires et les plus passionnées; le seul principe de la responsabilité des communes fut admis, par décret du 23 février (articles 4 et 5), et encore d'une manière si vague qu'il fallut, comme l'on sait, y revenir par une loi postérieure. Quant aux agens municipaux, la responsabilité personnelle que Mirabeau voulait leur imposer révolta plusieurs députés (1), et, quoique soutenu par quelques-uns de ses adversaires habituels (2), il ne put obtenir cette disposition, dont le refus ne pouvait manquer d'énerver la loi.

Du côté opposé de l'Assemblée, plusieurs opinans, obligés de renoncer à l'institution d'une dictature, voulaient du moins donner au pouvoir exécutif un surcroît d'autorité; et Mirabeau n'en voyait pas alors la nécessité, parce que, disait-il, les faits et les argumens présentés pour motiver une telle disposition ne prouvaient pas que le gouvernement fût dépourvu de force, mais seulement qu'il n'en

« tions, déclaré prévaricateur, à jamais incapable d'exercer « aucun droit de citoyen actif, et personnellement respon- « sable de tous les dommages qui auraient été commis.

« Art. 5. Si les biens des officiers municipaux sont insuf- « fisans pour payer lesdits dommages, la communauté des « habitans sera responsable pour le surplus, sauf le recours « de la communauté sur les biens de ceux qui seraient con- « vaincus d'avoir excité la sédition ou d'y avoir participé. »

(1) Principalement Robespierre.

(2) Duport, Ch. de Lameth, Lanjuinais.

avait pas pu ou voulu user. Il ne fallait pas qu'il ne comptât que sur lui seul; il devait compter aussi sur l'influence qu'auraient les municipalités, si elles savaient s'en servir; développant les vastes aperçus de son esprit pénétrant, il disait, dans ces mots pleins d'avenir : « Croient-ils donc que nous som- « mes au temps des Thésée et des Hercule, où un « seul homme domptait les nations et les mons- « tres? Avons-nous pu croire que le Roi, tout seul, « ferait mouvoir le pouvoir exécutif? Nous aurions « fait le sublime du despotisme. Eh! que sont les « municipalités? des agens du pouvoir exécutif. « Lorsque nous déterminons leurs fonctions, ne « travaillons-nous pas pour le pouvoir exécutif? « A-t-on dit qu'il n'était pas temps d'organiser le « pouvoir exécutif? non, nul de nous n'a dit cette « absurdité : j'ai dit que le pouvoir exécutif est le « dernier résultat de l'organisation sociale; j'ai dit « que nous ne faisions rien pour la constitution qui « ne fût pour le pouvoir exécutif......... Vous avez « tous entendu parler de ces sauvages qui disent, « quand une montre ne va pas, qu'elle est morte, « quand elle va, qu'elle a une âme; et cependant « elle n'est pas morte, et cependant elle n'a point « d'âme. Le résultat de l'organisation sociale, le « pouvoir exécutif, ne peut être complet que quand « la constitution sera achevée. Tous les rouages « doivent être disposés, toutes les pièces doivent

« s'engrener, pour que la machine puisse être mise « en mouvement. Le Roi a professé lui-même cette « théorie ; il a dit : *En achevant votre ouvrage*, « *vous vous occuperez sans doute avec ardeur*, « non pas de la création du pouvoir exécutif, il au- « rait dit une absurdité, mais *de l'affermissement* « *du pouvoir exécutif*..... Que ce mot, *pouvoir* « *exécutif*, qui doit être le symbole de la paix so- « ciale, ne soit plus le cri de ralliement des mécon- « tens; que ce mot ne soit plus le but de toutes les « défiances, de tous les reproches ; nous ne ferons « rien de bon dans l'ordre social, qui ne tourne au « profit du pouvoir exécutif : mais vouloir que la « chose soit faite avant que de l'être, c'est vouloir « que la montre aille avant que d'être montée. »

Passant tout naturellement de cette question à celle de la responsabilité des ministres, Mirabeau ajoutait : « Nous hésitons, nous marchons à pas lents « depuis quelques semaines, parce que le dogme « terrible de la responsabilité effraie les minis- « tres......... Ils n'ont pas encore su se figurer que « nous n'avons pu ni voulu parler de *la responsa-* « *bilité du succès*, mais de l'emploi des moyens. « Tout homme qui se respecte ne peut pas dire « qu'il voudrait se soustraire à cette responsabilité. « Pourquoi donc, dans tous les tiraillemens qui « ont eu lieu entre l'Assemblée et les ministres, « ceux-ci ont-ils sans cesse combattu sur cette *res-*

« *ponsabilité du succès*, dont nous ne les chargions « pas, tandis qu'ils se sont tus constamment sur « l'autre, à laquelle ils ne peuvent raisonnablement « se refuser?..... Je conclus à rejeter les amende- « mens qui portent sur cette idée que le pouvoir « exécutif n'a pas, en ce moment, tous les moyens « qu'*en ce moment* on ne peut pas lui donner; « quand votre constitution sera faite, le pouvoir « exécutif, par cela même, sera fait; tous les amen- « demens qui tendraient à lui donner des moyens « excentriques, des moyens hors de la constitution, « doivent être absolument écartés. »

L'ordre des dates nous présente ici un document inédit où l'on va voir cette même volonté de maintenir le pouvoir exécutif et la législature dans leurs justes droits et dans leur indépendance respective; et, en même temps, l'appréciation des erreurs législatives déjà commises confidentiellement consignée dans une correspondance privée, c'est-à-dire, dans une conversation écrite, comme dans les discours publics de Mirabeau.

Il écrivit la lettre qui suit vers le milieu de mars 1790, à l'époque où s'élaborait un projet d'organisation de l'armée, dans lequel plusieurs membres du comité militaire proposaient une multitude de dispositions qui tendaient véritablement à la confusion des pouvoirs.

« Je suis sensible à votre reproche, parce qu'il a « ses raisons dans la conviction que le sentiment de « mes devoirs d'homme public doit être la première « de mes passions. Je ne veux pas que vous perdiez « cette conviction, et je vous dirai nettement pour-« quoi je ne me mêle point du travail du comité « militaire, dont, par je ne sais quelle bizarrerie, « on a jugé à propos de me mettre, tandis que je « n'étais d'aucun autre.

« J'ai vu, dès les premiers pas, que son travail « ne portait guères sur le véritable objet de son in-« stitution, et qu'il embrassait tout ce dont le comité « ne doit pas se mêler. J'ai vu qu'au lieu de déter-« miner les rapports des milices nationales et des « troupes réglées, et réciproquement, ainsi que « les rapports des unes et des autres avec l'État et « son chef, il devenait un conseil de la guerre, un « bureau d'administration, et qu'il ne tendait qu'à « faire ce que le ministre doit seul déterminer sous « le poids de sa responsabilité, caution permanente « et suffisante dans une bonne constitution, non du « succès, mais du fidèle emploi des moyens. J'ai « vu enfin que cette confusion d'idées nous condui-« rait à la dissolution entière de l'armée, laquelle, « à dire vrai, depuis qu'elle a appris le droit public, « n'est plus une armée.

« Or, puisque des circonstances qui vous sont « très-connues ont, dans l'Assemblée nationale,

« privé d'influence ceux qui ont raison, ou plutôt « ont donné l'influence à ceux qui ont tort, je me « suis fait serment à moi-même de ne prendre au-« cune part à la discussion préparatoire de tout ce « qui dévierait de mes principes, puisque l'espoir « d'appliquer au bien public même le sacrifice de ma « conviction ne me restait plus; et que je ne pouvais « plus prétendre à tirer aucun profit, pour la vérité, « de ces échanges d'opinions et de déférences po-« litiques dont un homme d'état est si souvent « obligé de se contenter, et qui sont les véritables « élémens de l'influence dont je viens de parler.

« J'ai donc été entièrement étranger au travail « du comité; mais je suis fort désireux de l'empê-« cher de nuire, de me séparer de ses erreurs, et de « dater mon opinion. Aussi ne manquerai-je pas, « dans l'Assemblée, de soutenir contre lui mes « principes; j'y déclarerai surtout que, dans cette « matière comme dans plusieurs autres, nous, lé-« gislateurs *pour le temps*, nous aurions le tort de « ne consulter que l'esprit du *jour*, si parce que « des méfiances sont nées aux époques où il n'y « avait aucune manière fixe de gouverner, nous « transportions ces méfiances dans la constitution « de laquelle nous devons faire résulter un régime « tout-à-fait différent, et, pour le dire en un mot, la « prospérité publique; j'y déclarerai que nous arri-« verions ainsi à la plus irrémédiable des anarchies.

« En effet, le Roi, dans un gouvernement monar-« chique, est l'exécuteur suprême, nous l'avons ainsi « déclaré. Or, si la force militaire n'est pas tout en-« tière dans ses mains, il n'y a plus d'exécuteur su-« prême: il y a deux, il y a dix, il y a cent, il y a « plusieurs milliers de chefs de l'exécution; et bien-« tôt l'état est la proie du gouvernement militaire, « c'est-à-dire, du plus intolérable des brigandages; il « ne faudrait plus que cela pour nous achever (1). »

Mirabeau n'eut pas lieu de donner suite à son dessein d'attaquer les propositions qu'il jugeait ainsi; en effet, elles ne prévalurent pas hors du comité, et le décret du 21 mars 1790 fut réduit à des dispositions générales que les principes de Mirabeau ne repoussaient pas (2).

(1) Lettre inédite de Mirabeau à un de ses amis dont le nom n'est pas indiqué sur la minute; mais nous la croyons adressée au comte de Lamarck qui était alors dans ses terres en Belgique.

(2) Ce décret décide que le Roi est le chef suprême de l'armée; qu'elle est essentiellement destinée à défendre la patrie; que des troupes étrangères ne peuvent être introduites dans le royaume ni admises au service de l'Etat qu'en vertu d'un acte du Corps législatif, sanctionné par le roi; que les grades et emplois militaires sont accessibles à tous; que tous les militaires sont sujets à la responsabilité; que la législature vote annuellement, sur les dépenses militaires, sur le nombre d'hommes dont l'armée sera composée, sur la solde, les règles d'admission et d'avancement, les retraites, les enrôlemens, les dégagemens, les lois pénales militaires, etc.

LIVRE V.

V.

L'ordre des dates amène présentement le plus considérable des travaux législatifs que Mirabeau a laissés inédits, c'est-à-dire un discours qu'il avait préparé sur la question délicate et difficile de *la traite des nègres.*

Mais nous devons auparavant mentionner en peu de mots un débat relatif aux colonies, et auquel il prit part, débat que, comme on l'a vu (1), nous avons écarté à sa date (3 juillet 1789), parce qu'il n'est que secondaire, et qu'il aurait rompu la

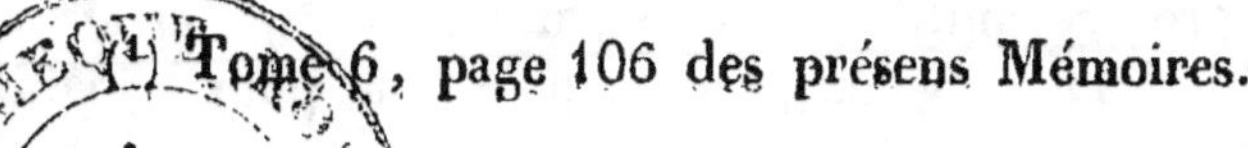

(1) Tome 6, page 106 des présens Mémoires.

suite d'une narration que son haut intérêt ne permettait pas de morceler.

Lors des opérations préliminaires de la convocation des États-généraux, quelques doutes avaient été exprimés sur la question de savoir si le droit serait accordé aux Antilles françaises d'envoyer des députés; une adresse en leur nom avait été communiquée à Mirabeau, et il fit, sur la minute que nous possédons, des corrections assez nombreuses pour qu'on puisse en quelque sorte considérer l'adresse comme son ouvrage; néanmoins nous nous abstenons de l'insérer, parce qu'elle étendrait beaucoup trop une question simplement épisodique [1].

[1] Nous en citerons seulement deux passages qui nous paraissent remarquables.

Il parle, dans le premier, des craintes que l'on a voulu donner aux colons, sur la possibilité d'une augmentation d'impôts : « Si nous en devons un surcroît, nous paierons ce « surcroît; si nos tributs ne sont pas suffisans, nous aug- « menterons nos tributs, dont, du moins alors, nous régle- « rons la répartition, dont, du moins alors, nous con- « naîtrons la destination et l'usage; eh! qu'est-ce donc « que l'impôt, une fois librement consenti, assis raison- « nablement, équitablement partagé? qu'est-ce autre chose « qu'un libre et juste concours pour la dépense publique, « nécessaire à la conservation de la propriété particulière? la « jouissance paisible des terres et des revenus exige une force « qui les protège contre l'invasion; une police qui assure la « liberté de les faire valoir; tout ce qu'on fait pour le main-

Ainsi Mirabeau s'était d'avance constitué l'avocat de la représentation coloniale; mais il n'avait pu la vouloir que régulière, et telle n'était pas celle qui se présentait dans l'occurrence dont nous rendons compte.

En effet, les députés de Saint-Domingue, provisoirement admis le 8 juin 1789 dans l'Assemblée, n'en avaient pas moins été élus sans convocation et malgré les ordres du Roi; Mirabeau demanda : « A quel titre vingt-trois mille blancs « s'étaient arrogé le droit de nommer exclusive- « ment des représentans, et pour eux et pour ceux « qu'ils ont exclus des assemblées électorales ? » Si les députés choisis représentaient les hommes de

« tien de cet ordre public est de justice : il n'y a que le sur- « plus qui soit extorsion. »

Dans un autre passage, rappelant la récente émancipation de l'Amérique du nord, il prophétise celle des colonies espagnoles : « Un grand exemple, » dit-il, « dictera au gouver- « nement sa conduite. Il envisagera nos Antilles menacées par « les Anglais. Il verra ces rivaux altiers, encore indignés de « leur récente injure, favoriser un événement qu'ils désirent... « Portons nos regards sur le Pérou et le Mexique, aujour- « d'hui presque indépendans de l'Espagne, qui n'y fait « plus que languir, après la perte effective, sinon nominale, « de son ancienne autorité. Que les drapeaux de la révolte « se déploient, aussitôt le seul port de la *Vera-Cruz*, et ceux « de la mer du nord se ferment; la mer du sud ouvre les « siens; le commerce européen d'outre-mer est anéanti; tous « les trésors de ces vastes contrées passent dans d'autres « mains, etc. »

couleur sans en avoir aucun mandat? pourquoi ces hommes de couleur, libres, propriétaires, contribuant aux charges publiques, n'avaient pas été électeurs, n'avaient pas été représentés, avaient été exclus des assemblées primaires par vingt-trois mille blancs? Examinant le nombre des députés, comparativement à la nature et à la masse des intérêts représentés, ainsi qu'à la proportion observée dans les élections de la métropole, Mirabeau rechercha la base sur laquelle ce nombre, porté à douze, et qui selon lui devait être réduit à quatre, avait été réglé par ceux-là mêmes qui s'étaient attribué le droit de le fixer : « car pourquoi adopter « pour Saint-Domingue une loi plus favorable que « celle qui a fixé la députation de tous les bailliages « de France? Était-ce à cause de son vaste com- « merce? mais n'est-il pas démontré aujourd'hui « que les résultats des prétendues *balances de com- « merce* sont entièrement fautifs et insignifians? « Quant aux diserts proclamateurs des 600 millions « mis dans la circulation par le commerce de la « colonie, je les supplie de me dire s'ils ont calculé « la quantité de millions que met en circulation « notre manufacture appelée *labourage*, par exem- « ple; et pourquoi, d'après leurs principes, ils ne « réclament pas pour nos laboureurs un nombre de « représentans proportionné à cette circulation? « Était-ce parce que les richesses des colons sont con-

« sidérables ? mais nous sommes aussi considérable-« ment riches ! » Était-ce en raison de la population ? mais de quels élémens l'a-t-on composée ? y a-t-on compris les nègres et les gens de couleur ? mais en ce cas il faut distinguer : ou les colons les rangent dans la classe des *bêtes de somme*, et sous ce point de vue il faut remarquer « qu'en proportionnant « le nombre des députés à la population de la « France, nous n'avons pas pris en considération la « quantité de nos chevaux et de nos mulets ; et si « les nègres sont, comme on l'a dit, *les agens des « richesses coloniales*, nos bœufs et nos chevaux « sont également les agens de nos richesses. Ou les « colons ont considéré les nègres et les hommes de « couleur comme *habitans* ; » mais dans ce cas pourquoi les ont-ils exclus des élections, bien qu'ils fussent libres, propriétaires, contribuables ? « Croient-« ils que les hommes qu'ils ont exclus nous ne les re-« présentons pas ? croient-ils que nous ne défendrons « pas ici leur cause ? Ah ! sans doute si telle a été « leur espérance, je leur déclare qu'elle est outra-« geante pour nous et qu'elle sera déçue [1]. »

Nous revenons présentement au discours sur *la traite des nègres* [2].

(1) Une très-grande majorité décida, le 6 juillet 1789, que Saint-Domingue aurait six députés, et admit un pareil nombre de ceux qui avaient été élus.

(2) Étienne Dumont (*Souvenirs*, page 310) dit que l

Dès les premiers événemens, la révolution française avait retenti dans les colonies qui, même auparavant, étaient déjà fort émues, non-seulement comme la France et l'Europe par les écrits des publicistes et des philosophes et par l'exemple de l'Amérique du nord, mais encore, et plus particulièrement, par les débats commencés depuis 1787 en Angleterre, sur la traite et la liberté des noirs.

Aussi, au commencement de 1789, une grande agitation se manifestait dans les trois parties distinctes de la population coloniale, les colons ou blancs, les hommes de couleur et les nègres. On a vu tout à l'heure, par notre compte-rendu du discours de Mirabeau dans la séance du 3 juillet, que les colons, aveuglés par leur orgueil en quelque sorte aristocratique et surtout cupide, s'étaient, comme les privilégiés de France, abusés sur le caractère et les conséquences de la grande réformation politique commencée dans la métropole; et que, par exemple, ils étaient allés jusqu'à croire qu'elle n'aurait pas sur les colonies une influence telle, qu'ils n'y pus-

discours sur la traite des « nègres était de trois ou quatre « mains, » et que Mirabeau « y avait travaillé lui-même avec « affection. » La vérité est que notre énorme manuscrit est écrit tout entier de la main de ses copistes ordinaires et qu'il n'y a pas une feuille de ses collaborateurs présumés. Du reste, une foule de pages sont refaites en marge par Mirabeau, et presque toutes les autres sont surchargées de corrections de sa main.

sent conserver leur suprématie vraiment souveraine, quelque incompatible qu'elle fût avec les idées nouvelles; idées qui, du moment qu'elles se faisaient jour, devaient bientôt tout dominer. On a vu qu'aux dépens des autres classes libres les colons s'étaient attribué le monopole de l'élection des députés coloniaux; et l'on sait que cette usurpation, importée du régime préexistant d'administration intérieure dans des questions d'organisation politique, avait excité sur les lieux des mécontentemens vifs, et dans l'Assemblée nationale des débats qu'une prudence habile circonscrivit et calma d'abord.

Mais depuis, la proclamation *des droits de l'homme* (le 20 août 1789) avait remué dans les colonies des principes d'inquiétude à peine comprimés; des soulèvemens partiels avaient éclaté, notamment à la Martinique, dès novembre 1789, et avaient considérablement accru la fermentation des esprits, toutefois avec cette particularité singulière, que les maîtres semblaient craindre plus encore l'abolition de la servitude que les esclaves désirer de recouvrer leur liberté; le gouverneur général, l'intendant, le conseil supérieur, tous les pouvoirs établis avaient été méconnus; au commencement de janvier 1790, des *comités provinciaux* s'étaient formés d'eux-mêmes dans les trois provinces du Sud, de l'Ouest et du Nord; ce dernier comité, bientôt imité par les deux autres, s'était constitué le représentant des intérêts exclusifs des planteurs et des colons, s'était attribué des pouvoirs civils en organisant de nouvelles autorités locales, financiers en disposant des caisses, militaires en levant des troupes, judiciaires en poursuivant ses adversaires et en faisant emprisonner un magistrat, M. Dubois, pour avoir dit que l'*esclavage des nègres est inconciliable avec la loi naturelle.*

A l'époque dont nous nous occupons, de tels faits devaient avoir en France un vaste retentissement; deux opinions exaltées s'attachaient à la grave et périlleuse question des colonies; les partisans et les adversaires de la traite et de l'esclavage la plaidaient avec autant d'imprudence que d'emportement, et de manière à la compromettre à l'envi. D'un côté *la société des amis des noirs* (1) deman-

(1) Cette question occupait vivement des hommes d'opinions bien dissemblables, par exemple l'abbé Maury (voir le *Moniteur* du 4 mars 1790, n° 63, page 254), et Brissot (voir le n° 272 du *Patriote français*). Nous citerons encore le vertueux duc de Larochefoucauld (Louis-Alexandre) qui, dans la fameuse nuit du 4 août 1789, au milieu de l'élan philanthropique de l'Assemblée, la supplia d'abolir la traite des nègres avant de clore la session.

Il est juste de remarquer que, même auparavant, la question avait une popularité fort naturelle, au surplus, dans l'état d'agitation où étaient tous les esprits : l'abolition de la traite avait été demandée jusque dans des cahiers de bailliages, par exemple dans ceux du Tiers-état de Labour, de Châteauroux, etc.

Bien plus le gouvernement lui-même s'était expliqué à ce

dait hautement l'abolition de la traite et même la liberté des nègres; d'un autre côté « les députés « mêmes des colonies, membres de l'Assemblée [1], « avertissaient et menaçaient des plus grandes cala« mités si la question d'humanité et de philosophie « venait à prévaloir sur les opinions, les habitudes « et les intérêts privés des colons ou planteurs [2]. »

S'autorisant de cette déclaration formelle, le haut commerce, créancier des colonies pour plus de quatre cents millions, disait-on alors, et *une dé-*

sujet; ainsi, dans le discours prononcé par Necker à l'ouverture des États-généraux, il avait dit à propos des 2,400,000 fr. qui étaient payés par l'Etat, à titre de dépenses et de primes d'encouragement pour la traite des noirs : « Il y a lieu de « croire que cette dépense pourra être diminuée de près de « moitié en adoptant une disposition que l'humanité seule « aurait dû conseiller. »

« Il disait encore, dans une autre partie du même discours : « Un jour viendra peut-être où vous jetterez un re« gard de compassion sur ce malheureux peuple dont on « a fait tranquillement un barbare objet de trafic, sur ces « hommes semblables à nous par la pensée, et surtout par « la triste faculté de souffrir; sur ces hommes, cependant, « que, sans pitié pour leurs douloureuses plaintes, nous ac« cumulons, nous entassons au fond d'un vaisseau, pour aller « ensuite à pleines voiles les présenter aux chaînes qui les at« tendent. »

(1) Déjà en août 1789, ils avaient écrit à leurs commettans une lettre pleine de sinistres présages dont la publication influa probablement beaucoup sur les conséquences qui ne tardèrent pas à éclater.

(2) Emm. Toulongeon, tome 1, page 138.

putation du commerce du royaume, ainsi que *la députation des Citoyens armés de Bordeaux*, sollicitaient, le 25 février 1790, le maintien de la traite et de l'esclavage des noirs, prétendant que le territoire des colonies ne pouvait être cultivé que par eux; qu'ils ne le cultiveraient qu'autant qu'ils resteraient esclaves; que leur liberté ne pouvait être demandée que par des esprits ignorans ou systématiques, abusés ou pervers; que la production des denrées coloniales, le commerce transatlantique et même continental, la marine et la fortune de la France, étaient perdus, si l'on abolissait la traite et l'esclavage.

Cette solennelle démarche faite devant l'Assemblée nationale avait déterminé Mirabeau à s'occuper de la question qu'il avait déjà laissé traiter avec plus d'enthousiasme que de réflexion dans le *Courrier de Provence* (1); il résolut de parler en faveur des noirs, mais seulement pour demander l'*abolition de la traite*, car il était trop habile et trop prudent pour aller plus loin (2); et il avait la persuasion, justi-

(1) N° 30, pages 1 et suivantes. *Le Moniteur* du lundi 7 décembre 1789, n° 107, page 434, contient une lettre du 24 novembre adressée à Mirabeau par *un citoyen de la Rochelle*, qui ne voyant la question que sous le seul point de vue d'économie politique, sans songer aux motifs d'humanité, aux craintes de réactions sanglantes que Mirabeau envisageait principalement, le conjure de ne point attaquer *la traite* à la tribune.

(2) Quelques notes informes nous donnent lieu de croire

fiée par les suites, que sans de lentes gradations et des précautions infinies l'acte législatif de la libération des noirs, ou même les premiers mots d'une discussion préparatoire de cet acte, seraient le signal de l'extermination des blancs et de la ruine des colonies.

Cependant la méditation vint bientôt l'éclairer sur les dangers que présenterait même la simple question de la traite. Le 3 mars il vit l'Assemblée, pénétrée de la même conviction, prononcer l'ordre du jour, par appel nominal, malgré la résistance de l'abbé Maury, qui voulait qu'on délibérât tout de suite sur le sort des nègres; il vit quelques jours après rendre, par acclamation pour ainsi dire et sans discussion [1], le décret du 8 mars, proposé par un comité dont Barnave était le rapporteur, et qui statuait que les colonies proposeraient elles-mêmes les dispositions constitutionnelles qui, en harmonie avec les lois de la métropole, conviendraient le mieux aux localités; que rien, jusqu'à décision ultérieure, ne se-

que quand serait venue la difficile question de l'*affranchissement*, Mirabeau aurait indiqué comme un des moyens d'y parvenir sans secousses, une vieille loi espagnole, d'où il aurait tiré la proposition de donner graduellement au nègre une part quelconque de son temps, par exemple un jour, puis deux par semaine, afin que, travaillant ces jours-là pour son seul et propre compte, il pût amasser son gain, et en composer en peu d'années le prix de sa rançon.

[1] Plusieurs députés et Mirabeau lui-même demandèrent la parole sans pouvoir l'obtenir.

rait innové dans aucune des branches du commerce, *soit direct*, *soit indirect*, de la France avec ses colonies; que les colons et leurs propriétés étaient placés sous la sauve-garde spéciale de la loi; et que quiconque travaillerait à exciter des soulèvemens contre eux serait criminel envers la nation ([1]).

Mirabeau réserva donc pour des circonstances plus opportunes son discours préparé sur la traite des nègres, discours qu'il avait profondément étudié ([2]); mais, du reste, les événemens marchaient vite; de nouveaux symptômes de désordres prirent un caractère plus grave, et furent bientôt suivis par de sanglantes insurrections; il ne lui en fallait pas davantage pour abandonner un projet dont le débat, en vain provoqué par les passions imprudentes des deux partis contraires, aurait été excessivement dangereux, si limité qu'il pût être. Mirabeau, du reste, garda en portefeuille le discours dont nous allons transcrire une partie, d'après la mise au net

([1]) Ce décret fut suivi, le 28 mars et le 2 avril, d'une proclamation de l'Assemblée, et d'une sage instruction qui expliquait les motifs du décret.

([2]) Depuis long-temps son projet était connu du public, et on ne l'avait pas oublié en décembre 1792, car Barère, agissant au nom de la Convention qu'il présidait, demanda avec menaces le manuscrit à Mme du Saillant, alors emprisonnée, et qui, néanmoins, le refusa courageusement, pour ne pas rendre la mémoire de son illustre frère en quelque sorte complice du décret, insensé dans la forme et fatal dans ses suites, qui abolit brusquement l'esclavage. (4 février 1794.)

des minutes vingt fois remaniées et corrigées par lui, du manuscrit qui est dans nos mains ([1]).

Nous ferons précéder nos extraits par la transcription d'une lettre que Mirabeau écrivit au célèbre Wilberforce, pour l'engager à obtenir du ministre Pitt qu'il s'abstînt de contrarier par des mesures politiques, et qu'il secondât au contraire, le projet d'abolition de la traite, également réprouvée par les philanthropes des deux pays.

« J'avais formé depuis long-temps, monsieur, le « dessein de m'adresser à vous, avec la confiance « que se doivent deux sincères amis de la liberté, « lorsqu'un accident m'ayant temporairement privé « de la faculté de me servir de mes yeux et d'écrire « moi-même, je me suis vu forcé de remettre de « jour en jour l'ouverture à laquelle m'ont encou- « ragé les magnanimes services que vous avez ren- « dus à la cause des nègres; cependant ma guérison « traînant un peu, la session du parlement d'An- « gleterre arrivant, et nos circonstances me faisant

([1]) Dumouriez (tome 2, chapitre 4, page 61 de ses *Mémoires*, Paris, Baudouin, 1822) se vante d'avoir, dans son salon, « où s'ébauchaient quelques décrets, » réfuté « un « discours de Mirabeau sur la LIBERTÉ *des nègres*. » Ce seul énoncé pourrait faire penser que l'auteur n'avait pas lu, ou entendu lire, ou compris le discours. Mais il faut avouer pourtant que ce qui peut faire supposer le contraire, ce sont les moyens transitoires qu'il indique comme siens, et qu'il emprunte tous à Mirabeau.

« prendre la résolution d'entamer plus tôt que plus « tard la grande question de l'abolition de la traite, « je me décide à vous adresser quelques lignes d'une « main étrangère, en réservant les explications ul- « térieures à une manière de correspondre plus « libre et plus abandonnée.

« Je sais les résistances et même les complots « que la rage des planteurs suscitera à ma motion « et à mon individu ; je sais aussi que j'encourrai le « blâme de quelques honnêtes gens dont les dé- « ceptions de l'intérêt aveuglent l'humanité; mais « je sais aussi la distinction que fait à leur sujet « Cicéron, votre idole ([1]); et dès-lors je n'ai qu'une « crainte, une seule, pour le succès de notre cause: « c'est l'influence de ce déplorable argument, *si* « *nous abolissons la traite, les Anglais en profi-* « *teront.*

« En vain dirais-je que si je partageais ces pré- « jugés de nation à nation qui ont fait inventer l'o- « dieuse expression d'*ennemis naturels,* je ne pour- « rais pas souhaiter aux Anglais un privilége plus

([1]) Voici sans doute les passages auxquels Mirabeau fait allusion : « *Hæc sunt, quæ conturbant homines in delibe-* « *ratione nonnumquam, cum id, in quo violatur æquitas,* « *non ita magnum ; illud autem, quod ex eo paritur,* « *permagnum videtur.* » (M. T. Cic., *De officiis*, lib. 3, XX.)

« *Sed omnium una regula est..... aut illud, quod utile* « *videtur, turpe ne sit ; aut, si turpe est, ne videatur esse* « *utile.* » (*Ibid., ibid., ibid.*)

« fatalement exclusif que celui de la traite des nè-
« gres; en vain démontrerais-je que le système de
« réciprocité est évidemment un absurde système,
« puisque, selon ces principes, personne ne devrait
« commercer chez soi; en vain prouverais-je que
« l'abolition de la traite n'est pas une mesure de
« choix, mais qu'elle devient inévitablement né-
« cessaire pour celle des deux nations qui se sera
« laissé donner l'exemple, dès que le décret sera
« rendu chez ses voisins.

« Malheureusement l'instruction n'est pas assez
« avancée pour qu'un préjugé universel puisse être
« combattu par les seules armes du raisonnement;
« et dans les bonnes voix de l'Assemblée, j'en per-
« drai le plus grand nombre, et la presque totalité
« même, si je ne parviens pas à persuader que
« l'Angleterre imitera infailliblement notre exem-
« ple, ou plutôt concourra à l'exécution de notre
« loi, le jour où nous abolirons l'infâme pratique.

« Il m'est doux de croire, monsieur, qu'un
« homme tel que M. Pitt voit dans une aussi grande
« question autre chose qu'une évolution parlemen-
« taire; et que si le parti qui lui est opposé a cru
« l'embarrasser en compromettant sa popularité,
« soit envers les amis de la liberté, soit envers les
« négriers de Bristol, de Liverpool, etc., etc., celui
« qu'il est impossible de ne pas compter au nom-
« bre des premiers citoyens de son pays, à l'âge où

« les autres hommes donnent à peine des espérances, a senti qu'il ne pouvait pas y avoir à balancer « pour lui entre les clameurs temporaires du commerce, et l'impérissable gloire d'avoir fermé la « plus grande et la plus honteuse des plaies qui « affligent l'humanité, d'avoir décidé l'une des révolutions qui améliorera le plus promptement le « sort de l'espèce humaine (1).

« Mais, monsieur, tout le monde n'a pas la « même confiance dans l'opinion de M. Pitt, relativement à l'abolition de la traite, d'autant que « les planteurs ont répandu avec une infernale activité, et trop accrédité le bruit que le ministre

(1) « Quel que soit notre dédain pour la politique inquiète « qui a si long-temps gouverné l'Angleterre, et dont, si nous « sommes justes, nous conviendrons que notre tracassier « cabinet lui a, trop malheureusement pour nous, donné « l'exemple; quel que soit le prix énorme que coûte jusqu'à « présent à cette puissance le triste honneur de se mêler de « tout sur le continent, il nous est impossible de croire à « l'intention abominable qu'on a prêtée à son ministère. Si « la nation en démence était capable de ce noir forfait, il faudrait invoquer une croisade pour la détruire comme l'ennemie du genre humain. Mais Pitt est trop jaloux de sa « gloire pour amasser sur sa tête l'exécration des siècles; « trop éclairé pour ne pas sentir que la liberté des Français « affermit celle de sa patrie, que les peuples libres ont encore plus d'intérêt à s'unir pour le maintien de leur indépendance, que les despotes n'en ont à guerroyer pour étendre leur domination. Pitt est à la fois trop humain et trop « sage, trop impatient de réduire l'énorme dette sous le poids

« anglais avait déjoué son adversaire, en protégeant « au dehors les réclamations du commerce d'Afri- « que, tandis qu'au parlement il se montrait osten- « siblement l'ami des noirs.

« Il m'importe extrêmement de détruire ce bruit; « et mon zèle, quoique dirigé vers la cause en elle- « même, ne peut pas être tout-à-fait indifférent à « la gloire de M. Pitt. Nous avons, sans doute, l'un « et l'autre des mesures à garder; il n'est point en- « core arrivé ce jour si désirable (et, pour peu qu'on « voulût s'entendre, si prochain) où le principal « ministre de l'Angleterre et un membre de la lé- « gislature française, animés des mêmes vues et « presque défenseurs des mêmes intérêts, pourront

« de laquelle gémit sa patrie, pour l'engager dans de nou- « velles guerres avec nous, pour ne pas voir que deux peuples « rivaux contre toute raison naturelle, n'ont qu'à vivre en « paix pour s'enrichir mutuellement de tous les dons de leur « sol et de leur industrie. Et quand le ministre ne penserait « pas ainsi, la nation anglaise a sa sagesse indépendante de « celle de son gouvernement; la morale des états, la bien- « veillance universelle, ne sont pas pour elle une chimère. « L'Europe vient de voir avec admiration le noble concours « que cette nation généreuse a produit pour l'abolition de la « traite des nègres ; là des philosophes respectables, citoyens « du monde, désirent que les Français soient aussi libres et « plus libres qu'eux-mêmes. Quelques-uns d'entre eux ont « consacré leurs veilles pour nous éclairer sur les vices de « leur gouvernement, pour nous marquer les écueils que « nous devons éviter.

(*Courrier de Provence*, nº 21, pages 3 et 4.)

« correspondre ensemble sans que le respect hu- « main impose aucune réserve à leur philanthropie; « mais ne pouvons-nous pas, monsieur, nous don- « ner, par votre organe, des gages mutuels de con- « fiance et de bonne foi? Vous êtes l'ami de M. Pitt, « et ce n'est pas une des moindres récompenses de « sa vie. Je n'ai pas l'honneur de vous connaître « personnellement, mais vous êtes, si je puis parler « ainsi, le père de la révolution que je voudrais « faire éclore en France, relativement au commerce « d'Afrique. L'infatigable constance de vos travaux, « les efforts et les sacrifices qu'a prodigués dans cette « occasion votre inépuisable sensibilité, sont des « garans de vos sentimens et de vos principes, aux- « quels il est impossible de ne pas accorder toute « confiance, à moins de ne pas croire à la vertu. J'y « crois, monsieur, et je crois surtout à la vôtre.

« J'espère qu'un homme qui ne peut avoir d'in- « térêt en ceci que le bien même dont il voudrait « être l'utile coopérateur, et qui, depuis tant d'an- « nées, est connu du moins par sa passion pour la « liberté, par sa persévérance à lutter contre les op- « presseurs, j'espère, dis-je, que cet homme à son « tour vous inspirera quelque confiance. Il ne vous « demande que ce que vous-même croirez utile « aux pieux succès qui semblent votre première « ambition : daignez combiner avec M. Pitt quelle « assurance vous pouvez me donner, non pas pour

« moi, mais pour les miens; et jusqu'à quel point « vous devez me permettre de m'en servir; je serai « ponctuel et même religieux dans l'observation de « ce qui me sera prescrit.

« Je vous offre, monsieur, de vous faire passer « le projet de loi que je compte proposer à l'As- « semblée nationale; indépendamment des obser- « vations dont votre expérience et votre sagesse « pourront m'enrichir, vous me trouverez prêt à me « concilier avec vos localités, soit dans le Nouveau- « Monde, soit en Afrique, pour faire une loi qui « corresponde parfaitement à la vôtre; enfin, il « n'est rien que le bienfaisant Wilberforce n'ait « droit d'attendre de ma déférence, de mon zèle « et du respect avec lequel je suis, etc. »

Nous ignorons tout-à-fait quelle fut la réponse de l'homme de bien qui était si digne d'inspirer cette belle lettre, également honorable pour lui, et pour la mémoire de Mirabeau, dont on vient de voir, à nu, le dévoûment philanthropique entièrement dégagé ici de toute espèce d'ostentation, de calculs personnels de publicité et de popularité enfin, de combinaisons ambitieuses; du reste, tout le discours dont on va lire une grande partie prouve la ferme confiance qu'avait Mirabeau dans la magnanime coopération qu'il avait demandée en l'offrant.

« J'entreprends de plaider devant vous la cause

« d'une race d'hommes qui, dotés d'une fatale « prééminence parmi les malheureux, épuisant en « peu d'années toutes les douleurs humaines, vi- « vent, souffrent et meurent esclaves de la plus dé- « testable tyrannie dont l'histoire nous ait transmis « les forfaits.

« Vous savez déjà que je parle des esclaves de « l'Amérique.

« Je ne dégraderai ni cette assemblée ni moi- « même en cherchant à prouver que les nègres ont « droit à la liberté! Vous avez décidé cette ques- « tion, puisque vous avez déclaré que *tous les* « *hommes* NAISSENT ET DEMEURENT ÉGAUX ET LI- « BRES; et ce n'est pas de ce côté de l'Atlantique « que des sophistes corrompus oseraient soutenir « que les nègres ne sont pas des hommes!

« Si, d'après ces principes solennellement pro- « clamés dans toute l'Europe, les nègres de vos « îles, hommes comme nous, ont un droit incon- « testable à la liberté, d'où vient que cette assem- « blée n'a point encore détruit les rapports de maî- « tre et d'esclave dans toute l'étendue de l'empire « français? C'est que l'antique existence d'une « odieuse institution a tellement perverti l'ordre « de la nature, qu'on ne peut réparer le mal qu'en « rétrogradant avec lenteur; c'est que des hom- « mes habitués depuis long-temps à l'esclavage, « et dans l'âme desquels tous les vices des esclaves

« ont nécessairement jeté des racines profondes, « doivent renaître et grandir pour devenir des « hommes libres ; c'est enfin qu'en les affranchis- « sant sans précaution de la tyrannie de leurs maî- « tres, on les exposerait à une tyrannie non moins « impérieuse, à la tyrannie des passions que leur « a données une société dont ils n'ont reçu que des « vices sans lumières, des souffrances sans compen- « sations ; c'est qu'on les livrerait aux égaremens « de leur ignorance brutale, aux suggestions atro- « ces de leurs longs et profonds ressentimens, enfin « aux emportemens aveugles dont rien ne peut dé- « fendre des malheureux qui ont été dépravés par « politique, dont la servitude crée les vices, dont « les vices aggravent la servitude. »

Après cette introduction, l'orateur transcrit quelques passages des observations publiées par la société de Philadelphie, « sur les effets de l'esclavage « et les gradations nécessaires à l'affranchisse- « ment. » Il s'associe au vœu du président, le sage Franklin, qui avait demandé qu'une sorte de conseil de tutelle s'occupât de préparer pour l'avenir une meilleure condition aux nègres, en surveillant leurs mœurs, en leur procurant d'abord une instruction, ensuite des travaux assortis au sexe, à l'âge, à la capacité intellectuelle et physique de chacun.

Voilà, ajoute-t-il, un bel exemple à suivre ; il

faut que la France s'y attache, non pas seulement par sentimens d'humanité, non pas seulement pour que ses actes soient conséquens avec les principes de liberté qu'elle proclame, et dont elle organise les conséquences constitutionnelles; mais encore pour servir de grands intérêts, pour obéir à de grands devoirs que révèle la plus simple prévoyance d'un avenir prochain.

« En effet, pourrait-on cacher aux peuples éloi-
« gnés cette révolution qui est votre gloire? la pro-
« clamation des droits de l'homme ne retentira-
« t-elle pas dans toutes les parties du globe? ne
« redira-t-on pas de proche en proche qu'en France
« tous les hommes sont régis par des lois égales?
« et quand la sagesse de votre constitution sera
« connue du monde entier, y aura-t-il une puissance
« sur la terre assez forte pour empêcher que la li-
« berté ne devienne l'objet de l'ambition de tous
« les peuples, et qu'à notre exemple ils ne secouent,
« ils ne brisent tôt ou tard les fers dont ils sont
« meurtris?

« Si cet effet plus ou moins éloigné de la révolu-
« tion française est inévitable, une multitude
« d'hommes esclaves resteront-ils seuls témoins im-
« mobiles, victimes résignées du privilége exclusif
« de la liberté? ne voudront-ils pas, ou la conqué-
« rir, ou qu'elle leur soit rendue? parviendra-t-on
« à leur en voiler le spectacle, à les priver désor-

« mais de la raison et de la réflexion, comme on « les prive de la liberté? les blancs suffiront-ils à « maintenir par leurs seules forces le régime que « vous avez détruit? ou pourront-ils se borner à en « faire une parodie insolente? transformeront-ils « en mystères religieux les usages et les devoirs des « hommes libres? réserveront-ils la pratique de la « liberté pour de certains lieux, pour de certains « jours?

« Non, vous penserez pour ceux qui ne pensent « point; vous vous éleverez au-dessus des intérêts « que les préjugés et l'ignorance entendent mal, et « vous sentirez que, pour épargner d'horribles car- « nages, que pour conserver vos colonies, il faut dès « cet instant préparer les noirs à la possession d'un « bien qu'aucun homme ne tient de son semblable, « et qui est le domaine universel de l'humanité.

« Mais je suppose que les tyrans coloniaux aient « des moyens assez puissans pour conserver, sans « péril, les nègres au rang de leurs bêtes de somme; « je suppose qu'ils puissent exercer sur leurs es- « claves le plus affreux despotisme, et en même « temps chérir une constitution qui ne respire « que la liberté..... Je ne vous dirai pas que cet « odieux contraste révolte la raison; je ne vous mon- « trerai pas combien il est affreux de regarder la « liberté pour soi-même comme le premier des « biens, et d'appesantir le joug de la servitude sur

« une race d'infortunés; mais je dirai que dans cette « domination les blancs contracteront ou plutôt « conserveront des mœurs, des habitudes, des prin« cipes qu'ils nous rapporteront au sein de la mé« tropole, où ils tendent sans cesse à revenir, où ils « reviennent toujours; mœurs et habitudes, senti« mens et principes dont l'intérêt même de notre « liberté nous commande d'examiner sévèrement « l'influence.

« Commençons cet examen en portant nos yeux « bien au-dessus du point de vue où nous devrons « ensuite les arrêter.

« Voyez combien une éducation viciée par la « flatterie altère souvent le meilleur naturel chez « les hommes destinés au trône! et cependant leurs « instituteurs ne sont pas toujours dépourvus tout« à-fait de lumières et de vertus.

« Voyez d'un autre côté la déplorable éducation « que les blancs reçoivent nécessairement au milieu « de ces troupeaux d'esclaves qu'ils contiennent « par la crainte et par d'atroces châtimens : à peine « un blanc ouvre-t-il les yeux à la lumière, qu'il « est environné d'ilotes ignorans et bas, qui le pren« nent pour l'idole de leur servitude et de leur ter« reur, qui s'étudient à lui suggérer des volontés, « dans un âge où les volontés ne peuvent être que « des caprices; qui se font gloire de vouer une ser« vile obéissance à cet être que la faiblesse et l'im-

« bécillité de l'âge laissent encore dans une sorte de « néant ; qui enfin, *esclaves abrutis*, feront bientôt « de cet enfant, sous un différent rapport, *un es-* « *clave maître*.

« Obéi au signe le plus léger que puisse avec ef- « fort se permettre la mollesse, le créole est accou- « tumé à regarder ses nègres comme des bêtes de « service, auxquelles il ne reconnaît un peu d'in- « telligence que pour les trouver coupables, et pour « se donner des motifs de leur infliger des châtimens « cruels. Pourquoi se douterait-il que son sol pros- « pérerait davantage sous des mains libres? pourquoi « penserait-il à s'environner de serviteurs qui comp- « tassent avec lui, auxquels il faudrait qu'il se donnât « la peine de parler, et qui souvent, plus intelligens « et plus habiles que leur maître, l'obligeraient de « porter cette peine jusqu'à celle de raisonner ?

« Et des parens qui ont été élevés de même se- « raient frappés des vices de leur propre éducation, « qu'ils ne sauraient comment en préserver leur « famille. Feraient-ils de leurs nègres de sages et ha- « biles instituteurs? leur apprendraient-ils que l'en- « fant qu'il s'agit d'instruire aura besoin un jour de « toute la raison, de toute la puissance de caractère, « de toutes les vertus du citoyen ? non, sans doute, « car de pareilles confidences initieraient leurs es- « claves à la science de la liberté ! et comment alors « maintenir l'esclavage ?

« Aurais-je besoin de vous montrer ce même en-« fant croissant avec l'intus-susception de toutes les « faiblesses, de toutes les passions désordonnées, de « tous les vices les plus contagieux? Vous le verriez « de plus en plus dépravé par les mêmes causes; « privé de toutes les leçons que donne la nécessité, « unique apprentissage de la vie humaine; impé-« rieux, parce qu'il n'aurait appris qu'à comman-« der; insensible et ignorant, parce qu'il n'aurait « jamais été forcé d'obéir; bientôt insupportable à « lui-même, parce qu'il n'aurait pas acquis le droit « de s'estimer; et dans la déplorable impossibilité « de se faire supporter des autres, au milieu d'un « ordre de choses où l'égalité de droits qu'il ne con-« naît pas est le principe de tous les devoirs. Voilà « les citoyens que vous conserveriez en maintenant « l'esclavage! voilà les hommes qui viendraient se « mêler parmi vous, et infecter d'un souffle impur « la terre où vous semez les germes de la vertu, de « la justice, de la bienfaisance, de tous les senti-« mens sociaux qui seuls peuvent réconcilier les « hommes avec la vie! »

Il est donc vrai de dire que l'esclavage de quelques-uns est incompatible avec la liberté politique de tous les autres; mais cependant on peut objecter que les anciens les associèrent dans leurs institutions. « Eh bien! oui : et leurs institutions furent « très-orageuses! et leurs gouvernemens ont passé

« comme les tempêtes! et les soulèvemens des es-« claves ont toujours été l'une des manœuvres des « usurpateurs! et tous les peuples prétendus libres « de l'antiquité, qui portaient dans leur sein ce « germe de despotisme, ont succombé sous la ty-« rannie de quelques-uns de leurs concitoyens!

« Cependant chez les anciens, où tant de sources « de bonnes mœurs corrigeaient les mauvaises lois, « la servitude domestique était douce. Fruit des ha-« sards de la guerre ou même de l'inexorable du-« reté d'un créancier, elle menaçait chaque citoyen. « Un esclave n'était ainsi pour son maître qu'un « exemple des vicissitudes humaines, qui peut-être « attendaient ce maître lui-même, et sa femme et « ses enfans; aussi le caractère moral de l'esclave « et ses talens étaient-ils distingués; il était tou-« jours un client, souvent un ami. Aucune de ces « considérations chez les modernes tempère-t-elle « l'esclavage?

« Et d'ailleurs s'agissait-il alors, comme aujour-« d'hui, de l'esclavage protégé dans une petite por-« tion de l'État, proscrit, abhorré dans tout le reste « de l'empire? s'agissait-il d'égalité politique dans « un temps et chez des nations où la vraie théorie « de la liberté n'était pas même soupçonnée? Quel-« que énergie de volonté, quelque élévation d'âme « qu'il faille accorder aux anciens, l'ignorance et le « mépris des droits de l'homme, la férocité des

« mœurs, les préjugés de la superstition, surpassè-
« rent incontestablement leurs qualités sociales. Nos
« mœurs moins sauvages veulent donc d'autres in-
« stitutions, et celles-ci doivent être mieux ap-
« propriées à la paix et au bonheur des indivi-
« dus; nos lois ne prennent plus leur source dans
« le seul besoin de former des hommes pour les
« combats; l'instruction enfin qui, grâce à l'im-
« primerie, ne peut ni périr, ni s'arrêter, ni cesser
« de croître, agit de toutes parts avec une puissance
« irrésistible, et ne permet plus de comparer des
« temps et des hommes dont les rapports sont si
« différens. »

Voyez, d'ailleurs, les Anglais : combien l'esclavage des nègres ne soulève-t-il pas leur sentiment national? voyez les Américains, « sur cette terre que le
« fer des combats, devenu soc de charrue, défriche
« pour la liberté, distinguent-ils un homme d'un au-
« tre homme? disputent-ils à de malheureux servi-
« teurs cette liberté qu'ils laissent aux sauvages dont
« ils sont environnés? non, ils pensent à l'affranchis-
« sement des noirs; ils s'efforcent de le graduer, et
« de faire, en quelque sorte, prudemment rétro-
« grader l'esclavage; ils s'obligent par serment à ne
« plus acheter d'esclaves; une loi fixe l'époque où
« cette terre de la liberté ne sera plus habitée que
« par des hommes libres.

« Ainsi se réunissent l'humanité, la sûreté de

« vos colonies, le but de la révolution actuelle, « pour faire de l'esclavage des nègres un des plus « importans objets de vos délibérations.

« Mais quoi! nos îles ne renferment-elles pas « elles-mêmes d'autres causes, des causes non moins « puissantes, auxquelles il est impossible que résiste « long-temps l'esclavage? Si, dans les contrées pau- « vres et désertes, le silence des passions peut le « maintenir, il n'en est pas de même quand le spec- « tacle de l'opulence vient les réveiller. Pour arrêter « la fermentation chez les esclaves, il faudrait aug- « menter leur insensibilité, et cette puissance man- « que à la tyrannie; pour empêcher que la pompe « sociale ne frappât tous les jours davantage leurs re- « gards, il faudrait arrêter les progrès du luxe; et « le luxe, qui n'est pas l'opulence dans nos colonies, « s'y accroît sans cesse. Pour éviter que les faits jour- « naliers qui rappellent si douloureusement aux noirs « leur condition et leurs malheurs, n'étendissent in- « sensiblement leurs idées, et ne fissent naître du « sentiment profond de l'esclavage quelque invin- « cible moyen d'en briser les fers, il faudrait leur « ôter jusqu'à la pensée, jusqu'à la perfectibilité hu- « maine... heureusement en ceci la nature bienfai- « sante déjoue tous les vœux, tous les efforts du « despotisme.

« Mais, d'ailleurs, n'y a-t-il que des nègres et des « blancs dans nos colonies? ne faut-il pas considé-

« rer les suites du libertinage des colons; et les « effets que produit cet oubli momentané des for- « mes de la tyrannie, soit que l'on doive l'imputer « au seul emportement des passions exaltées par le « climat, et à la seule dépravation des mœurs; soit « qu'il faille l'expliquer par cette cupidité, dénatu- « rée dans un autre sens, qui quelquefois calcule « s'il ne lui est pas plus avantageux de créer un es- « clave que de l'acheter? les effets de ce libertinage, « de ce rapprochement passager entre la force et « l'obéissance, n'ont-ils pas fondé dans nos colonies « un ordre de choses qui, désormais, brisera les fers « des nègres avec une irrésistible rapidité? Qu'ils « ouvrent les yeux, ces créoles indolens et hautains « qui croient que le mépris, que l'arrogance peuvent « tenir lieu de la force! que sont-ils devant cette « population qu'ils ont créée, devant ceux qu'ils « appellent avec dédain *les gens de couleur*? Ne « savent-ils pas que cette nouvelle portion de la « grande famille humaine, tous les jours plus ul- « cérée par les prétentions de l'imbécille orgueil qui « gradue l'estime sur la couleur de la peau, est « lasse d'exister dans l'esprit des blancs, dans leurs « lois mêmes, comme un intermédiaire entre le ci- « toyen libre et l'esclave?

« Que gagne-t-elle en effet à la liberté, si ce « qu'on a retranché à son esclavage est remplacé « par une domination non moins odieuse? si la

« force qui l'écraserait esclave, s'est changée en « mépris qui l'avilit, libre? si la même oppression « est le résultat d'un nouveau genre de despo- « tisme?

« Mais pour mettre un terme à de telles humi- « liations, pour quitter cette sorte d'existence qui « leur ôte des frères, et ne leur assure point des « amis, quel moyen leur reste-t-il? un seul : « l'entière destruction de cet esclavage qui, s'il a « pu s'établir entre des vendeurs et des acheteurs, « ne peut être durable entre des frères et des frères, « entre des pères et des enfans, entre des enfans et « leurs mères. Est-il un pouvoir humain qui puisse « suffire à faire long-temps subsister un tel renver- » sement des lois de la nature? et n'est-ce pas seu- « lement quand l'esclavage sera détruit que le « noir, qui est libre aujourd'hui, mais qui est « libre sans honneur et par conséquent sans li- « berté, pourra jouir pour la première fois de « ses prérogatives, parce qu'on n'aura plus sujet « de le comparer au noir esclave? et n'est-ce pas « alors seulement que le *mulâtre*, le *quarteron*, « le *métis*, ne présenteront plus le mélange du « sang avili par l'esclavage, avec celui que la li- « berté ennoblit? et n'est-ce pas alors seulement « que, l'injure ne pouvant plus s'associer avec le « préjugé, on verra l'opinion confondre les variétés « de l'espèce humaine avec les autres fortuités, et la

« loi réunir les hommes de toute couleur sous l'em-
« pire du droit qui appartient à tous les êtres intel-
« ligens?

« Qu'on y prenne garde : ce serait bien en vain « que les blancs s'opposeraient à cette marche iné- « vitable de la nature. Avec l'avantage du nombre, « les gens de couleur ont celui de la force physi- « que; beaucoup de blancs ne sont pas acclimatés, et « les hommes de couleur le sont tous; tous ils sont « endurcis aux travaux; c'est parmi eux qu'on a « trouvé des hommes actifs et intrépides pour dé- « fendre et leurs oppresseurs, et cette terre natale, « dont on a fait si long-temps le théâtre de leur « dépression; enfin ils sont hommes, ils sont libres; « ils sont les plus nombreux, ils sont les plus forts, « ils sont outragés : annoncer de tels rapports, c'est « démontrer que d'autres rapports leur succéderont « bientôt. La plus inévitable révolution menace « donc nos îles : il ne s'agit que de savoir s'il faut « l'abandonner au hasard, s'il faut l'attendre des « événemens, quel que soit le danger de leur ex- « plosion; ou si, amenée quelques instans plus tôt, « elle peut être encore l'ouvrage de nos lois, et « préparée par la prudence.

« Mais nous ne le savons que trop. Quelques « hommes s'y opposent; quels sont ces hommes? « les commerçans, les armateurs et les propriétaires

« du sol de nos îles, connus sous le nom de *colons* « ou *planteurs*.

« A Dieu ne plaise que je propose d'écarter, « sans débats, leurs représentations! le bien-être « public résulte, non de la destruction d'aucune « industrie productive, mais du soin que prend le « législateur de séparer les divers intérêts parti- « culiers, des principes destructeurs qui en font « prospérer quelques-uns sur les ruines de tous les « autres. Pour y parvenir, il doit connaître non- « seulement ceux des hommes qui se plaignent, ou « qu'il interroge; mais encore la nature d'esprit, les « opinions, les habitudes que leur fait contracter « l'industrie à laquelle ils sont adonnés exclusive- « ment, et sur les progrès de laquelle se concen- « trent toutes leurs pensées.

« S'il était possible qu'une raison éclairée, que « des instituteurs doués d'une profonde sagesse, « distribuassent les professions d'après le calcul « de toutes les convenances sociales, l'esprit per- « sonnel deviendrait probablement inséparable de « l'esprit public; mais les hommes prennent leurs « places au hasard; le cercle étroit de leur for- « tune devient celui de leur sensibilité, et leur « intérêt en fait l'orbite de l'univers. Dérangez « les idées et les habitudes de cet individu, qui « s'est appliqué à une certaine profession, obligez- « le à faire ce qu'il n'a jamais fait, ce qu'il n'a

« pas appris, ce que la crainte aveugle de nuire « à sa fortune l'empêche de tenter, il s'écriera « que la société entière est bouleversée ; exami- « nez, il s'écriera que vous attentez au droit de « propriété ; il veut être riche, et puis libre s'il « le peut, mais qu'il croie voir ses intérêts compro- « mis, il préférera le despotisme !

« Voilà pourquoi les philosophes sont persécutés ! « voilà pourquoi les hommes qui généralisent leurs « idées semblent être en guerre avec le genre hu- « main ! voilà pourquoi l'on voit les intérêts parti- « culiers, quoique habituellement acharnés à s'en- « tre-détruire, se réunir, cependant, pour combattre « l'esprit public qui voudrait ennoblir leurs cal- « culs, et les confédérer en faveur de la propriété « nationale !

« Les approvisionneurs de nos îles, les colons « et les trafiquans négriers disputent entre eux sur « le partage des profits qu'ils tirent des douleurs, « du sang et de la mort de leurs esclaves ; mais ils « unissent leurs forces contre les hommes qui se « sont déclarés les *amis des noirs*, contre ceux qui « n'ont pu se vouer à une si dangereuse amitié que « par cet esprit de bienfaisance universelle, auquel « seul il appartient de prononcer sur le vrai rap- « port de l'intérêt personnel avec le grand intérêt « de la société.

« Voyons donc d'abord ce que sont ces *amis*

« *des noirs* sur lesquels les partisans de la traite, « les prôneurs de l'esclavage accumulent les outra- « ges et les calomnies qu'ils n'osent pas encore di- « riger sur nos principes et sur nos lois. »

Ici, l'orateur explique les intentions et les démarches de l'association anglaise des *amis des noirs*; il la montre animée des sentimens de la philanthropie la plus pure et la plus désintéressée, cherchant, par l'entremise de Wilberforce et de Clarkson, à intéresser tous les gouvernemens, toutes les nations à l'affranchissement graduel des nègres, comme naguère Howard à l'amélioration du sort de tous les prisonniers, à quelque nation qu'ils appartinssent.

Il entre ensuite dans la discussion des motifs que les défenseurs de la traite et de l'esclavage opposent aux opinions qui veulent l'abolition immédiate de l'un, graduelle de l'autre.

« Ces objections sont de deux sortes :

« Les unes sont relatives aux noirs en eux-mêmes;

« Les autres reposent sur divers intérêts politi- « ques et financiers de la France.

« Commençons par la question particulière, « c'est-à-dire par les argumentations qui s'appli- « quent aux seuls noirs :

« *Nous n'affirmons point*, disent leurs bour-

« reaux, ou les avocats de leurs bourreaux, *que le* « *commerce des esclaves soit juste. Mais :*

« 1° *Il les préserve de la condition bien pire que* « *la guerre ou la captivité leur ferait subir dans* « *leur propre patrie ;*

« 2° *Ce commerce ne se fait point d'une manière* « *inhumaine ;*

« 3° *Les nègres ne sont pas malheureux dans* « *les colonies, et certainement pas plus que les* « *laboureurs dans nos climats, et, par exemple,* « *que la plus grande partie de nos paysans ;*

« 4° *Il faut d'ailleurs opter entre le maintien* « *de la traite ou la ruine des colonies, car elles* « *ne peuvent être cultivées que par des noirs ; et* « *comme leur reproduction est insuffisante, il* « *n'y a que la traite qui puisse y suppléer ;*

« 5° *On exagère les travaux et les souffrances* « *des noirs esclaves, et ils sont d'autant moins à* « *plaindre que leurs maîtres ont un intérêt,* « *même pécuniaire, à les ménager ;*

« 6° *Enfin des lois et des règlemens peuvent ve-* « *nir au secours des noirs, si leur situation exige* « *réellement, ce qui est douteux, le secours de* « *l'autorité législative.*

« Tout ce qu'on a dit sur ce sujet, c'est-à-dire « sur la question réduite à la seule condition des « noirs, tout ce que vous entendrez répéter, ce peu « de mots le renferme.

« Ainsi donc, on soutient d'abord que si vous « avez en vue le bonheur des nègres, leur situation « ne doit point vous affliger, car la traite les délivre « d'un bien plus cruel esclavage auquel, dans l'in- « térieur de l'Afrique et sur ses longues côtes, des « guerres interminables, des guerres produites par « des mœurs atroces, les avaient déjà condamnés.

« Mais pourquoi chercher le motif de ces guerres « dans les mœurs des Africains, quand la raison le « découvre dans la féroce industrie de l'avidité eu- « ropéenne? manque-t-il de preuves de notre ar- « deur à exciter ces détestables combats? et nos « émissaires, qui vont en Afrique demander des « noirs, y portent-ils des cœurs propres à convertir « à l'humanité les chefs barbares de ces peuplades, « de ces contrées? Il existe des marchands d'es- « claves, comment n'y aurait-il pas de vendeurs? « quel degré de cruauté faut-il de plus pour aller « à la chasse des hommes ou pour les acheter sur « le marché? et doutez-vous, puisqu'il existe des « pays où l'on vend des hommes blancs, que nous « ne fussions exposés aux mêmes guerres qui rava- « gent l'Afrique, si l'Europe était ignorante et « sans défense comme l'Afrique, si nos armateurs « pour la traite des noirs pouvaient faire la traite « des blancs?

« Comment la traite des nègres ne serait-elle pas « une cause puissante de cet esclavage qu'elle pré-

« tend adoucir? les chefs africains sont ignorans, « ils sont cruels, ils sont avides, leurs sujets sont « une marchandise recherchée : le reste est inévi- « table. Comme les bestiaux, il faut que les noirs « arrivent en plus grand nombre au marché, à me- « sure que l'on en fait un débit plus considérable : « les demandes d'esclaves augmentent-elles; la « guerre redouble en Afrique, elle multiplie ses « fureurs, et l'acheteur européen, assis sur le tillac « de son navire, souvent témoin de la moisson « d'hommes qui se fait pour lui, en attend froide- « ment la fin..... Il achètera tout le sang qui n'aura « pas été versé!

« Telles sont les causes, telles sont les conséquen- « ces nécessaires de cet effroyable commerce.

« La traite qui allume ces guerres, parce qu'elle « en est le prix, parce qu'elle offre au vainqueur une « détestable récompense, les rend encore plus terri- « bles que ne le ferait la seule férocité des mœurs. Le « nombre des prisonniers n'égale pas la cinquième « partie des hommes qui périssent; chaque combat- « tant, sachant le sort qui lui est destiné, cherche « moins à sauver sa vie que sa liberté, qu'il prise « bien davantage; s'il est sûr de mourir, il se croira « vainqueur; il ne se croira vaincu que s'il est pris; « aussi comptez bien vos conquêtes : pas un nègre « n'est saisi vivant au milieu de ces massacres, que « quatre ou cinq plus heureux que lui ne soient

« morts à ses côtés. Mais qu'importe ce calcul à l'a-« troce égoïsme du despote ? ses besoins du moment « sont satisfaits ; et s'il réfléchit un instant, ce n'est « pas pour regretter ce qu'il vient de faire, c'est « pour recommencer avec une cruauté aussi barbare, « aussi impolitique; et souvent un chef, en se retirant « après une bataille perdue, plutôt que de renoncer « au gain dont l'appât venait de causer sa défaite, « a brûlé ses propres villages épargnés par l'en-« nemi, et réduit des tribus entières de ses sujets à « l'esclavage !

« Croirait-on cependant que l'influence de la « traite des nègres se borne à promener une guerre « de dévastation et de mort sur toutes les parties « de l'Afrique? on se tromperait. Cette influence « agit encore sur les lois pénales dans ces pays où « la loi n'est que la volonté d'un chef ignorant et « féroce, et cette autre guerre n'est pas moins « cruelle que celle dont le fer et le feu sont les in-« strumens.

« Nos pères ont vu en Europe, et l'on y trouve « encore, des gouvernemens où les amendes et les « confiscations dévolues, soit au prince, soit aux « magistrats, sont moins des châtimens que des « spéculations inventées par le despotisme : c'est « ainsi qu'en Afrique l'esclavage est devenu la puni-« tion universelle, même pour les fautes les plus « légères ; et par exemple le fait, si c'est un fait,

« qui est moins une faute qu'une folie, le délit « dont l'accusation est la plus difficile à repousser, « *la magie*, ce crime imaginaire qui a aussi souillé « notre législation, est celui qui produit le plus « d'esclaves, soit parce que rien ne s'associe mieux « que la superstition à la tyrannie, soit parce que « le chef, plus encore pour grossir ses profits que « pour abréger les formes, étend la punition à « toute la famille de l'accusé. On inflige le même « châtiment à l'adultère; et là, comme ailleurs, « la science fiscale très-perfectionnée consiste à « tendre des piéges; les nombreuses concubines du « chef, décorées du titre d'épouses, parcourent par « ses ordres les habitations; elles y déploient tous « les moyens de séduction pour faire tomber dans « l'égarement le malheureux qu'elles provoquent; « elles le décèlent après l'avoir séduit; et, par la « plus étrange et la plus abominable spéculation, « elles enrichissent ainsi le trésor du despote.

« Au défaut même de délations, combien, je ne « dis pas de non condamnés, mais même de non « accusés, combien de noirs innocens ne sont-ils « pas enlevés, traînés sur les rivages et livrés aux « marchands d'Europe, qui les préfèrent à ceux « qu'ils appellent *des malfaiteurs!* Ces attentats « se multiplient d'autant plus, qu'ils paraissent « moins odieux dans un pays où l'on a fait des « hommes la propriété d'autrui, et qu'il est peut-

« être moins horrible de les enlever pour en faire « des esclaves que de leur supposer des crimes « pour se les approprier.

« Mais ne croyez pas que l'avarice, qui sévit avec « tant d'inhumanité contre des crimes chimériques, « ait gradué les peines sur un autre tarif lorsqu'il « s'agit de crimes réels. L'esclavage est la punition « des délits les plus légers comme des plus épou- « vantables forfaits, et l'ordre de la nature est telle- « ment renversé, qu'un crime égal au meurtre ne « passe que pour un larcin, que le meurtre même « n'est plus que la destruction d'une propriété. Tel « est le révoltant effet des passions que nous avons « excitées chez les Africains, et de la cupidité fréné- « tique que nous avons inspirée à leurs chefs, que « l'homme, toujours si avide du signe qui repré- « sente les valeurs et qui procure les jouissances, « est parvenu, dans ce pays malheureux, à faire de « son semblable ce signe même d'échange, à en faire « la monnaie la plus précieuse; aussi là toute mo- « ralité, toute justice est détruite; les chefs ne veu- « lent et nous ne voulons que des esclaves, il leur « en faut, il nous en faut à tout prix!

« Comment donc absoudre la traite des nègres de « tous ces crimes qu'elle fait commettre en Afrique? « si les hommes n'y étaient pas une marchandise qui « s'exporte au dehors pour ne plus reparaître sur « la terre natale, les chefs de ces contrées se livre-

« raient-ils à tant d'atrocités? voit-on dans l'Inde,
« garantie de l'esclavage domestique par ses lois et
« sa religion, le spectacle de ces cruels combats et
« les effets de ce trafic abominable? et pourquoi la
« civilisation ne ferait-elle pas en Afrique, comme
« sur les bords du Gange, les progrès qu'appelle la
« perfectibilité humaine? Pourquoi les arts, enfans
« de la paix et de la sécurité, n'y contribueraient-
« ils pas au bonheur des habitans, si notre cupidité
« ne dénaturait pas l'homme, si elle ne l'armait pas
« incessamment pour ravir et vendre la personne
« de son voisin, de son frère? si elle ne changeait
« pas un continent immense en un théâtre sanglant
« de guerre, de cruauté, de perfidie, de spécula-
« tions sordides, pour alimenter l'exécrable com-
« merce qui outrage l'humanité?

« On nous dit que la servitude étant l'état natu-
« rel des nègres, ce qui est faux, la traite n'empire
« point leur sort; on ajoute qu'ils sont encore plus
« malheureux en Afrique qu'au sein de la rigou-
« reuse captivité qui leur prépare dans nos îles des
« travaux dont l'imagination même est effrayée.

« Mais comparez les motifs des chefs africains et
« ceux qui dirigent nos colons envers leurs esclaves :
« pourquoi les premiers imposeraient-ils à leurs
« sujets des travaux oppressifs, puisque, s'ils dispo-
« sent de leur existence, c'est pour obtenir des
« productions étrangères, et non pour accélérer les

« produits de la culture sur une terre dont la ferti-
« lité se suffit à elle-même, tellement que le maître
« n'a jamais, sur son propre sol, l'occasion d'user
« les forces de l'esclave dans des fatigues super-
« flues ? Quelle que soit la farouche cruauté du des-
« pote africain, et son mépris de la vie d'autrui, il ne
« songerait pas à exténuer par un labeur surhumain
« celui-là même dont son moindre caprice ferait cou-
« ler le sang; d'ailleurs, aucune différence dans la
« couleur ou dans les formes ne l'induirait à regarder
« stupidement son semblable comme un être d'une
« nature inférieure; en un mot, les nègres n'ont à
« redouter en Afrique que les capricieuses violences
« de leurs despotes, et ces passions impétueuses se
« rassasient, manquent d'activité, s'oublient même
« quelquefois dans des momens de calme et de
« modération.

« Mais combien est différente la disposition par-
« ticulière du colon? les esclaves de nos îles sont
« les victimes journalières de son avarice, et ce n'est
« pas de crimes instantanés et stériles que l'avarice
« s'assouvit : l'avarice, cette passion également in-
« humaine et insatiable; cette passion qui calcule
« froidement le profit que doivent rapporter les
« tourmens qu'elle inflige; cette passion qui, loin de
« se calmer par ses propres excès, acquiert chaque
« jour une détestable énergie, et dont la faim dévo-
« rante se rallume, au lieu de s'apaiser, à mesure

« qu'elle se rassasie, et en proportion de ses
« odieuses jouissances. . . . .
« . . . . »

« Vous l'avez vu, nos adversaires soutiennent « en second lieu, que la traite des nègres *n'est pas* « *un commerce inhumain.*

« Pour en juger en connaissance de cause, lisez « le rapport fait en Angleterre, au conseil privé, « et à la barre du parlement: le relevé authentique « des bâtimens négriers partis de Liverpool, de « Bristol, démontre, par une série de dix années, « que la Grande-Bretagne exporte annuellement « plus de cent mille nègres, et qu'un cinquième, « au moins, périt avant d'arriver à sa destination. « Ainsi sur cent hommes ravis à l'Afrique il en meurt « tout de suite vingt! Ainsi dans une seule branche « de ce commerce monstrueux, la traite détruit cha- « que année vingt mille noirs! eh! d'où vient cette « mortalité terrible? apprenez-en la cause, colons! « qui feignez de regarder l'esclavage comme un « bienfait; c'est qu'à l'horreur de la captivité qui « commence pour ne plus finir qu'à la mort, se joi- « gnent encore, pour les nègres, pendant le trajet, « la faim, les maladies, le manque d'eau, le man- « que d'air... ET CE COMMERCE N'EST PAS INHUMAIN!...

« Comptez pour rien les dévastations, les incen- « dies, les pillages auxquels il a fallu livrer la côte « d'Afrique pour en extraire, avec des peines et des

« frais infinis, le petit nombre de noirs qui survivent « à la capture, comptez pour rien ceux qui, durant « la traversée, se donnent la mort, ou qui périssent « dans les révoltes du désespoir; mais figurez-vous « ce qu'est cette traversée de deux mille, quelque-« fois de trois mille lieues. Voyez le modèle d'un na-« vire chargé de ces infortunés, et tâchez de ne pas « détourner vos regards. Comme ils sont entassés « les uns sur les autres!..... comme ils sont étouffés « par les entreponts! ne pouvant se tenir debout, « même assis, ils courbent la tête; bien plus, ils ne « peuvent mouvoir ni leurs membres, étroitement « garrottés, ni leur corps même, car soumis à tous « les besoins, à tous les maux de celui dont il par-« tage les fers, chaque homme est attaché à un « homme, quelquefois à un mourant, quelquefois « à un cadavre! voyez comment le vaisseau, qui se « roule, les meurtrit, les mutile, les brise l'un « contre l'autre, les déchire par leurs propres chaî-« nes et présente mille supplices dans un seul ta-« bleau! Se couchent-ils, tout l'espace est rempli; « et l'insensée cupidité qui voudrait les secourir, n'a « pas même prévu qu'il ne restait plus de passage, « et qu'il faudrait fouler aux pieds ces corps de sup-« pliciés vivans. Ont-ils du moins une somme suf-« fisante d'air respirable? calculons ensemble: un « espace d'un peu moins de six pieds de longueur « sur un peu plus d'un pied de largeur, est la base

« de la colonne d'air, la plus courte possible, qui « doit suffire à la respiration de chacun; aussi vicié « en peu de temps dans ses principes, à peine re- « nouvelé par d'étroites ouvertures que font souvent « fermer le gros temps, la pluie, cent occurren- « ces diverses, cet air se change bientôt en poison. « Mais pourquoi en auraient-ils davantage? pour- « quoi l'auraient-ils pur? n'a-t-il pas aussi fallu « spéculer sur ce premier besoin de la vie? Les in- « fortunés! je les vois, je les entends : altérés de « respiration, leur langue brûlante et pendante « peint leur douleur, et ne peut plus l'exprimer! « comme ils s'attachent, comme ils se collent à ces « treillis! comme ils cherchent à pomper même « des rayons de feu par l'espoir de se rafraîchir un « instant!

« Ecoutez ces hurlemens; voyez les derniers ef- « forts de ces malheureux qui se sentent suffoquer... « vous n'entendez plus que le silence. Cet air mesuré « par la barbarie, cet air imprégné de douleur, de « désespoir et de sang, n'est plus qu'une homicide « atmosphère de moffettes pestilentielles; et, mal- « gré vous la mort de la moitié de ces victimes va « faire la place des autres..... Suivons donc ce na- « vire, ou plutôt cette longue bière flottante, tra- « versant les mers qui séparent les deux mondes. « L'infortuné qui voit périr son compagnon, se « prive en vain du mouvement, seule manière

« dont il puisse le secourir; on oublie souvent pen-
« dant plus d'un jour qu'il n'est plus attaché qu'à
« un cadavre ; et là se reproduit comme un événe-
« ment ordinaire le supplice qui a fait de son in-
« venteur le type des plus affreux tyrans. L'horrible
« cachot mouvant se dépeuple de plus en plus, nè-
« gres et matelots sont moissonnés ; les maux les
« plus affreux naissant les uns des autres trompent
« par leurs ravages, l'avarice même qui les a enfan-
« tés, l'avarice qui a trouvé de l'or pour acheter des
« hommes, et qui n'en a pas eu pour acheter de
« l'air... ET CE COMMERCE N'EST PAS INHUMAIN !.....

« Mais ne serait-il pas possible de prévenir ces
« accidens affreux en chargeant moins de nègres sur
« chaque vaisseau ? non : la traite, alors, devien-
« drait impraticable ; le marchand d'esclaves vio-
« lerait je ne sais quel atroce et stupide règlement ;
« il ne peut tourner à son avantage ce commerce
« si hasardeux qu'autant qu'il entasse les nègres
« comme des objets de cargaison. Ces malheureux
« qu'à terre on considérera tour à tour comme des
« hommes ou comme des animaux, ne semblent,
« au moment du transport, que des êtres inanimés,
« un véritable lest, *utile pondus*. La cupidité hu-
« maine se joue à leur faire parcourir tous les rè-
« gnes de la nature..... ET CE COMMERCE N'EST PAS
« INHUMAIN !.....

« Du moins, contens de dompter, à force d'inhu-

« manité, les esclaves voyageurs, leurs conducteurs « sauront-ils leur pardonner les tentatives qu'ils font, « trop souvent en vain, pour se réfugier dans la mort, « ou se procurer la liberté?..... non : cette dernière « équité, on la rencontre quelquefois dans les âmes « les plus féroces, mais l'inexorable cupidité l'in- « terdit à ses agens. Tous les vaisseaux négriers « abondent en instrumens de supplice, non pas de « mort, mais de vie, et le croirez-vous? un de ces « instrumens est destiné à faire prendre de force « des alimens aux esclaves qui veulent mourir! on « les contraint ainsi à prolonger leur vie et leur mi- « sère.. .. ET CE COMMERCE N'EST PAS INHUMAIN!...

« Mais je me trompe : quelquefois les nègres doi- « vent le bienfait de la mort à leurs conducteurs. « Chaque navire négrier emporte une provision de « poison; il est utile dans les révoltes; il est néces- « saire, si le calme accueille ce vaisseau où l'avarice « a mesuré la place des alimens, comme celle de « l'air. Par le poison l'équipage se délivre de l'es- « clave impétueux que les chaînes, que les gar- « diens auraient peine à contenir, et dont le géné- « reux exemple inviterait ses compagnons à la « révolte, à la vengeance. Le poison supplée à « la disette de l'eau et des comestibles....... Vous « frémissez; le fait est certain; il est avoué; il « n'est pas contestable; c'est un des procédés né- « cessaires à la traite. On vous demande de décréte

« les meurtres, les brigandages, les atrocités qu'elle « enfante; rendez encore légal l'empoisonnement; « sans lui le trafic des esclaves ne saurait se mainte- « nir!..... ET CE COMMERCE N'EST PAS INHUMAIN!.....

« Il l'est également pour les agens supérieurs « comme subalternes de la traite, et si votre pitié ven- « geresse respire à ces mots, qui semblent annoncer « une juste punition, gardez de vous méprendre. « Les matelots sont presque aussi innocens que « leur proie humaine : existe-t-il un commerce « plus barbare que celui dont il faut séduire les « agens par des avances d'argent, par les excita- « tions de la débauche, par toutes sortes de ruses « odieuses? Pourtant ce n'est qu'ainsi qu'on parvient « en Angleterre à former l'équipage d'un vaisseau « négrier; c'est ainsi qu'on enrôle des matelots déjà « vaincus par leurs besoins; et plus tard c'est par les « mauvais traitemens qu'ils essuient à bord qu'on les « assujettit à tous les actes de cette odieuse entre- « prise. Le capitaine qui les commande est presque « toujours un homme dur et cruel, il le faut bien, « puisqu'il se dévoue volontairement à l'affreux « métier de trafiquer du sang des hommes; il règne « en tyran sur son équipage comme sur sa cargai- « son; il oblige les matelots à s'approcher du rivage « dans des canots découverts pour recevoir les escla- « ves dérobés. Cette horrible chasse, ces vols, ces recè « lemens homicides, ne peuvent se faire que pendant

« la nuit : son excessive fraîcheur succédant, sous « le tropique du cancer, aux ardeurs d'un jour dé« vorant, frappe souvent de cécité les matelots « avant qu'ils aient pu regagner le navire, et sou« met à de lentes tortures les agens d'une conspira« tion dont ils expient le crime sans avoir recueilli, « sans avoir à recueillir, les profits du crime; en un « mot, ce n'est pas celui des matelots, c'est celui de « leurs maîtres, et leur sort ne sera guères différent « du sort de leurs victimes, dont le contact sur le « même navire leur communiquera souvent les « plus affreuses maladies et quelquefois la mort.

« Ces faits, et tant d'autres que je pourrais citer, « attestent trop bien l'exécrable inhumanité de la « traite et ses conséquences monstrueuses.

« La troisième objection des partisans de la traite « et de l'esclavage repose, vous l'avez vu, sur ce « fait, qu'ils osent avancer, que les nègres ne sont « pas malheureux dans les colonies; qu'ils ne le « sont certainement pas plus que les laboureurs « dans nos climats, et, par exemple, que la plus « grande partie de nos paysans!

« Cette assertion est tranchante, mais la réfuta« tion n'en est que trop douloureusement facile.

« Pour éviter d'anticiper sur l'examen de la cin« quième objection, je ne peindrai pas ici les souf« frances que les nègres éprouvent dans les colonies

« quand le tyran qui les vend les a livrés au tyran « qui les achète.

« Mais je dirai aux partisans de l'horrible trafic, « si les nègres étaient traités avec humanité dans « nos îles, s'ils n'y étaient pas *malheureux*, par « quelle fatalité leur nombre diminuerait-il sans « cesse [1]? pourquoi l'Océan vomirait-il chaque an- « née de nouveaux essaims d'esclaves qui partent de « l'Afrique pour aller s'ensevelir dans nos colonies? « est-ce donc un symptôme de prospérité que la « population entière d'une île s'anéantisse en moins « d'un demi-siècle?

« Arrêtez un moment votre attention sur cette « opposition déplorable à la plus douce invitation « de la nature : de 1680 à 1775, on a introduit 800 « mille noirs sur la partie française de Saint-Do- « mingue, et en 1775 il n'en restait que 290 mille,

[1] Pour ne parler ici que de Saint-Domingue dont un quart seulement nous appartient, la partie française se recrute annuellement de plus de 30 mille esclaves africains qui, dès la troisième année de leur débarquement, sont réduits au-dessous du tiers, tant sont meurtriers et cette barbare transportation, et les travaux excessifs qui les attendent dans un climat auquel ils ont besoin de s'accoutumer. Ces noirs coûtent aux colons plus de 60 millions de nos îles.

Le commerce national a fourni à Saint-Domingue, pendant 1786, 1787 et 1788, 87 mille noirs, qui ont été vendus aux colons 174 millions. (*État des finances de Saint-Domingue pour* 1788, par M. Barbé-Marbois.)

(*Note de Mirabeau.*)

« dont 140 mille seulement étaient des nègres « créoles, tandis que la population la plus contra- « riée, en Europe, reste stationnaire ; tandis qu'au- « cune race d'hommes n'égale les nègres en fécon- « dité, et que le climat de nos îles est très-propre « à la favoriser comme le prouvent les familles du « petit nombre de noirs qui sont libres. Cessez d'être « étonnés, car nous traitons mieux les bêtes dont « la chair nous sert de nourriture, que les colons « ne traitent leurs esclaves. Le couteau du boucher « ne devance pas la reproduction de nos animaux « domestiques ; nous sommes parvenus à la conci- « lier avec la mort hâtive, et nous ne savons, nous « ne voulons pas en faire autant de nos nègres !

« Qu'il est différent le tableau que nous offre le con- « tinent de l'Amérique du nord, bien plus âpre, bien « moins propice à la multiplication de l'espèce ! « Dans la révolution d'un siècle ([1]), une poignée « de fugitifs et d'aventuriers peuplent, défrichent « d'immenses contrées et les couvrent d'habitations; « partout leur race s'y multiplie, partout on y voit « naître l'industrie et s'étendre la prospérité : une « nation forte de quatre millions d'âmes, voilà la « postérité de ce petit nombre d'hommes pauvres, « mais libres !

([1]) Guillaume Penn et ses consorts s'établirent en Amérique vers 1682. (*Note de l'éditeur.*)

« Dans nos îles, au contraire, la population des « noirs décroît constamment; là, comme en un « vaste cimetière, viennent s'engloutir les nom- « breuses colonies dont l'Afrique se dépouille ([1]) « sans enrichir l'Amérique; là, et c'est le seul « exemple que nous offre l'univers, l'espèce hu- « maine se détruit plutôt que de se reproduire pour « la tyrannie... à ces différences reconnaissez les ef- « fets du despotisme et ceux de la liberté!

« Vous persuadera-t-on maintenant que les es- « claves de vos îles jouissent d'un meilleur sort que « les paysans de la France? Nos paysans ont souf- « fert, il est vrai, sous le joug de leurs anciens « maîtres; mais l'odieuse féodalité est abattue pour « jamais; et si, dans nos campagnes, le laboureur « souffre encore, c'est que l'effet des institutions « les plus sages ne se manifeste qu'avec le temps.

« Si du moins, quand ils exagèrent les malheurs « d'une partie de notre population indigente, les « colons avaient la louable intention d'exciter en « faveur de nos compatriotes une compassion éclai- « rée, on espérerait obtenir l'amélioration du sort « des nègres en raisonnant sur cet affligeant pa- « rallèle.

« *Les vastes habitations de Saint-Domingue*

([1]) Depuis près de deux siècles, la traite a enlevé à l'Afrique environ neuf millions d'individus.

(*Note de Mirabeau.*)

« *et des Antilles*, dit un philosophe ([1]), *divisées* « *en petites propriétés et devenues salubres, se-* « *raient aussi industrieuses et plus agréables, par* « *la facilité de leur culture et par la température* « *de leur ciel, que les fermes et les métairies de* « *la France, où les hivers sont si rudes. Elles* « *offriraient une multitude d'emplois et de mé-* « *tiers à quantité de nos pauvres paysans et ou-* « *vriers qui manquent en France de travaux, et* « *les habitans de nos colonies se trouveraient* « *plus riches, plus heureux et plus distingués,* « *quand, au lieu d'esclaves étrangers, ils auraient* « *des fermiers compatriotes, et au lieu d'habita-* « *tions des seigneuries.* Mais combien les nègres « ne sont-ils pas loin encore du jour où la servi- « tude personnelle sera réduite à celle qu'on appe- « lait *la glèbe!* Que de nuances, que d'années « pour passer de cet esclavage mitigé à l'affran- « chissement, quand même on le ferait dépendre « de leur bonne conduite à l'égard de leurs maî- « tres, afin qu'ils leur eussent en partie obligation « de leur liberté ! Et l'on compare le sort des nè- « gres à celui de nos paysans, comme si la misère « de ceux-ci devait nous endurcir sur l'affreuse « condition des esclaves ; comme si, pour la con-

([1]) Bernardin de Saint-Pierre. (*Vœux d'un solitaire.*)
(*Note de l'éditeur.*)

« solation de quelques infortunes françaises, il fal-« lait qu'on pût leur dire : *Il existe en d'autres* « *climats des êtres plus misérables que vous!* « Mais les gémissemens des esclaves de nos îles « sécheront-ils dans nos campagnes les larmes de « la pauvreté? Leurs tourmens calmeront-ils les « angoisses de ceux de nos laboureurs qui man-« quent des subsistances qu'ils produisent pour « nous?

« Pourquoi, d'ailleurs, comparer des malheu-« reux d'un genre si différent? il n'est que trop « vrai que les nègres l'emportent en infortune, « non-seulement sur tous les hommes, mais sur les « plus misérables des êtres vivans; il n'est que trop « vrai que leurs maîtres les ont placés dans un état « mitoyen entre l'homme et la brute, pour avoir le « droit de réunir sur leurs têtes tous les maux des « deux espèces.

« Les considère-t-on sous leur rapport d'utilité; « on les traite comme des animaux entièrement « consacrés à satisfaire les vœux impatiens de l'a-« varice; pour tout exercice de leurs facultés intel-« lectuelles, on ne leur demande que l'instinct de « la soumission, et le souvenir de ce qu'il en coûte « pour tromper, par la désobéissance ou la paresse, « l'espoir et les calculs du maître.

« Sont-ils coupables; on les regarde comme des « hommes, on leur suppose des lumières, des prin-

« cipes d'ordre et de justice qui auraient dû les « retenir dans la règle des devoirs. Ainsi, dépouil- « lés de la qualité d'hommes lorsqu'il faut jouir, « revêtus de cette qualité lorsqu'il faut souffrir, ils « ont à regretter sans cesse que l'esclavage n'efface « pas en entier les distinctions qui les séparent de « la brute, et les nuances qui les rapprochent de « leurs tyrans.

« Et l'on ose dire que cette affreuse condition est « préférable à celle de nos paysans!..... ah! je m'ar- « rête, car vous me fermeriez la bouche si je vou- « lois continuer cette révoltante réfutation!

« Vous vous souvenez de la quatrième objection « qui se résume par ces mots : *Les colonies ne « pouvant valoir que par la culture, la culture « ne pouvant être faite que par les nègres, les « nègres ne pouvant cultiver s'ils ne sont escla- « ves, et ne se reproduisant pas suffisamment, « abolir la traite c'est abolir les colonies.*

« Je me hâte de repousser ces barbares para- « doxes; et je suis certain d'y parvenir à l'aide « de faits qui les détruisent entièrement; je vais « plus loin, je soutiens, d'après les mêmes faits, « que l'abolition de la traite assurera non-seule- « ment, mais encore accroîtra la culture et les « produits des colonies; j'en conclus que défendre « d'importer des Africains dans nos îles, c'est la

« plus utile leçon que l'on puisse donner, le plus « grand service qu'on puisse rendre aux mauvais « cultivateurs, et j'ajoute que cette leçon, ils l'ont « déjà reçue des planteurs sages.

« En effet il est un certain nombre d'habitations « qui, renonçant à la traite, lui préfèrent la repro- « duction locale et naturelle dont, tout motif d'hu- « manité à part, l'expérience leur a démontré les « avantages; ces humains et généreux colons ne se « ressentiront point de l'abolition de la traite, eux- « mêmes l'ont abolie; et si vous adoptez ma pro- « position; vous n'aurez fait que changer en loi leur « conduite [1]. Si la même loi paraît d'abord blesser « l'intérêt des autres colons, la nécessité les for- « cera d'adopter le système des exploitations où le « nombre des esclaves s'entretient de leur propre « population; et bientôt, traitant leurs nègres avec « humanité, excitant en eux l'esprit d'industrie, « et sachant les intéresser aux travaux de l'habi- « tation, ils en recueilleront eux-mêmes le prix. « La seule liberté de se reproduire, et de contracter « des engagemens ou des affections, doublera la « force de ces malheureux, en leur donnant l'es-

[1] Vous en trouverez une foule d'exemples dans MM. Clarkson, Dickon, le docteur Frossard et Nichols. Le doyen Nichols a cité, entre autres, cinq habitations qui, en vingt ans, ont plus que doublé par les naissances.

(*Note de Mirabeau.*)

« pérance, cette divine messagère, envoyée pour « consoler les maux de l'espèce humaine.

« En effet, gardez-vous d'en douter, ce senti- « ment consolateur attaché à toute reproduction « libre allégera leurs fatigues; et leurs enfans (les « infortunés n'ont pas encore prononcé ce mot!) « deviendront pour eux autant de ressorts d'ému- « lation.

« Sera-ce donc nuire à vos colonies que d'y sub- « stituer cet ordre de choses à celui qui donne au « nègre une double envie de s'abstenir du travail, « soit parce qu'il se procure ainsi du moins quelque « repos, soit parce qu'il se venge de son plus cruel « ennemi, de son maître? sera-ce empirer la con- « dition du planteur, que de le forcer à s'occuper « du bonheur de ses esclaves, par la crainte que « leur perte n'entraîne sa propre ruine?

« Il est vrai que mon argumentation a été pré- « vue et combattue d'avance.

« D'abord on a nié que les nègres pussent se re- « produire dans un tel climat, de manière qu'un « jour il n'y eût aucune nécessité de les remplacer.

« Ensuite quelques planteurs ont dit que la *re- « production* coûterait aussi cher que *la traite*; « qu'en effet, il faudrait faire de grandes dépenses « pour élever de jeunes noirs jusqu'à l'âge du tra- « vail, et que ces frais égaleraient ceux de l'achat « des esclaves, d'où l'on a tiré la conséquence,

« quelque affreuse qu'elle soit, que, puisqu'il en « coûte pour conserver, il faut détruire.

Mirabeau démontre la proposition contraire par une multitude d'argumens et surtout de calculs positifs ; les noirs qu'on aura amenés à une situation plus heureuse, à qui on aura donné une famille, ouvert un avenir de liberté, travailleront plus et mieux; par suite d'une effroyable mortalité chaque nègre survivant coûte, importé, 8,751 livres terme moyen; l'intérêt de cette somme ne couvrira-t-il pas, et au-delà, la dépense que coûtera, avant l'âge du travail, l'enfant qui, bientôt, sous ce climat hâtif, cultivera à son tour, sans qu'aucun capital ait été déboursé pour l'acheter? l'affirmative ne saurait être douteuse; et les planteurs y gagneront une économie annuelle de vingt millions qui, reversés sur le sol, et employés avec une intelligence inconnue à la culture servile, auront pour résultat une incalculable augmentation de produits.

« Vous vous rappelez la cinquième objection : « *Comment*, disent quelques planteurs, *les nègres « pourraient-ils être malheureux, quand il est si « évidemment dans l'intérêt, même pécuniaire, « des maîtres d'adoucir le sort de leurs esclaves?*

« Gardez-vous de prêter l'oreille à cet hypocrite « langage. Examinez les faits, car ce sont les faits

« et non pas les discours qu'il faut croire, ce sont « les faits qui, à côté de ces paroles doucereuses, « vous donneront leur traduction vraie, telle qu'elle « est cachée dans l'avare pensée des planteurs.

« *Que viennent nous dire*, pensent-ils, *ces du-* « *peurs et ces dupes d'une romanesque philan-* « *thropie? ce n'est pas selon et pour la* SOCIÉTÉ « DES NOIRS *que nous spéculons, c'est pour la* « *nôtre, c'est pour celle des blancs, et voici le* « *véritable calcul tel qu'il faut le faire :*

« *La résistance du principe vital est telle qu'en* « *faisant abstraction des douleurs et des angois-* « *ses, et ne comptant que sur une certaine durée* « *d'existence, on peut charger l'esclave d'un tra-* « *vail tellement forcé, que le produit de peu d'an-* « *nées égale et même surpasse le produit d'un* « *travail beaucoup plus prolongé, mais aussi plus* « *modéré; or, tout produit accéléré est plus avan-* « *tageux que le même produit qui est nécessaire-* « *ment retardé, lorsqu'on ne force pas la nature;* « *or, si l'on ne continue pas la traite; si, ne pou-* « *vant plus remplacer les nègres, on est contraint* « *de les ménager, de les conserver, ne perdra-t-on* « *pas tout ce que l'on gagne aujourd'hui, en ne* « *les ménageant pas, en ne s'occupant point de* « *leur conservation?*

« Il y a de la vérité dans ce calcul. Une compa- « raison, odieuse, je l'avoue, mais que leur im-

« porte? une comparaison fort exacte, dis-je, vous « en fournira la démonstration. Voyez la poste : « cette utile spéculation est uniquement fondée « sur la course extraordinaire qu'à grands coups « de fouet on exige des chevaux; livrés à leur al- « lure naturelle, ils pourraient, sans doute, gagner « autant pour leurs maîtres; mais la lenteur de ce « gain ferait perdre une foule d'autres avantages. Il « faut donc forcer le travail des nègres comme celui « des chevaux de poste, il faut leur faire produire « des capitaux anticipés qui, à leur tour, produisent « d'autres capitaux, et sans cela, comment des co- « lons pourraient-ils se livrer, de si bonne heure, « à une prodigalité qui n'est pour eux qu'un luxe « de cruauté? auraient-ils le droit de se la per- « mettre, si les nègres étaient enfin mis au rang « des hommes, et si cette justice rendue nous im- « posait la loi sociale de ne pas leur faire ce que « nous ne voudrions pas que l'on nous fît, fussions- « nous nés esclaves?

« Telle est la véritable théorie qui motive la traite « des nègres, et que l'on cache vainement sous « une prétendue nécessité de cultiver nos îles par « les bras des Africains, seuls propres, dit-on, aux « travaux de ces climats. Horrible et fallacieuse « nécessité dont on voudrait rendre la nature com- « plice, comme si elle avait créé l'esclavage, com- « me si elle avait destiné un certain peuple à naître

« pour un autre, à traverser de vastes mers, à ou-
« vrir, sous le fouet de quelques bourreaux, dans
« une terre éloignée, des sillons dont il ne doit pas
« recueillir les fruits !

« Mais il est facile de prouver, par le simple cal-
« cul, qu'en appliquant aux malheureux esclaves
« la spéculation du travail accéléré des chevaux de
« poste, les avantages ne sont pas les mêmes, et
« qu'on ne gagne pas à crever des nègres en dou-
« blant leur travail, comme à crever des chevaux
« en doublant leurs courses.

« Pour que la comparaison fût exacte, il faudrait
« que tous les chevaux fussent des chevaux de
« poste, qu'on ne pût les remplacer qu'en les ache-
« tant dans tel lieu et dans tel climat; que l'espèce
« entière s'appauvrissant par cette rapide destruc-
« tion, la perte de chaque cheval qui périt sous le
« fouet du conducteur fît renchérir le prix de celui
« qui prendrait sa place.

« Mais toutes ces circonstances, qui ne se trou-
« vent pas s'il s'agit d'acheter des chevaux, se pré-
« sentent aussitôt qu'il s'agit d'acheter des nègres :
« de là vient que tant que l'ordre actuel subsistera,
« nos îles ne pourront pas prospérer, parce que les
« frais d'exploitation augmentent dans une propor-
« tion plus forte que celle des produits.

« En effet, il est une vérité palpable qu'il ne faut
« pas oublier : c'est que le prix des nègres s'élève

« sans cesse ; et comment n'en serait-il pas ainsi « d'un *instrument-marchandise*, dont la perte, « grâce au métier dispendieux de bourreau, est « manifestement plus rapide que la reproduction ? « Comment n'en serait-il pas ainsi, lorsque, in- « dépendamment des nègres qu'il faut remplacer « par d'autres, l'extension de la culture exige à « chaque instant une plus grande quantité de ces « *instrumens-marchandises?* Je sais bien que les « colons espèrent faire augmenter leurs denrées « dans la même proportion ; mais ce qu'ils espè- « rent, c'est ce que nous devons le plus redouter ; « ce qu'ils espèrent devient une preuve évidente « que, dès qu'il s'agit de jouissances anticipées aux « dépens de l'avenir, quelques individus peuvent « s'enrichir par un tel trafic, tandis que les nations « qui voudraient s'y livrer seraient ruinées. Qu'on « ne cite donc plus l'exemple *des chevaux de poste*, « à moins que l'on ne prouve (et même alors on « violerait encore les principes du calcul autant que « ceux de l'humanité), ou que la France n'est « composée que de colons, ou que les colons qui « détruisent leurs nègres par des travaux accélérés, « sont aussi peu nombreux par rapport aux autres « habitans des colonies, que le sont parmi nous les « maîtres de poste.

« En vain nous parle-t-on des terres qui restent « à défricher dans ces possessions ; en vain nous

« exagère-t-on la richesse des productions colo-
« niales pour nous persuader que la nation se tra-
« hira elle-même, se dépouillera de sa propre gran-
« deur, et cédera sa puissance à ses rivaux dès qu'elle
« abolira le commerce des esclaves. Si la traite des
« nègres doit servir à avancer les défrichemens au
« prix de l'industrie dont j'ai révélé l'odieux secret,
« il vaut mieux qu'ils ne s'exécutent point. Les dé-
« frichemens ne sont avantageux à une nation qu'au-
« tant que les moyens croissent dans toute l'étendue
« de l'empire, et pour toutes les branches d'in-
« dustrie, dont ses forces naturelles appellent le
« développement. Sortir de cet équilibre, c'est res-
« sembler à ces grands seigneurs qui, pour forcer
« la nature dans leurs jardins, y portent tous les
« engrais dont leurs champs sont affamés.

« Quel doit être pour les colons le résultat des
« procédés violens que je vous ai dénoncés? d'un
« côté, le prix des nègres, dont on sacrifie et la vie
« et la postérité, tend sans cesse à augmenter; de
« l'autre, le prix des denrées a un terme nécessaire
« qui ne peut outrepasser la consommation; il
« s'ensuit que les produits ne seront jamais en pro-
« portion avantageuse avec les frais de culture dans
« les plantations dont les esclaves ne se renouvel-
« lent que par la traite; et, en effet, les terres
« nouvellement défrichées sont les seules qui, grâ-
« ces à leur extrême fécondité, supportent encore

« facilement l'augmentation incessante du prix des « esclaves.

« Mais, quant à toutes les autres, cette notoire « et funeste disproportion n'existerait plus si, trai- « tant les noirs comme on doit ménager tous les « êtres doués de sensibilité, on en assurait le re- « nouvellement par la jouissance de leurs propres « facultés. Sous un climat qui la favorise, leur fé- « condité remplacerait ces marchés où les denrées « de nos colonies s'échangent dans des rapports si « inégaux avec les bras qui doivent les produire. « La population des agens de cette culture une fois « établie sur le sol même, on ne verrait plus aban- « donner les héritages lorsque certains produits, « comparés aux avances qui les obtiennent, per- « dent trop de leur valeur. La vigilance du pro- « priétaire cultivateur, toujours aidée par des bras « qui ne pourraient plus lui manquer, changerait « ou modifierait la nature de ses travaux. En un « mot, le colon se conformerait aux vicissitudes de « la nature sans être exposé aux ruineuses révolu- « tions que préparent nos erreurs. Au sein d'une « vie patriarcale il chercherait la richesse dans la « propagation de l'espèce humaine, comme on la « cherchait autrefois dans la multiplication des ani- « maux qui nourrissent l'homme ou qui facilitent « ses travaux.

« Telle est donc la marche parallèle des deux

« systèmes : dans celui où les esclaves sont rempla- « cés par la traite, les produits s'élèvent tout à « coup, et même très-haut, pour déchoir sans « cesse; dans le système de remplacement par les « douces lois de la domesticité libre, les produits, « d'abord peu considérables, augmentent graduel- « lement, et, arrivés au terme naturel de leur pro- « gression, deviennent stationnaires : ils ne peu- « vent plus descendre que par des fautes ou des « accidens passagers.

« Il est donc vrai de dire, selon la raison comme « selon l'humanité, que dans une sage économie « politique, la traite des nègres ne convient pas « mieux aux intérêts du propriétaire cultivateur, « qu'à ceux de la métropole; à la vérité quelques « propriétaires qui résident sur leur sol peuvent s'é- « pargner plusieurs des inconvéniens et des dangers « de l'exploitation telle que la font des nègres « achetés, parce que ces propriétaires la conduisent « eux-mêmes; mais les colons absens peuvent-ils se « donner de pareils soins? et les uns comme les « autres ne hâtent-ils pas leur ruine, lorsqu'ils achè- « tent des esclaves à crédit?

« Remarquez qu'en achevant de résoudre la cin- « quième objection, je touche incidemment ici à « l'un des plus funestes effets de la traite; à l'une « des causes les plus immédiates et les plus actives « de la décadence de nos colonies. »

L'orateur expose qu'à raison du peu de confiance qu'inspirent les colons, presque tous emprunteurs, ils n'obtiennent de prêts que moyennant des usures exorbitantes qui les obèrent rapidement, quelques efforts qu'ils fassent pour s'en indemniser, en forçant les produits de la culture, c'est-à-dire en accablant de travaux surnaturels les nègres qui en sont les infortunés instrumens.

« Je répondrai présentement un mot aux barba-
« res hypocrites qui nous parlent de l'intérêt, même
« *pécuniaire*, que les colons ont à ménager leurs
« esclaves.

« En supposant non avenus les faits trop notoires
« que je citais tout à l'heure, cette question pour-
« rait sembler spécieuse, s'il était vrai que les
« hommes dirigeassent toujours leur conduite dans
« le sens de leurs véritables intérêts. Mais, en ce
« cas, à quoi serviraient les lois et les gouverne-
« mens? que ferions-nous ici? quel serait l'objet de
« cette assemblée? pourquoi ne laisserions-nous
« pas chaque individu agir à son gré sur sa chose,
« et sur lui-même, sur la chose et sur la personne
« d'autrui? parfaitement libre, d'ailleurs, de se
« rendre heureux en faisant le bonheur de tous
« ceux qui l'environnent. Sans doute, l'intérêt de
« tous les hommes est d'obéir aux lois, dirons-
« nous que tous leur obéissent? l'intérêt de tous

« les hommes est de pratiquer la vertu ; n'est-il « point de vices sur la terre ? qui doute que l'avan- « tage des colons ne soit de traiter leurs esclaves « avec humanité ? mais il faut bien peu connaître « le cœur humain pour ignorer que la situation « qui donne à l'homme les moyens d'opprimer « impunément ses semblables, lui ôte la faculté « de connaître jusqu'à quel point ces moyens « mêmes se tournent contre lui. Quand le verita- « ble intérêt se fait-il entendre ? quand le besoin de « mieux faire est devenu pressant ; quand la néces- « sité commande, et non quand l'utilité conseille. « Mais cet homme, pour qui la réflexion est un état « si pénible, le colon, sentira-t-il le besoin de « mieux faire, aussi long-temps que la traite lui « fournira le moyen de persévérer dans les habitu- « des qui favorisent son indolence et son orgueil ? « aussi long-temps que la facilité d'acheter des es- « claves à crédit empêchera que le stimulant de « l'inquiétude ne l'éclaire sur les ressources de la « justice et de la raison ?

« Croit-on d'ailleurs qu'en laissant subsister la « traite, nous pourrions compter sur l'intérêt per- « sonnel des colons, comme sur une caution de leur « humanité ? qu'on en juge par les faits les plus « notoires :

« Pour apprendre à quel point ils méconnaissent « leurs intérêts, considérez la régie de la plupart

« des habitations : on n'y connaît ni instrumens « de culture, ni machines, ni procédés tendant à « simplifier et abréger, ni aucune des inventions « destinées à faciliter les travaux; leurs nègres, « voilà leurs bêtes de somme; les bras de leurs « nègres, voilà toute leur industrie. Tels sont ces « ateliers de labeurs et de souffrances, qu'un étran- « ger, en voyant un si grand nombre de bras em- « ployés à des travaux qui s'exécuteraient bien « mieux et plus facilement avec beaucoup moins « d'efforts manuels, peut-être sans efforts manuels, « et par d'autres procédés, serait tenté de croire « que les planteurs cherchent à se débarrasser de la « trop grande population de leurs esclaves. Quelle « serait sa surprise s'il apprenait que ces nègres, « si cruellement harassés de travaux inutiles, ont « été arrachés et transportés de leur patrie! s'il « apprenait que chacun de ces nègres est acheté « et remplacé avec des fatigues, des dangers, des « frais exorbitans! voilà comment la tyrannie con- « naît ses intérêts véritables!

« Il ne me reste, en ce qui touche la personne « des nègres, qu'à discuter la sixième et dernière « objection des partisans de la traite et de l'escla- « vage.

« *Des lois et des règlemens*, dit-on, *peuvent « venir à leur secours, s'ils ont, ce qui est dou-*

« *teux, besoin d'être secourus par la puissance* « *législative.*

« Nous savons que l'on propose de faire des lois « pour régler le commerce des nègres, et pour « assurer aux esclaves une protection dans nos îles.

« Mais comment des lois destinées à protéger les « nègres contre leurs maîtres seraient-elles exécu- « tées quand les juges sont au nombre de ces maî- « tres? Gâtés par la même éducation, soumis aux « mêmes habitudes, imbus des mêmes préjugés, « déçus par les mêmes intérêts, dominés par les « mêmes vices que les autres blancs, ils au- « ront à juger leur propre cause, à punir leur « propre conduite dans celle de leurs justicia- « bles? et comment empêcher que des lois qui ne « pourraient s'exécuter que par la dénonciation, « ne fissent pas des nègres autant de délateurs et « des créoles-juges autant de tyrans, que l'orgueil « et la colère, que la terreur et la cupidité pous- « seraient aux plus détestables prévarications?

« Permettez que de cette discussion particulière « je passe maintenant à un autre ordre d'objections « plus générales, c'est-à-dire à celles que nos ad- « versaires fondent sur divers intérêts de la France, « politiques et territoriaux, commerciaux et finan- « ciers, agricoles, manufacturiers et maritimes; « que dis-je? sur tous les intérêts de la France, car

« c'est à ce point qu'ils étendent une question que le « dégoût et l'horreur me feraient resserrer, au con- « traire, si je n'étais soutenu par le sentiment d'hu- « manité et de patriotisme à la fois, qui fait battre « vos cœurs comme le mien, et auquel je dois l'at- « tention que vous voulez bien me prêter.

« Oui, oui, daignez croire que je n'exagère pas : « oui, les colons, les négocians, les armateurs, di- « ront, déjà même ils font dire autour de nous, « non-seulement que notre commerce avec nos « colonies, et leur existence même dépend *de la « traite des nègres*, mais qu'il nourrit la France « entière; que sans lui le royaume tomberait dans « une misère affreuse; qu'apporter quelque chan- « gement dans ce commerce, c'est détruire nos ma- « nufactures, troubler la paix publique, renverser « la prospérité de l'État. Les calculs les plus exagé- « rés ne leur coûteront que de les écrire pour sou- « lever la multitude, et contre qui? contre des « observateurs qui ne sont ni les ennemis des colo- « nies, ni les détracteurs des rapports commerciaux « de nos îles avec la métropole : tout leur crime est « de penser, et surtout de prouver, vous le verrez « bientôt, que ces rapports ne reposent point sur « la nécessité de la traite, ou du moins qu'ils pour- « raient être assis sur une base plus solide et plus « conforme aux devoirs et aux droits des nations; « qu'il y a loin des inconvéniens de l'abolition de

« la traite, en supposant même qu'on doive les « prendre en considération, à la destruction du « commerce avec nos colonies, fondé sur une con- « sommation d'objets trop recherchés pour que la « culture cesse jamais d'en être encouragée, pro- « ductions que, d'ailleurs, l'on peut obtenir sans « associer leur culture aux brigandages les plus ré- « voltans, et à tous les procédés de la barbarie. . .

« . . . .

« On a dit que l'abolition de la traite détruira « une industrie fort lucrative pour ceux qui l'exer- « cent; eh bien, je me fais violence pour écarter les « sombres idées qui m'assaillent, pour réduire un tel « sujet à une question d'argent, et je vais essayer « de la discuter de sang froid.

Mirabeau recherche ici quels sont les caractères d'un commerce avantageux :

« 1° Le peu de risques? — ceux de la traite sont « immenses, et le nombre énorme des morts dé- « cuple le prix des survivans;

« 2° La promptitude des retours? — ils sont ex- « cessivement lents, et plus de trois ans s'écoulent « avant que le négociant ait non-seulement réalisé « ses bénéfices, mais encore recouvré ses avances;

« 3° Les profits considérables? — il y en a si peu « dans la traite, et des pertes si fréquentes, que la « grande compagnie d'Afrique a déjà manqué deux « fois; que les négocians de Londres évitent toute

« liaison avec les négriers de Liverpool, qui, en six « ans, de 1772 à 1778, ont fait perdre 20 millions « à leurs créanciers; il y a si peu de profit que le « gouvernement français se croit obligé de soutenir « ses armateurs par de honteuses primes, fraudu- « leusement perçues par les Anglais pour la plu- « part; notoire et ignominieux gaspillage, qui en « quatre années, de 1784 à 1788, a coûté plus de « 10 millions à la France ([1])! . . . .

« Voilà les résultats de ce trafic dénaturé dont on « vante les profits. Voilà les divers sacrifices que « la nation doit mettre en ligne de compte lors- « qu'elle évalue combien il lui en coûte pour livrer « chaque année tant de milliers de noirs à la de- « struction que nécessite le régime actuel de nos « colonies.

« Qu'est-ce, en comparaison de tant de crimes « qui ne sont pas même profitables, en comparai- « son de tant de pertes matérielles, palpables, irré- « parables, qu'est-ce, dis-je, qu'une centaine de « vaisseaux qui portent à nos colonies 27 à 28 mille « noirs, dont une partie est achetée à crédit des An-

([1]) Parmi les retranchemens que nous avons dû faire pour que le discours sur la traite des nègres pût entrer, sans trop de disproportion dans notre cadre, il y a un morceau fort piquant sur le frauduleux escamotage dont parle ici Mirabeau. Nous insérerons ce morceau à l'*appendice* du présent volume.

« glais, sur les côtes d'Afrique, dont l'autre est payée « au moyen de sept à huit millions de marchan« dises qui, presque toutes, comme je l'établirai « tout à l'heure en réfutant d'autres objections, « sont achetées dans l'étranger, et de la manière la « plus désavantageuse à notre industrie productive? « ajoutez à cette somme cinq ou six millions pour « les frais de l'armement des vaisseaux, qui servi« raient plus utilement à toute autre entreprise « maritime, vous aurez à peu près un commerce « de douze à quinze millions..... certes, il en coûte « au clergé, aux ci-devant privilégiés, aux créan« ciers de l'État, de bien plus grands sacrifices pour « l'abolition d'un despotisme qui, comparé à celui « dont les nègres sont écrasés, paraîtrait le triomphe « de la raison et de l'humanité! Considérons aussi « cette différence capitale : c'est que l'argent qui « cessera désormais de tomber et de rester sta« gnant dans les réservoirs de l'avare opulence, va « filtrer dans toutes les veines de la société, va « nourrir la classe pauvre et laborieuse; tandis « que, quant aux frais de la traite, la plupart des « pertes qui en résultent sont absolues, sont perpé« tuelles.

« Je conclus de là que la traite ne nous serait « point avantageuse, alors même que (ce qui n'est « pas) nous pourrions, à l'exemple de la Grande« Bretagne, porter des noirs aux étrangers; que

« ce commerce ne pourrait jamais exciter nos re-
« grets, puisque, ainsi que je me charge de le
« prouver, il peut être remplacé avec avantage, l'A-
« frique ayant de quoi nous en offrir un aussi pur
« et profitable que celui-là est impur et ruineux;
« qu'enfin les bénéfices mêmes de ce commerce,
« s'il en était susceptible, ne pourraient pas être con-
« sidérés comme une augmentation de la richesse na-
« tionale, puisqu'ils ne seraient que l'échange
« d'une partie des productions de nos îles, c'est-
« à-dire de nos propres productions, contre des
« nègres, c'est-à-dire contre des bras, contre de
« vivantes charrues, que nous vendons à nos colo-
« nies.

« Considérons, maintenant, les prétendus avan-
« tages de la traite, d'un point de vue plus élevé
« et plus étendu, c'est-à-dire sous le rapport de la
« richesse nationale. Cherchons dans d'autres aper-
« çus si le véritable caractère de la prospérité est
« empreint dans ce trafic particulier, c'est-à-dire
« s'il rend le peuple plus heureux, s'il augmente ses
« subsistances et son bien-être. C'est ici que je trouve
« la plus spécieuse et la plus fausse, la plus hardie
« et la plus mensongère des assertions des vendeurs,
« des acheteurs, des tyrans des noirs; c'est sur cette
« question, en effet, qu'ils réunissent tous leurs ef-
« forts : c'est ici qu'en essayant d'ennoblir les cal-

« culs de la cupidité par les considérations de la « politique, ils soutiennent que l'abolition de la « traite des nègres privera la France des profits de « tous genres que son agriculture, son industrie, « son commerce, en retirent, c'est-à-dire d'une très-« grande partie des ressources du royaume.

« M'arrêterai-je un moment avant de discuter « de telles objections? apprécierai-je l'esprit d'une « telle logique? d'un commerce qui fait contracter « une pareille insensibilité? qui refoule l'horreur « que devrait se faire à soi-même quiconque peut, « pour étancher la soif de l'or, combiner de sang-« froid les cruautés inouïes de la traite, ce forfait « digne de la vengeance des lois, partout où il y a « des lois!

« Non, la morale du trafic et des trafiquans est « assez manifeste, et pour la flétrir il ne faut que « la laisser parler.

« Mais quant aux objections de leurs apologistes, « je commence par déclarer que, ne fussent-elles « pas toutes erronées comme elles le sont, elles ne « feraient aucune impression sur vous : car soutenir « qu'il convient à une nation franche et généreuse « d'autoriser des crimes parce qu'ils sont une source « de richesses, c'est se dévouer d'avance au mépris « et à l'indignation des hommes qui ont l'honneur « de représenter ici le peuple français.

« Mais cependant je suis bien loin de refuser le

« combat à mes adversaires, au contraire je l'ac-« cepte. Daignez juger entre nous ; écartons un mo-« ment les droits de l'humanité! Hommes trop « sensibles! fermez l'oreille aux cris, aux gémisse-« mens des malheureux qu'on arrache à leur sol na-« tal ; commandez à votre cœur de laisser votre « raison froide et tranquille ; et puisqu'il faut cal-« culer avec les colons, examinons une seconde « fois la traite des nègres comme une question d'é-« conomie politique. »

Commençons par une considération générale et véritablement frappante.

Certes nous devons désirer d'avoir au meilleur marché possible du sucre, du café, du coton, de l'indigo, qui sont pour nous des objets de première nécessité. — Eh bien! la traite tend indubitablement à les renchérir, par conséquent à nous surcharger, nous autres consommateurs principaux, et en même temps à diminuer la consommation au préjudice du producteur.

Elle renchérit les produits, parce qu'elle porte à un prix exorbitant le nègre, instrument de culture, qui ne coûterait presque rien par la reproduction naturelle si le planteur y recourait faute de pouvoir le remplacer par la traite.

Passons à d'autres considérations :

1° Les partisans de la traite, après avoir soutenu

que sans nègres il n'y a pas de culture coloniale possible, et point de nègres sans traite, déclarent « que la traite ne coûte à la France que les pro- « duits de son sol. »

L'orateur s'attache à contredire cette assertion; il démontre que la traite absorbe fort peu de denrées françaises et beaucoup de marchandises étrangères, achetées avec des écus français, « sorte « d'échange qui, pour notre nation agricole et « manufacturière, est absolument défavorable et « même onéreux, tant que ses fabriques et son éco- « nomie rurale sont loin du développement qu'el- « les devraient et qu'elles ne peuvent atteindre, « précisément parce qu'elles manquent de mé- « taux. »

Et quand même la traite qui fait écouler au dehors notre numéraire, nous ferait aussi exporter nos propres produits, nos propres marchandises, « serait-ce, comme on le dit, un grand avantage, « un profit immense? toute exportation est-elle « donc richesse? je prétends le contraire, et par « exemple je soutiens que tout peuple qui, au « lieu de consommer ses denrées les exporte, ne « fait pas, tant s'en faut, un commerce avanta- « geux, est beaucoup plus près de la pauvreté que « de l'opulence, et ne s'enrichit jamais de cette « sorte.

« Il faut se garder d'oublier que plus une nation

« consomme chez elle, plus sa richesse est grande « et son commerce fécond. »

2° Les partisans de la traite se vantent encore que les produits coloniaux suffisent, non-seulement à approvisionner la France, mais encore à fournir un excédant considérable qui s'écoule dans les pays étrangers.

Mais dans quel pays étranger? ce n'est pas dans l'Angleterre, apparemment, qui, selon le principe énoncé tout à l'heure, ne répute pas richesse l'exportation de ce qu'elle peut consommer. Les Anglais, bien différens de nous, consomment presque tout le sucre de leurs îles, « et ils en sont fiers, et « ils ont raison, car, n'ayant besoin d'aucun inter- « médiaire étranger pour exciter et pour alimenter « l'industrie de leurs colonies, ils ont par cela même « la preuve d'une bien plus grande richesse; leurs « cultivateurs ont plus de confiance dans la con- « sommation dont ils sont en quelque sorte les té- « moins, que dans les spéculations étrangères; cet « état de choses n'est-il pas tout à la fois la preuve « irrécusable de cette même supériorité de richesse, « et le gage le plus certain des encouragemens dont « les possessions lointaines ont besoin?

« Jugeons-en encore par un fait que je dois ci- « ter, et qui vous surprendra, c'est que les Anglais « reçoivent de leurs îles plus de 1,400 mille quin- « taux de sucre, tandis que nous n'en recevons que

« 16 à 1,800 mille des nôtres : quelle est donc cette « inégalité prétendue? ou plutôt ne prouve-t-elle « pas précisément le contraire de ce qu'on veut « nous démontrer? pour que la proportion fût « conservée, 5 à 600 mille quintaux devraient « être le produit des îles anglaises, et elles en re- « cueillent le double!

« Que sera-ce, si nous considérons la consom- « mation respective des deux nations? les Anglais « qui comptent à peine dix millions d'habitans, n'en- « voient aux étrangers que les qualités méprisées « dans leurs îles; et ce rebut forme tout au plus la « dixième partie des sucres qu'ils en reçoivent; « c'est dans la Grande-Bretagne que se consom- « ment les autres neuf dixièmes; en France, au « contraire, dont la population est de 25 millions « d'âmes, la consommation ne va pas à 600 mille « quintaux, et n'absorbe guères que les sucres de « qualité inférieure. Ainsi, pour consommer près « des deux tiers de notre production, plus riches « en apparence qu'en réalité, nous avons besoin « des étrangers! et, après de tels résultats, com- « ment nous persuader, pour le dire en passant, « que les Anglais sont indifférens comme on nous « l'affirme sur le sort de leurs îles, et qu'ils y re- « nonceraient volontiers pour que nous perdissions « les nôtres, comme s'ils ne gagnaient réellement « pas plus que nous à les conserver?

« Ainsi, je le répète, sans consommation facile, « à portée de tout le monde, commune à tous les « citoyens, il n'y a point de véritable richesse : la « question est donc de savoir si, consommant beau- « coup, consommant tout ce que nous pouvons « consommer, nous n'exportons que notre super- « flu, ce dont il serait permis de nous féliciter, où « si nous exportons notre nécessaire, ce dont il fau- « drait nous plaindre.

« Vous allez en juger :

« Nous envoyons, dans nos colonies, une très- « grande partie de nos comestibles indigènes ; que « perdrions-nous, en laissant les colons s'en pour- « voir par eux-mêmes, selon les convenances natu- « relles qui, sur ces objets, portent l'homme à « chercher tout à la fois l'abondance et le bas prix ? « plût à Dieu que ces provisions, qui sont loin de « surabonder en France, y restassent pour l'usage « de ceux de ses habitans, en nombre immense, à qui « elles manquent ! car, ne vous y trompez pas, loin « d'en avoir en profusion, nous en tirons nous- « mêmes de l'étranger. Commerçans de la métro- « pole, ignorez-vous combien de Français culti- « vent le froment et n'ont pas les moyens de s'en « nourrir ? combien d'hommes épuisés ne peuvent « se restaurer avec ces alimens que nous allons « échanger pour du sucre, dont ils seront égale- « ment privés ? ces objets qui composent une partie

« de vos cargaisons pour les îles, ce n'est point la « surabondance qui les envoie dans nos colonies, « c'est la nécessité qui les arrache à nos propres be- « soins, la nécessité de payer des impôts accablans. « De pareilles exportations ne naissent que d'un mau- « vais ordre de choses; on enlève au peuple les den- « rées les plus indispensables, comme aux nègres les « produits du sol arrosé de leurs sueurs; à deux « mille lieues de distance une poignée d'hommes tra- « fiquent ainsi des sacrifices et des pertes des autres.

« Regarde qui voudra ce commerce comme avan- « tageux; moi, je l'appelle une calamité; n'expédie- « t-on pas des huiles pour nos colonies, tandis que « la France est contrainte d'en acheter à ses voi- « sins? n'y porte-t-on pas des chandelles, comme « si ce moyen de mettre à profit le temps, pouvait « jamais être trop abondant, ni à trop bas prix, « dans la métropole? ah! laissez les nations moins « populeuses vendre à nos colons ces indispensables « denrées dont nous ne saurions jalouser le mono- « pole, puisque nous n'en avons pas trop nous-mê- « mes : eux et nous en deviendrons plus riches, si « nous renonçons à une prétendue protection qui « n'est qu'une tyrannie déguisée; et ainsi sera dé- « truit entre eux et nous un levain de discorde qui « ne s'explique que par de fiscales routines, sans au- « cun fondement d'utilité réciproque.

« Qu'il est partial, en effet, ce régime prohibitif

« dont nos commerçans exigent la conservation! « ils veulent réduire les colons à n'avoir que les « subsistances dont ils nous forcent par-là de nous « priver; ils veulent, avec raison, continuer de faire « sortir du royaume les denrées coloniales qui y « sont importées. Il résulte de cette contradiction « dans les principes que, si la libre exportation de « ces denrées les renchérit utilement pour nous, « lorsqu'elles passent de nos ports dans l'étranger, « le régime prohibitif qui ne permet pas aux co- « lons de les vendre à d'autres qu'aux étrangers, qui « d'un autre côté ne leur présente, en échange, que « ce qu'il nous plaît de leur porter, les renchérit « doublement, contre l'intérêt des colons et contre « le nôtre.

« Je ne veux pas dire néanmoins que, pour être « conséquens, nous devions fermer nos ports aux « étrangers, comme nous leur fermons ceux des îles: « mais, si quelques consommateurs peu instruits « réclamaient une telle police, serait-elle plus ab- « surde que celle qui défend l'entrée de nos colonies « aux denrées des États-Unis? que celle qui frappe- « rait d'interdit une des provinces françaises, et qui, « lui prohibant toute communication avec l'étran- « ger, la forcerait de ne se nourrir que par nous, et de « ne vendre qu'à nous?... de tels principes sont une « nouveauté, dira-t-on; mais notre constitution, nos « dernières lois, nos mœurs actuelles sont une nou-

« veauté; tout développement de la raison humaine « est une nouveauté; le courage qui brave les pré-« jugés et la calomnie est une nouveauté; des com-« merçans ligués, s'obstinant à vouloir faire fléchir « sous leurs intérêts personnels les immortels prin-« cipes que l'Assemblée nationale consacre chaque « jour, sont une nouveauté..... Non! la France ne « sera pas régénérée, tant que tous ces monopoles « et les monstrueuses contradictions qu'on leur as-« socie, n'auront pas tout-à-fait disparu!...

« Que reste-t-il dans ces approvisionnemens pour « nos colonies, en faveur desquels on s'efforce de « soulever tous les intérêts nationaux contre les « hommes qui ne calculent pas uniquement pour « les colons et leurs ayant-cause? nos vins? eh! « favorisez la population des îles, donnez-leur ou « permettez qu'elles acquièrent la féconde indu-« strie de la liberté, et nos vins ne manqueront « jamais de débit!

« Que reste-t-il encore? vingt-cinq millions de « toileries, draperies, bonneteries, et autres mar-« chandises de ce genre, dont une partie, la plus « grande partie même, nous est fournie par les « étrangers.

« Dix millions d'objets particuliers d'industrie.

« Trois millions en métaux bruts, en matériaux « à bâtir, en provisions pour l'équipement des vais-« seaux : tous objets dont les étrangers fournissent

« une portion considérable[1]; et voilà à quoi se ré- « duit ce grand intérêt de nos manufactures dont on « vous a tant parlé!... ah! sans doute, il faut ache- « ver notre révolution; avec elle disparaîtront les « fausses lumières, le charlatanisme, la ridicule « vanité, les clameurs si fatales de l'ignorance.

« Commerçans bordelais, qui nous vantez les « envois du commerce français dans nos colonies, « vous les évaluez à 250 millions;... accordez-vous « donc avec le recensement qu'en a fait le gou- « vernement lui-même; à peine s'élevaient-ils « en 1787 à 74 millions, dont 50 seulement ont « passé pour être d'origine nationale, les 24 autres « sont sortis, sans nul doute, d'une source étran- « gère.

« Vous portez à la même somme les produc- « tions coloniales qui nous viennent en retour, et « les mêmes recensemens ne les font pas monter à « 94 millions.

« Dans ces recensemens on voit comptée pour « 47 millions l'inutile et fatale dépense des noirs « fournis par la traite, en y comprenant les frais « de navigation et le bénéfice de ceux qui les ven- « dent.

« On y voit portés à 34 millions les frais de navi-

[1] Quelques détails supprimés ici seront donnés en *appendice* à la fin du volume.

« gation occasionés par les expéditions de France, « et le bénéfice sur ces cargaisons; en sorte que « tous ces objets réunis laissent à peine 39 millions « pour le revenu de la propriété des colons.

« Mais combien ce revenu serait augmenté si l'on « en retranchait tout ce qui est inutile, tout ce qui « en est odieux, à commencer par le brigandage « exercé sur les malheureux Africains. Doutez-vous « que la lumière enfin ne se fasse? que toutes les « illusions de l'ignorance ne disparaissent? et ne « vaut-il pas mieux s'y préparer que de se voir sur-« pris par les événemens et devancé par les hommes « qui auront su les prévoir?

« Mais voyons si du moins nous sommes dédom-« magés de nos sacrifices, de nos pertes par ce que « l'on appelle, dans la langue surannée des pré-« jugés, *les avantages de la balance du com-« merce*, avantages que du reste je nie, quant à « moi, même en thèse générale, attendu que, à « mon avis, la balance même du commerce n'est « qu'une chimère, un mot vide de sens, la pierre « philosophale de l'arithmétique politique. »

On dit que nous exportons hors de France pour 70 ou 75 millions de denrées; mais ceux-là même qui s'en targuent avouent qu'une grande partie de ces sorties prétendues restent en France, quoique frauduleusement déclarées pour l'exportation; et que faut-il en conclure? c'est que, encore une fois, notre pays, qui consomme à peine 9,000 quintaux de cotons et 15 à 1,800 d'indigo, n'a qu'une languissante industrie qu'il faut vivifier.

On dit que la France importe dans ses colonies pour 90 millions de ses produits bruts ou manufacturés, et l'on ose affirmer que l'effet de cette importation qui est de nourrir dans la métropole 5 ou 6 millions d'hommes laborieux, à qui l'abolition de la traite, c'est-à-dire *la destruction des colonies*, enlèverait tout moyen d'existence.

Mais pour rendre l'objection spécieuse, « on confond deux choses essentiellement distinctes, on « confond la circulation avec la production. Sans « doute la première anime l'autre, et sous ce rap« port la circulation de la plus petite somme peut « enfanter des prodiges qui échappent à tous les cal« culs. » Mais c'est la production qui nourrit, et prétend-on nous persuader que chacun de ces 5 ou 6 millions de travailleurs vit avec 15 ou 18 livres chaque année? d'ailleurs, « meurent-ils de faim « dans les temps de guerre maritime, qui, comme « on le sait, rendent la traite impossible? . . . . .

« Examinons encore une autre objection. Avant « d'abolir la traite, avant de fermer cette grande

« plaie, que je vous montre saignante et hideuse, « faut-il sérieusement hésiter devant la crainte de « tarir, en désertant la côte d'Afrique, de tarir ab- « solument, comme le disent nos adversaires, la « source d'une sorte de richesses qu'il serait difficile « de trouver ailleurs, ou plutôt de remplacer quel- « que part, et de quelque part que ce fût?

« Non, ne vous laissez pas ébranler par une telle « crainte; et soyez assurés que, quand vous aurez « rempli un grand devoir, vous trouverez les infail- « libles produits d'un commerce, à la fois pur et « profitable, sur les bords de cette même Afrique, « aujourd'hui ravagée par la traite, et que son abo- « lition pacifiera.

« N'oubliez pas, en effet, que jusqu'ici chaque « vaisseau qui paraît sur ses côtes y apporte la « cause, y déploie le signal de la désolation et du « carnage; n'oubliez pas que cette déplorable cir- « constance bannit de l'Afrique les voyageurs euro- « péens qui ne voudraient y tenter que de paisibles « échanges, et veuillez vous représenter ce que « pourrait être l'opulent commerce dont la nation « est privée par la traite.

« Féconde en richesses naturelles, déjà l'Afrique « connaît une partie de ces besoins artificiels qu'une « longue habitude rend aussi impérieux que les be- « soins de la nature.

« Le jour où l'Europe refusera de recevoir des

« hommes en échange de ses marchandises, on « verra l'esprit d'invention et d'industrie se déve- « lopper chez les Africains : dans ce climat encore « barbare on verra éclore un nouveau monde de « raison, d'humanité, même de savoir. L'Europe « et l'Amérique commerçante s'uniront pour aider « aux heureux développemens que prendra l'A- « frique; elles échangeront leurs matières manufac- « turées contre ses matières brutes, les instrumens « de leurs propres richesses contre les productions « de son sol; mille rapports de bienveillante assis- « tance mutuelle naîtront les uns des autres, et par « suite s'ouvriront des sources intarissables de com- « mune prospérité.

« Outre les gommes, la cire, l'ambre gris, le miel, « l'ivoire, l'argent, la laine, les pelleteries de tout « genre, l'or..... entendez-vous, marchands d'es- « claves?... l'or! outre les bois les plus précieux, les « drogues les plus rares, toutes les sortes de poivre « et d'épiceries que paraît posséder à profusion le « vaste continent dont nous avons à peine observé « les bords, outre toutes ces richesses des Moluques « convoitées si ardemment et si férocement gardées, « vous y trouveriez encore le tabac et le riz que vous « n'avez pas, à proprement parler, chez vous, que « vous ne pourriez avoir sans épuiser vos terres ou « sans les rendre malsaines; l'indigo, le coton de « première qualité, et pour des prix très-inférieurs

« à ceux de tous les marchés connus; vous y trou-
« veriez enfin la canne à sucre, ce fatal prétexte de
« tant d'atrocités, dont nous enseignerions si faci-
« lement la culture aux Africains libres..... Plan-
« teurs, ne dites donc plus que vous parlez pour
« la nation; les instrumens animés, les machines
« humaines de vos ateliers, nous privent du plus
« riche et du plus varié, du plus innocent et du
« plus pur des commerces; nos négocians s'y livre-
« raient sans devenir barbares, sans dévouer leurs
« agens à d'affreuses maladies, sans abréger leurs
« jours, sans les rendre détestables au dehors, et
« nécessairement féroces dans leurs foyers...... »

A propos d'une autre objection tirée du dommage que la marine pourrait éprouver par l'effet de l'abolition de la traite qui l'occupe très-activement, Mirabeau démontre de nouveau, notamment par les calculs de Clarkson, et développe avec plus d'énergie encore les dangers et les pertes que les navires, et surtout les équipages, en souffrent.

Enfin il passe à un dernier reproche de ses adversaires.

« Ils disent que l'abolition de la traite des noirs
« en France profitera directement à l'Angleterre
« qui, loin de croire aux rêveries de quelques dé-
« clamateurs abusés ou stipendiés, loin d'imiter
« notre romanesque exemple, continuera d'acheter

« et de vendre des noirs pour son compte, de ma-
« nière à s'approprier ainsi nos bénéfices, à ruiner
« nos colonies, à enrichir les siennes, et enfin à
« étendre encore le monopole que la Grande-
« Bretagne exerce dans les quatre parties du monde
« connu.

« Je me hâte de protester contre des suppositions
« calomnieuses dont je m'offense comme si elles
« étaient dirigées sur nous-mêmes, et j'embrasse
« dans cette circonstance la défense des Anglais,
« car quand un même sentiment d'humanité anime
« des hommes, il doit aussi les unir quelque séparés
« d'intérêt qu'ils soient d'ailleurs.

« Sans doute les Anglais tiennent à leurs colo-
« nies, puisque, comme je l'ai déjà dit, propor-
« tionnellement à leur population ils retirent de
« leurs îles deux fois plus de produits que nous des
« nôtres; et que consommateurs de la presque to-
« talité, ils auraient un prodigieux remplacement
« à faire aux dépens soit de leur numéraire, soit
« de leurs fabrications et marchandises indigènes. »

Sans doute aussi la traite a chez eux des avocats intéressés, et nous pouvons entendre d'ici leur langage.

« *Imprudens*, disent-ils aux amis des noirs,
« *vous voulez abolir la traite, et vous vendez*
« *chaque année à vos rivaux plus de vingt mille*
« *nègres qu'ils sont obligés de vous payer par des*

« *productions dont ils disposeraient pour eux-*
« *mêmes, par des productions qui, sans la traite,*
« *ne sortiraient pas de chez eux, et s'écouleraient,*
« *au profit de tous, en échanges de Français à*
« *Français! Vous voulez abolir la traite des nè-*
« *gres! Eh! ne voyez-vous pas que si la ruineuse*
« *culture qu'elle entretient renchérit les produits,*
« *ce mal frappe aussi vos rivaux; ne voyez-vous*
« *pas que nous avons sur eux l'avantage de retirer*
« *la plus grande partie de cet impôt, puisque*
« *nous leur fournissons la plus grande partie de*
« *leurs nègres? Vous voulez abolir la traite des*
« *noirs, comme si ce poison actif inoculé dans le*
« *régime de la liberté, ne vous était pas plus que*
« *jamais nécessaire chez vos rivaux! Voilà vingt-*
« *cinq millions d'individus placés sur la latitude*
« *du globe la plus favorisée de la nature, qui en-*
« *trent dans la carrière de la liberté! Craignez-*
« *vous qu'ils n'en retirent pas assez tôt les fruits?*
« *Vous qui, tant de fois, les avez déclarés vos enne-*
« *mis naturels, voulez-vous leur donner l'exemple*
« *de la politique la plus propre à faire naître, à*
« *affermir, à perpétuer les plus grandes prospé-*
« *rités? Eh! si votre commerce embrasse l'Uni-*
« *vers entier, que vous importe que la Jamaïque*
« *et les petites îles qne nous possédons encore*
« *dans l'Archipel des Antilles soient désormais*
« *assujetties ou échappent à un régime plus hu-*

« *main et plus sage, pourvu que la traite et l'es-*
« *clavage continuent à déshonorer vos rivaux;*
« *n'aurez-vous pas d'ailleurs d'assez grands dé-*
« *dommagemens?* »

Ce langage, il faut l'avouer, est spécieux; mais les Anglais sont trop éclairés pour ne pas savoir que les produits de la traite seraient, bientôt après son abolition, remplacés et au-delà par la reproduction naturelle; mais les idées généreuses de la majorité ont prévalu dès le premier moment sur les sophismes de quelques intérêts aveugles, ont mis d'accord pour la première fois le ministère et l'opposition; mais des enquêtes, en vain contrariées par toutes sortes de manœuvres, ont entouré de la plus éclatante évidence les raisons proposées contre la traite. « Non, les Anglais ne voudront pas qu'après les avoir « surpassés dans plusieurs actes de législation, nous « ayons la gloire de les devancer dans des actes « d'humanité; » le temps des intrigues politiques est d'ailleurs passé; les rois s'entendaient entre eux sans consulter les nations; les nations s'entendront entre elles; « le lien qui doit les unir désormais ne « doit plus être attaché d'un trône à un trône, mais « des peuples aux peuples. »

« Ah! ne craignons donc pas ici cette duplicité « politique dont on n'a eu que trop d'occasions d'ac- « cuser l'Angleterre! Soyez assurés que la sympa- « thie des Anglais les plus éclairés et les plus in-

« fluens les associe à la cause que je plaide devant « vous : si nous avions quelque chose à redouter, « ce serait plutôt que leur génie ne nous devançât « dans l'abolition de la traite ! Il est trop facile de « deviner quelle serait alors leur politique : amie, « dès ce moment, des Africains, jusqu'où l'Angle- « terre porterait-elle les nobles et grands offices de « l'amitié ? s'étonnerait-on de la voir parcourir « bientôt les côtes de l'Afrique, pour les défendre « contre les barbares trafiquans d'esclaves, contre « ses propres îles, contre tous les efforts de la Ja- « maïque, si, malgré la métropole, cette grande « île voulait persévérer dans les funestes ressources « du commerce des nègres; et quelle puissance « serait assez forte pour empêcher l'Angleterre « d'entreprendre cette magnanime croisade ? ou « plutôt, quelle puissance assez peu soigneuse de « son propre honneur tenterait cet odieux et pé- « rilleux succès ? Oui, les amis éclairés de l'huma- « nité ne m'en dédiront pas ; celle des deux nations « qui, la première, abolira la traite, forcera, dans « l'instant même, l'autre à l'imiter ; elle aura le cri « des Deux-Mondes pour auxiliaire, elle recueillera « sans danger d'immenses avantages, et une impé- « rissable gloire !

« Ah ! si nous connaissions le véritable courage; « si notre humanité ne s'exhalait pas en vains dis- « cours, nous saurions sacrifier quelques instans de

« sensualité aux devoirs qui seuls peuvent nous « rendre heureux et libres; nous repousserions « toutes ces productions arrosées de larmes et de « sang ; nous les repousserions jusqu'à ce que, pré- « sentées au commerce par des mains pures, elles « ne réveillassent plus l'idée du plus horrible des « forfaits !....

« Je crois avoir suffisamment réfuté toutes celles « des objections de mes adversaires qui sont nette- « ment articulées; des insinuations vagues, d'obscurs « présages, des menaces timidement déguisées, ne « me paraissent pas susceptibles d'une argumenta- « tion directe. Mais cependant, comme à côté des « impudens apologistes d'un trafic de sang et de « crimes, je vois des hommes de bonne foi, des « hommes respectables dont l'adhésion ne peut pas « être attribuée aux calculs d'une cupidité perverse « et dénaturée, je leur dirai :

« Si vous voulez vous laisser éclairer, vous ces- « serez de lier vos exagérations à la cause de nos « fabriques et de notre commerce intérieur; vous « cesserez ces insinuations qui tendent à imputer « aux défenseurs de l'humanité, des malheurs dont « on ne calcule, dont on ne discerne pas même les « vraies causes !

« Est-ce aux adversaires de la traite qu'il faut at- « tribuer ces désordres des gouvernemens qui, sur

« le continent européen, ont excédé la patience de « tous les peuples? avons-nous excité l'ambition « du démon du Nord? nos réclamations pour que « l'Afrique fût laissée en paix ont-elles allumé « cette guerre qui menace la moitié de l'Europe? « Dans l'agitation universelle des esprits, est-ce un « miracle que, partout, les consommations se rap- « prochent du rigoureux nécessaire, et que le « commerce souffre dans tout ce qui a rapport « aux superfluités? dépendent-ils de la traite des « nègres, lui sont-ils exclusivement consacrés ces « quatorze cent vingt-neuf vaisseaux dont les dé- « putés bordelais attestent l'inaction dans le port, « qui, jusqu'en 1788, n'expédia jamais plus de « vingt-neuf navires pour l'Afrique?

« Ils nous parlent de la misère qu'éprouve la « Guienne; eh! ne voient-ils donc pas celle qui « assiége la capitale! Paris se résigne, et pourtant « de quel côté sont les ressources vivifiantes? n'est- « ce pas dans la contrée où se trouve une grande « ville de commerce que son port met en relation « avec le monde entier; tandis que dans Paris, « dont le luxe est presque le seul aliment, le pain « du pauvre va s'amoindrissant chaque jour, parce « qu'un grand ébranlement politique, en intimi- « dant les uns, en irritant les autres, les excite « tous à se réduire; les détermine à réserver, « pour servir de ressources à la peur de ceux-ci,

« à la haine de ceux-là, le superflu dont vit la « grande ville, qui consomme sans produire, en « attendant l'incalculable essor de commerce et « d'industrie que les réformes et les événemens « vont lui donner; la grande ville qui, jusque-là, « consent à être indigente, pourvu que ce soit au « profit du bien public, pourvu que la nation « soit libre?

« Non, les hommes qui, par leur sympathie et « leur exemple, excitent, entretiennent des senti- « mens si généreux, ne se laisseront pas persuader « que la traite est une innocente barbarie; que « les colons doivent hâter la mort et les travaux « des nègres sous le fouet de leurs impitoyables « régisseurs!

« Et vous, commerçans bordelais! si vous êtes « attachés à la liberté, si vous avez senti qu'elle est « l'unique moyen de rajeunir la France, gardez- « vous de troubler nos travaux; jetez vos regards « sur cet énorme entassement d'erreurs et d'abus « dont nous sommes redevables au long règne d'un « insensé despotisme... Est-ce par d'autres erreurs, « est-ce par d'autres abus qu'il faut les remplacer? « trouve-t-on la vérité parmi l'irritation, le trouble « et le désordre? Dites à vos compatriotes que l'As- « semblée nationale, au milieu des passions qui « croisent ses délibérations, avance cependant à la « lueur du flambeau de la raison. Dites-leur que

« l'intérêt de la nation y prévaudra sur tous les
« autres; qu'on ne peut le trouver que dans la reli-
« gieuse observation des droits de l'homme, dont
« le premier est la propriété de soi-même; dites-
« leur que c'est un crime de lèze-nation que de
« nous menacer de l'insurrection des intérêts parti-
« culiers; que ces terreurs inconsidérées servent les
« ennemis de l'État et non la patrie.

« Dites-leur que l'affranchissement des esclaves
« ne peut être que l'ouvrage du temps, parce qu'il
« leur serait funeste à eux-mêmes si une fortuite
« libération leur était accordée au milieu de leur
« ignorance, que des barbares ont rendue stupide ou
« féroce; parce qu'au contraire il faut les y préparer;
« parce que, non moins que la plus simple politique,
« l'humanité elle-même l'ordonne; parce que, avec
« cette intention connue d'un affranchissement ulté-
« rieur et graduel, le maître d'un esclave devient
« son père, au lieu que sans ce frein, aperçu de loin,
« il n'est que son tyran.

« Mais dites-leur, ô Bordelais! qu'il n'en peut pas
« être de même de la traite des nègres; qu'elle ne
« saurait être trop promptement abolie; qu'elle
« n'est tolérable sous aucun rapport, et que les
« commerçans et les armateurs seront au rang des
« bienfaiteurs de leur patrie et du genre humain,
« si, dès ce moment, ils se préparent à remplacer
« ce brigandage par des entreprises qui associent

« tous les peuples du monde, sous le pavillon de « la paix et de la confraternité.

« Dites-leur enfin que l'odieuse calomnie a pu « seule imputer aux amis des noirs les désordres qui « agitent nos îles, et qui sont manifestement l'ou- « vrage des ennemis de la révolution, de ces hommes « qui disent de nous : *Ils sont ivres de liberté;* de « ces hommes qui veulent qu'on arrête les écrits « où se trouverait même le nom de cette liberté « sainte; de ces hommes qui, dans le moment où « nous les admettions au serment de faire et d'ache- « ver avec nous la constitution, écrivaient ces mots « coupables : *Cette crise ne durera pas* (1)....., Ne « vous joignez plus à eux pour nous faire craindre « que les colonies ne vinssent à se séparer de la « métropole s'il arrivait que la traite cessât de leur « fournir des esclaves : en effet, prétendraient-elles « faire elles-mêmes la traite? en auraient-elles la « puissance? une semblable cause de séparation « ne donnerait-elle pas dès cet instant aux Afri- « cains des défenseurs, au sein même des scis- « sionnaires?

« Non, les colonies ne se laisseront pas entraîner « par de parricides conseils dans une scission dont

(1) Allusion à une lettre séditieuse, répandue dans les colonies, et à laquelle trois députés de l'Assemblée nationale, MM. de Périgny, Girard et Gouy-d'Arcy avaient apposé leur signature.

« les auteurs, pour maintenir la traite, iraient « chercher ailleurs des complices que notre nation « régénérée ne peut plus leur offrir; non! les colo- « nies ne se détacheront pas de la métropole! tant « qu'on a vu la France livrée au despotisme mi- « nistériel, les îles pouvaient être réduites à se ré- « fugier sous la protection de gouvernemens plus « sages et plus humains; mais aujourd'hui que la « France verra fleurir la liberté parmi tous ses « enfans, pourquoi les colonies s'arracheraient-elles « à la famille? voulons-nous les priver du bienfait « de notre constitution?... non, nous ne nous lais- « serons point aller à tous ces rêves politiques, où « l'imagination, égarée par les sophismes de l'a- « ristocratie, prétend assortir les constitutions aux « climats. La liberté, et surtout le gouvernement « de famille, sont bons à toutes les contrées habi- « tées par des hommes. Nos assemblées primaires, « nos districts, nos départemens, nos élections, toute « cette hiérarchie de la confiance subordonnée à la « raison, faisant parvenir le vœu national au chef « qui doit le consacrer et présider à son exécution; « cette constitution convient à tous les hommes, « parce que tous les hommes ont le même besoin, « celui de jouir en paix de ce qui leur appartient; « parce que la justice est le seul garant de cette « paix, et parce que la liberté est la seule caution « de la justice.

« Nous enverrons nos décrets à nos colonies. Ils « y seront reçus avec joie, et comment n'y seraient-« ils pas exécutés? ils viendront au secours de la « classe d'hommes libres la plus nombreuse, et, « après les esclaves, la plus tyrannisée. Je parle, « souffrez que je parle encore des hommes de cou-« leur. Voilà, de tous ces colons, les plus utiles : « leurs propriétés ne sont pas grevées de dettes « énormes, comme celle des blancs; nous devons « les regarder comme les principaux cultivateurs, « comme les habitans sédentaires de nos îles, comme « les vrais conservateurs de leur reproduction, « puisque, quand ils acquièrent dans le Nouveau-« Monde, ce n'est pas pour venir dépenser dans « l'ancien. Nous devons, en un mot, considérer les « hommes de couleur, comme les amis naturels de « notre constitution, particulièrement destinée à « détruire dans ses effets civils, et, par suite, « dans tous ses effets, le préjugé à la fois ini-« que et stupide dont ils sont les martyrs. Com-« ment en imaginerions-nous une mieux ap-« propriée à leur situation? n'en doutez pas; ils « cautionneront volontiers la solide durée du lien « qui unit les colonies à la métropole : gardiens « fidèles de cette portion de l'empire français, inté-« ressés à l'affranchissement des noirs dont ils tirent « leur origine, ce n'est pas eux qui chercheront à « réveiller en vous les jalousies nationales, pour

« vous porter à maintenir l'usage des crimes contre « lesquels s'élèvent, tout à la fois, l'humanité, la « raison d'état et jusques aux calculs bien entendus « de l'intérêt privé. »

« J'ai démontré que les intérêts politiques et « commerciaux de la France vous commandent « l'affranchissement graduel des nègres; que l'abo- « lition de la traite peut seule y conduire, sans se- « cousse, sans catastrophe; qu'en portant ce décret « d'abolition, vous rendrez, dès ce moment, à un « sort supportable des milliers d'hommes, dont « l'existence est aujourd'hui l'opprobre et le crime « du reste de l'espèce humaine; que vous leur don- « nerez avec la perspective de la propriété, les be- « soins d'économie qu'elle fait connaître, les vertus « sociales qu'elle favorise ou plutôt qu'elle engen- « dre; que leurs travaux soutenus, excités par des « sentimens doux, par des motifs raisonnés, par de « justes espérances, seront moins coûteux et plus « productifs; que, dans ce système de modération « et d'humanité, les colons eux-mêmes appren- « dront à détester la tyrannie comme un crime « inutile; qu'ils se façonneront ainsi à la liberté « publique, et qu'ils n'ont pas moins besoin de ce « bienfaisant apprentissage, que les nègres de celui « de la liberté personnelle.

« Vous ne seriez que de sages administrateurs,

« qu'il vous faudrait reconnaître, proclamer, pra-
« tiquer ces vérités de simple économie politique;
« mais vous êtes des législateurs, vous êtes les dé-
« positaires de la morale de la nation et de son
« honneur, comme de ses droits et de sa puissance;
« et, quand les devoirs les plus impérieux, quand
« les principes de la constitution auxquels vous
« êtes unis pas vos sermens, ne vous laissent ni
« choix, ni délai, ni prétexte; vous que n'ont pas
« effrayés les réformes les plus hardies et les plus
« difficiles, pourriez-vous hésiter à n'être que
« justes?

« Que l'Assemblée qui, avec tant de courage,
« a détruit l'aristocratie dont le joug humiliait la
« France en la dominant, donne sa sanction à l'a-
« ristocratie mille fois plus odieuse qui opprime les
« Indes occidentales! qu'après avoir aboli des pri-
« viléges insultans, elle les consacre dans la plus
« inique de toutes leurs applications! qu'après avoir
« déclaré, en prononçant anathème contre le sys-
« tème féodal, qu'aucun homme, même pour de
« simples intérêts de propriété, ne peut être sous
« la puissance d'un autre; qu'après avoir tant fait
« pour la liberté, l'Assemblée marque, qu'elle
« rive les fers des Africains du sceau national, du
« triple sceau de la nation, du roi, de la loi! que
« le détestable privilége d'opprimer le faible, l'i-
« gnorant, le pauvre, soit le seul qu'elle respecte;

« et qu'après avoir regardé une naissance illustre, « d'immenses possessions, des services rendus à « la patrie, et même une longue suite de sou- « verains pour aïeux, comme de vains titres, elle « reconnaisse, cependant, que la couleur de la « peau est une charte légitime de tyrannie!... Voilà « ce qui est impossible. Le seul doute serait un « outrage; je laisse à d'autres que moi l'insensé « courage de le proférer, et le honteux espoir « d'être applaudis.

« Je ne demande donc plus si nous abolirons « l'infâme trafic de la traite; mais faut-il que je « demande quand nous l'abolirons, tandis qu'une « année de retard autorise en Afrique des assassi- « nats, et condamne des millions d'hommes à l'es- « clavage? la longue suite des maux les plus cruels « serait-elle donc un titre pour les prolonger indéfi- « niment? Différer, est-ce autre chose que tolérer « des crimes? hésiter, n'est-ce pas décider de fait? « Les commerçans négriers, les Africains armés qui « marchent aux combats pour faire des prisonniers « afin de les vendre, hésiteront-ils? Les despotes « qui condamnent des innocens, les barbares qui « égorgent les enfans pour vendre les mères hési- « teront-ils?

« Représentans des Français! ah! ne laissez pas

« éteindre le feu sacré dans vos mains! Ne laissez « point échapper une occasion si propre à amollir « les haines nationales! Asseyez sur l'éternelle et « inébranlable base de l'intérêt de l'humanité l'al- « liance des deux premiers peuples de l'Europe, et « qu'ils commandent désormais la paix au monde « entier, au lieu de l'ensanglanter en s'entre-déchi- « rant. Que ce beau système soit votre pieuse poli- « tique; seul il est assez vaste pour tout concilier, « pour tout réprimer; c'est lui qui, faisant dispa- « raître, non pas les rivalités de commerce, mais « ses haines absurdes, confiera aux soins paternels « et vigilans de la France et de l'Angleterre la « liberté des deux hémisphères. Il imitera pour « l'espèce humaine cette cause première qui régit « en silence l'univers, et qui, donnant au grand « tout une impulsion uniforme, laisse cependant « une immense latitude aux causes secondes.

« Représentans des Français! vous êtes dignes « d'atteindre à cette hauteur; montrez à toutes « les nations quel est le véritable esprit de notre « révolution qui les étonne, qui les émeut, qui « excite toutes leurs sympathies, mais qui doit « aussi les instruire par de généreux et vertueux « exemples; d'autant plus nécessaires que partout « les préjugés aveugles de l'ignorance, ou les « haines intéressées de l'orgueil aristocratique « tendent à la faire méconnaître en la calom-

« niant. Prouvez à l'univers que si des circonstan-
« ces heureuses ont favorisé vos nobles et rapides
« conquêtes sur la tyrannie, elles sont dues, sur-
« tout, aux inspirations de votre philanthropie, à
« son zèle et à son intelligence, à son courage ré-
« fléchi, et à sa persévérance chaleureuse; soyez
« les tuteurs de l'humanité souffrante, à la Ja-
« maïque comme à Saint-Domingue, dans vos
« colonies comme dans celles des autres états euro-
« péens; votre décret, attendu sous le hamac du
« nègre, est le seul espoir de sa misère. Séchez
« d'un mot les larmes de ces infortunés; rendez-
« les meilleurs en leur ouvrant l'espoir d'être un
« jour plus heureux; comme les Dieux, exau-
« cez toutes les prières justes; répandez en même
« temps sur tous les climats l'influence régéné-
« ratrice de la paix et de la liberté, et que les res-
« taurateurs de la France affranchissent tous les
« mondes!

« Je propose donc :

« 1° Que Sa Majesté sera suppliée de faire in-
« cessamment parvenir au roi de la Grande-Bre-
« tagne le désir de l'Assemblée nationale, de se
« concerter avec la législature anglaise pour opérer
« d'une manière paisible et durable l'entière aboli-
« tion de la traite des noirs;

« 2° Que l'Assemblée nationale nomme un co-

« mité pour prendre connaissance des troubles ac-
« tuels qui se sont déclarés dans les colonies fran-
« çaises, et pour lui présenter prochainement une
« opinion, tant sur la meilleure manière d'y réta-
« blir l'ordre que sur la constitution et les lois les
« plus convenables à nos colonies pour y préparer
« la liberté des nègres, pour y asseoir le bien-être
« public sur ses véritables bases, et pour attacher
« de plus en plus à la métropole, devenue une
« mère équitable, ceux de ces enfans qu'elle a jus-
« qu'à présent laissé déshériter de tous les droits de
« l'espèce humaine. »

LIVRE VI.

VI.

Avant de commencer ce sixième livre nous rapporterons ici deux fragmens inédits. L'un, que nous croyons inspiré par la mort récente du financier Panchaud [1], est écrit sous la double influence d'une vive affliction, d'un pressentiment mélancolique, et ressemble à une sorte de témoignage touchant que Mirabeau se serait rendu à lui-même. L'autre frag-

[1] Nous avons déjà parlé, dans les présens Mémoires, tome 4, page 433, du tendre attachement que Mirabeau avait pour Panchaud.

ment est le préambule le plus naturel de la suite de narrations qu'on va lire, et où se développera de plus en plus le rôle ferme et conséquent de Mirabeau.

« Dans ces temps d'orage, où nous autres pro-« digueurs de vie ([1]), nous voyons couler si vite et « finir si brusquement nos jours usés par le travail « et les passions, encore plus que menacés par les « haines, il semblerait que nous ne pouvons plus « nous contenter des consolations de l'ancienne phi-« losophie qui n'a guère songé à guérir que les « maux qu'elle connaissait, c'est-à-dire les craintes « et les regrets attachés, en général, à l'incertitude, « à la brièveté de la vie humaine; cependant, quand « on regarde de près, on voit qu'elle a quelque-« fois élevé ses conseils jusqu'à la mesure des plus « hautes afflictions, et que si elle a voulu surtout « adoucir les douleurs privées, elle a su aussi mon-« trer le prix et le charme des regrets publics à « ceux qui savent se mettre en état de les exciter.

« Combien, par exemple, s'applique justement « à notre pauvre ami ce que disait Pline le jeune, « que la mort de ceux qui préparent quelque chose « digne de l'immortalité paraît toujours cruelle et

([1]) Cette singulière et forte expression avait été employée ailleurs par Mirabeau à qui elle s'appliquait à merveille. (Voir les *lettres inédites* de Mirabeau à Vitry, page 9.)

« prématurée; sans doute les hommes adonnés aux « voluptés, vivent pour ainsi dire au jour le jour, et « voyent finir à chaque période les motifs qu'ils ont « pour aimer la vie. Mais si la mort vient toujours « trop tôt, c'est surtout pour ceux qui envisagent la « postérité, qui éternisent le souvenir de leur nom « par leurs actions ou leurs ouvrages, et dont la mort « interrompt toujours quelque entreprise commen« cée, au grand dommage du public qui en tient « compte à leur mémoire, et qui l'honore d'autant « plus par les hommages et les regrets [1]. »

Voici présentement le second fragment que nous avons promis :

« Si je faisais un livre sur l'art militaire, le cha« pitre intitulé *de l'enthousiasme* ne serait pas le « moins étendu. Si j'écrivais un traité de politique, « je traiterais à fond de l'*art d'oser*, non moins né« cessaire pour faire réussir les entreprises civiles « que les opérations militaires, et aussi pour don« ner la mesure de celui qui entreprend, car ce

[1] Le second paragraphe est évidemment un souvenir paraphrasé de ce beau texte de Pline, parlant de la mort de C. Fannius : « *Mihi autem videtur acerba semper et imma« tura mors eorum qui immortale aliquid parant; nam « qui voluptatibus dediti, quasi in diem vivunt, vivendi « causas quotidie finiunt : qui vero posteros cogitant, et « memoriam sui operibus extendunt, his nulla mors non « repentina est, ut quæ semper inchoatum aliquid abrum« pat.* » (Epistol., lib. V, epist. 5.)

« sont les bornes plus ou moins reculées du « possible qui constatent les différences entre les « hommes.

« En lisant l'histoire, je remarque que presque « toutes les fautes commises par les chefs quel- « conques de partis, viennent de l'indécision des « principes, et de l'obliquité des démarches. On « se révolte à demi, on est fidèle à demi, on « n'ose ni s'écarter tout-à-fait de ses devoirs, » ni leur sacrifier en entier ses passions. Les « premiers pas sont chancelans et mal assurés, « tandis qu'ils devraient être les plus fermes ; on se « ménage une retraite, on suit plusieurs routes « pour arriver à son but. Les artifices mêmes, cette « ressource favorite des politiques ordinaires, sont « un effet de cette timidité d'esprit ou de cœur ; on « négocie pour se déguiser, pour s'attirer des par- « tisans, pour affecter de la modération, tandis « qu'il faudrait agir et marcher à son objet par la « ligne la plus courte. Qu'arrive-t-il toujours? c'est « que celui qui a voulu tromper est trompé ; on « a manqué le moment décisif, et l'on n'a persuadé « personne. Autant les extrêmes sont déraisonna- « bles dans la conduite ordinaire de la vie, autant « les partis mitoyens sont insuffisans dans les événe- « mens critiques ; et la plus dangereuse, comme la « plus inconséquente des conduites, c'est de ne se « dépouiller qu'à demi des préjugés. Mais il y a

« presque aussi peu de méchans résolus que d'hon-
« nêtes gens décidés; c'est que le caractère manque
« à la plupart des hommes. »

Le 26 février 1790, on s'occupait de la dénomination à donner aux départemens du royaume; quelques personnes voulaient qu'on les désignât par les simples numéros d'une liste générale d'inscription. Mirabeau combattit tout naturellement cette proposition singulière, et son argument fut aussi simple que juste : « L'amour propre humain, « qui se replie en tous sens, pourrait bien per- « suader un jour que le n° 24 ne vaut pas les « n°s 1 et 2; d'où de puériles mais dangereuses « inductions de supériorité, d'infériorité, etc. Il « faut donc donner une dénomination nouvelle « aux départemens, etc. »

Dans cette même séance du 26 février, Mirabeau insista sur la nécessité d'exiger du ministre des finances un budget régulier, qu'il ne présentait pas. « Nul de nous ne connaît l'état de cette année, « malgré notre activité; nous ne connaissons que « notre confiance dans le ministre, et le malaise « que nous éprouvons : nous ne dormons, que « parce qu'on dort au pied du Vésuve. Il est un « mot que je n'ai jamais oublié, et dont je vous « laisserai l'application : *Le cheval de Caligula fut*

« *consul, et cela ne nous étonne, que parce que « nous n'en avons pas été témoins.......*

« La caisse d'escompte ayant, dans les derniers « temps, statué qu'elle verserait un secours sur les « pauvres, le relevé des pauvres de la capitale a été « fait par districts, et le nombre s'est trouvé monter « à 120 mille! quelle conclusion votre sagesse ne « devrait-elle pas tirer d'un fait semblable?.....

« Nous ne pensons point assez que nous sommes « au milieu d'une ville immense, qui n'a d'autre « commerce que celui de ses consommations et de « ses fonds publics; nous ne songeons pas que cette « énorme population a été long-temps entretenue, « comme en serre chaude, par l'ancien ordre de « choses politique et administratif : il me semble « que le soulagement de cette population doit être « le premier de nos soins; et comment y pourvoir « sans finances? et comment régler des finances que « nous ne connaissons pas?

« Je reviens à ma première observation, et je dis « que lorsque vous avez voulu être libres, ce n'a « pas été pour laisser à un seul la direction indé- « pendante et suprême de la partie la plus impor- « tante de votre administration; car si la constitution « peut seule organiser les finances, les finances « seules peuvent permettre d'achever la constitu- « tion. La nation ne peut abandonner la dictature « en finances, et un homme exercerait une véri-

« table dictature, s'il pouvait se soustraire au de-« voir de venir nous apporter l'état de notre si-« tuation. La plus belle mission, fût-elle marquée « par des miracles, n'exempterait pas de cette obli-« gation celui à qui elle aurait été confiée; à plus « forte raison si, au lieu de succès miraculeux, cette « mission ne s'était guère signalée que sous de fu-« nestes calamités. »

Nous passerons sur quelques incidens des séances des 4, 6, 9, 11, 16, 18, 20, 26, 27 et 30 mars, où Mirabeau prit la parole, mais seulement sur des questions trop peu importantes pour nous arrêter.

On a vu que le 2 novembre 1789, l'Assemblée nationale avait mis les biens du clergé à la disposition de l'État; et que dès le 19 décembre elle avait déjà décrété une aliénation partielle; mais les ventes ne pouvaient pas s'effectuer sur-le-champ; on pensa qu'en les attendant il convenait de réaliser *la main mise* nationale; et le 9 avril 1790, le comité chargé par l'Assemblée de préparer l'instruction des affaires ecclésiastiques, proposa de confier l'administration des biens de l'Église aux autorités civiles des lieux de leur situation.

Un violent débat s'ensuivit. En voyant préparer l'exécution d'une mesure qu'on n'avait peut-être crue que simplement comminatoire, le clergé, près de subir une expropriation effective, fit tous les efforts possibles pour s'y soustraire, et offrit encore une fois, mais d'une manière plus explicite, de s'engager hypothécairement pour une somme de 400 millions. La persistance d'une très-grande majorité de l'Assemblée faisant prévoir l'inutilité des résistances, on eut recours à un moyen combiné avec une habileté cauteleuse. On persuada à un député, d'ailleurs patriote, de l'ordre ecclésiastique, le chartreux dom Gerle, qu'une question d'intérêts matériels recélait une question de foi religieuse. Il jeta au travers du débat une adjuration à l'Assemblée de déclarer *nationale* la religion catholique, apostolique et romaine.

« Cette motion avait le double danger, ou, si « elle était acceptée, de fournir des armes au clergé, « comme dominateur dans une religion dominante, « et d'offrir une suite de fatales conséquences; ou, « si elle était refusée, de donner lieu à des inter-« prétations perfides, de faire proclamer l'irréli-« gion, l'impiété de l'Assemblée nationale (1). »

Le côté droit, éprouvant ou affectant un enthousiasme unanime, voulut que le vote fût immédiatement exprimé par acclamation. Des députés du côté gauche, surtout le baron de Menou et Charles

(1) *Courrier de Provence*, n° 130, page 369.

de Lameth, démontrèrent le danger qu'une telle déclaration, déjà trois fois proposée et refusée, aurait au milieu des manifestations partout effervescentes d'un double fanatisme religieux et politique. Dom Gerle averti se hâta de retirer sa proposition, et 495 voix contre 400 fermèrent le débat; mais le côté droit la reprit tout de suite, la soutint avec violence, et, après avoir échoué, prolongea le scandale, seul but qu'il eût l'espoir et peut-être la volonté d'atteindre, par une protestation imprimée (1); ce fut pendant cette orageuse discussion, terminée le 13 avril par un ordre du jour, motivé de la manière la plus prudente et la plus respectueuse, que Mirabeau prononça ces paroles devenues célèbres et souvent répétées : « Puisqu'on se permet « des citations historiques dans la matière qui nous « occupe, je n'en ferai qu'une; rappelez-vous que « d'ici, de cette même tribune où je parle, je vois « la fenêtre du palais dans lequel des factieux, unis- « sant des intérêts temporels aux intérêts les plus « sacrés de la religion, firent partir de la main d'un « roi des Français l'arquebuse fatale qui donna le « signal du massacre de la Saint-Barthélemy (2)! »

(1) Cette fois la minorité opposante fut encore bien plus faible : sur 1,200 députés 297 seulement protestèrent; 144 ecclésiastiques, 104 nobles, et 49 députés des communes.

(2) Il écrivait ailleurs : « C'est une chose bien différente de « dire : *nous croyons à la religion catholique*, *nous som-* « *mes et serons toujours catholiques*, ou de dire : *la religion*

Dans la séance du 19 avril 1790, une grande discussion vint mettre Mirabeau à portée de prouver encore une fois combien les intérêts, même temporaires, du trône constitutionnel, non moins que ses intérêts permanens, étaient mieux compris par lui que par des royalistes fougueux qui manquaient, soit de sincérité, soit de lumières et de prudence.

Une année presque entière était écoulée depuis l'ouverture de la session; les pouvoirs de beaucoup de députés avaient été limités à ce terme par leurs mandats; éclairé par une sage prévoyance, le comité de constitution proposa de décréter : 1° que l'Assemblée nationale ne pourrait être renouvelée avant l'achèvement de la constitution; 2° que les mandats impératifs seraient annulés, quant à la durée de la session actuelle.

Loin d'être un acte d'égoïsme politique, une pa-

« *catholique est et sera la religion dominante du royaume.* « On peut admettre la première déclaration et repousser la « seconde sans inconséquence. L'une est une simple profession « de foi, l'autre un acte de droit public. Un homme qui se « déclare catholique ne prétend point dominer, mais un catholique qui déclare que sa religion doit dominer dans « l'Etat, crée des rapports étendus, compliqués; il établit « une domination, et par là même une servitude. Or, lisez « l'histoire et tirez la conséquence : lisez surtout les nouveaux « décrets constitutifs; et voyez s'il peut y avoir dans l'Etat « des citoyens libres pour le civil, esclaves pour le religieux. » (*Courrier de Provence*, n° 130, pages 369 et 370.)

reille proposition était, la suite ne l'a que trop prouvé, une combinaison habile et sage. En avril 1790, après tant d'irritantes et folles résistances, après tant de manœuvres coupables des ennemis de la révolution, après tant de progrès de l'esprit démagogique, après tant de conquêtes inespérées qui avaient exalté l'appétit des conquêtes, il y avait tout lieu de penser que de nouvelles élections accroîtraient outre mesure les forces du parti démocratique de l'Assemblée. Un dommage irréparable devait s'ensuivre pour la constitution encore imparfaite, et dont l'achèvement était déjà si difficile au milieu des dissentimens d'une assemblée composée d'élémens plus que jamais hétérogènes, malgré la communauté d'origine, de périls, de services; ou plutôt il faut dire que la constitution serait devenue impossible si de nouvelles élections avaient complété le désaccord de l'Assemblée, et l'avaient mutilée en lui enlevant une grande partie de ce qui, après ses premières pertes (1), lui restait d'hommes sages et modérés, qu'auraient remplacés tout à coup des candidats signalés par leur exagération aux électeurs, non moins exagérés, des deux partis extrêmes.

La conviction contraire était dans les illusions

(1) Nous voulons parler de la retraite de plusieurs hommes recommandables par leur sage patriotisme et leurs lumières, tels que Mounier, Bergasse, Lally-Tolendal.

incurables de la cour et de ses partisans; mais l'esprit pénétrant de Mirabeau ne pouvait manquer d'apercevoir le danger. Il s'en effraya moins pourtant qu'il ne s'irrita en voyant les organes de l'opposition, Cazalès et l'abbé Maury à leur tête, mettre en doute la légitimité des pouvoirs de l'Assemblée, l'importance de ses services, et surtout l'assentiment national qui en était le juste prix.

« Je ne puis, » dit-il, « me défendre d'une in-« dignation profonde, lorsque j'entends de malveil-« lans rhéteurs opposer sans cesse la nation à l'As-« semblée nationale, et s'efforcer de susciter entre « elles une sorte de rivalité; comme si ce n'était « point par l'Assemblée nationale que la nation a « connu, recouvré, reconquis ses droits! comme si « ce n'était point par l'Assemblée nationale que les « Français, jusqu'alors agrégation inconstituée de « peuples désunis, sont véritablement devenus une « nation! comme si, entourés des monumens de « nos travaux, de nos dangers, de nos services, « nous pouvions devenir suspects au peuple, re-« doutables aux libertés du peuple! comme si les « regards des deux mondes attachés sur vous, le fa-« natisme heureux d'une grande révolution, le « spectacle de votre gloire, la reconnaissance de « tant de millions d'hommes, l'orgueil même d'une « conscience généreuse qui aurait trop à rougir de « se démentir, n'étaient pas une caution suffisante

« de votre fidélité, de votre patriotisme et de vos « vertus!

« Un des préopinans, en combattant avec infi- « niment d'art le système du comité, a défini la « Convention nationale *une nation assemblée par* « *ses représentans pour se donner un gouverne-* « *ment*. Cette définition est évidemment très- « inexacte ou très-incomplète. Eh! pourquoi la na- « tion qui peut former une *Convention* pour se « donner un gouvernement, ne le pourrait-elle pas « aussi pour le changer, pour le modifier, pour le « réformer?... Sans doute M. l'abbé Maury ne niera « pas que les Français, assemblés en *Convention*, « n'eussent, par exemple, le droit d'augmenter la « prérogative royale.

« Le même préopinant a demandé comment, de « simples députés de bailliages, nous nous étions « tout à coup transformés en Convention nationale? « Je répondrai: le jour où, trouvant la salle qui « devait nous rassembler fermée, hérissée, souillée « de baïonnettes, nous courûmes vers le premier « lieu qui put nous réunir, jurer de périr plutôt « que de laisser subsister un tel ordre de choses; « ce jour-là même, si nous n'étions pas *Conven-* « *tion nationale*, nous le sommes devenus: les « députés du peuple ont formé une Convention na- « tionale, lorsque le despotisme, par un acte de « démence vraiment sacrilége, a voulu les empê-

« cher de remplir leur mission sacrée ; ils ont formé « une Convention nationale pour détruire le pou-« voir arbitraire, et défendre de toute violence les « droits de la nation. Vous le voyez, je dédaigne « les arguties, je méprise les subtilités ; ce n'est « point par des distinctions métaphysiques que j'at-« taque des sermens particuliers, des sermens in-« discrets ou téméraires, que l'Assemblée nationale « ne veut point juger ; des sermens dont elle ne doit « pas connaître. Je ne profiterai pas même de tous « mes avantages ; je ne demanderai pas si, envoyés « pour faire une constitution, nous n'avons pas « reçu par cela même le pouvoir de faire tout ce « qui serait nécessaire pour l'achever, pour l'établir, « pour l'affermir ; si les mandats qui nous char-« geaient de *régénérer* la France, ne nous confé-« raient point, par cela même, des pouvoirs illimités « sur cet objet ; si le Roi lui-même n'avait pas pro-« noncé ce mot de *régénération*, et reconnu par « cela même toutes ses conséquences ; si, dans les « circonstances révolutionnaires qui nous ont agi-« tés, nous pouvions, nous devions interroger nos « commettans, perdre en consultations pusillanimes « le temps d'agir, et laisser frapper de mort la li-« berté naissante, pour ménager les scrupules des « nombreux prosélytes qu'a toujours toute autorité « établie ; je dis que, quels que fussent nos pou-« voirs à l'époque où, convoqués par une autorité

« légitime, nous nous sommes rassemblés, ils ont « changé de nature le 20 juin, parce que cela était « nécessaire au salut de la patrie; que s'ils avaient « besoin d'extension, ils l'ont acquise le jour mé- « morable où, blessés dans notre dignité, dans nos « droits, dans nos devoirs, nous nous sommes liés « au salut public par le serment de ne nous sépa- « rer jamais, que la constitution ne fût établie et af- « fermie.

« Les attentats du despotisme, les périls que nous « avons conjurés, la violence que nous avons ré- « primée; voilà nos titres : nos succès les ont con- « sacrés, l'adhésion tant de fois répétée de toutes « les parties de l'empire, les a légitimés, les a sanc- « tifiés.

« Que ceux qui nous ont fait cet étrange repro- « che, de nous être servis de mots nouveaux pour « exprimer des sentimens et des principes nou- « veaux, des idées et des institutions nouvelles, « cherchent maintenant dans la vaine nomencla- « ture des publicistes, la définition de ces mots, « *Convention nationale!* provoqués par l'invincible « tocsin de la nécessité, notre Convention nationale « est supérieure à toute imitation, comme à toute « autorité; elle ne doit de compte qu'à elle-même, « et ne peut être jugée que par la postérité.

« Messieurs, vous connaissez tous le trait de ce « Romain qui, pour sauver sa patrie d'une grande

« conspiration, avait été contraint d'outre-passer « les pouvoirs que lui conféraient les lois. Un tri- « bun captieux exigea de lui le serment de les avoir « respectés. Il croyait, par cet insidieux interrogat « placer le consul dans l'alternative d'un parjure, « ou d'un aveu embarrassant. *Je jure*, dit le grand « homme, *je jure que j'ai sauvé la république !* « — Messieurs...., je jure que vous avez sauvé la « chose publique (1) ! »

Il était impossible de résister à une raison si lucide, armée d'une si imposante éloquence, et le projet du comité fut adopté à une majorité très-considérable, dans la même séance du 19.

Le 3 mai, il était question de régler l'organisation particulière de la ville de Paris, dont l'étendue et la population ne comportaient guère l'application des formes déterminées par le décret du 14 décembre 1789 pour les autres villes du royaume. Quelques opinions réclamaient le maintien de l'administration municipale telle que les circonstances l'avaient composée naguère, et, par exemple, la

(1) « A ce magnifique serment, » dit le marquis de Ferrières, « l'Assemblée tout entière, comme si elle eût été « entraînée par une inspiration subite, ferme la discussion, « et décrète que les assemblées électorales ne s'occuperont « point de l'élection des nouveaux députés; que cette élec- « tion ne pourra avoir lieu que quand la constitution sera « près d'être achevée. » (Tome 2, page 10.)

conservation des soixante districts, dont d'autres députés demandaient la suppression; ce dernier avis fut celui de Mirabeau, adopté par le décret du 21 mai. A cette occasion, accoutumé à lire dans l'avenir, Mirabeau jeta ces paroles prophétiques à Robespierre : « Demander la permanence des districts, « c'est vouloir établir soixante sections souveraines « dans un grand corps où elles ne pourraient opérer « qu'un effet d'action et de réaction capable de « détruire notre constitution.... Ne prenons pas « l'exaltation des principes pour le sublime des « principes. »

Le 14 mai 1790, le sujet d'une lettre du ministre des affaires étrangères vint passionner les hommes exagérés du côté gauche de l'Assemblée nationale sur une des plus grandes et des plus difficiles questions constitutionnelles; Mirabeau, de son côté, y trouva l'occasion de déployer avec autant d'éclat que de succès, ses principes mal compris ou mal appréciés, l'indomptable courage qu'il puisait dans sa conviction, non moins que dans son caractère, et les hautes vues qui l'élevaient au-dessus de tous les partis; car c'est en vain que leurs efforts tendaient à le rallier à eux, loin d'y réussir, ils furent constamment dominés par l'ascendant de son indépendance et de son génie.

Le ministre annonçait que des armemens suspects se faisaient en Angleterre, et il demandait des subsides pour subvenir aux dépenses d'un armement proportionné, que le Roi avait prescrit. Les esprits s'émurent, une foule de membres, animés d'intentions bien différentes, se préparèrent à prendre part à la discussion. Un d'eux, Alexandre de Lameth, voulait que l'Assemblée décidât avant tout *à qui de la nation ou du Roi devait appartenir le droit de faire la paix et la guerre.* Mirabeau prit la parole à son tour, mais seulement d'abord pour traiter une question préjudicielle.

Il exposa qu'en laissant le fait pour ne s'occuper que du principe, non-seulement on éludait la demande du monarque, et peut-être même son droit; « car, » disait-il, « le droit d'armer, de se mettre « subitement en mesure, sera toujours le droit de « l'exécuteur suprême des volontés nationales, » mais encore qu'on préjugeait la question constitutionnelle par le fait même de l'initiative exercée, « puisqu'elle supposait illégal l'ordre donné par le « Roi de faire des armemens.

« Or, » disait-il, « dans toute société, le provisoire « subsiste tant que le définitif n'est pas déterminé; « or, le Roi avait le provisoire, donc il a pu légalement ordonner des armemens.

« En outre, cette manière d'éluder la démarche « du Roi n'est pas prudente. Je suppose, en effet, « que le préalable proposé soit nécessaire, notre

« délibération va occasioner des retards qui don-
« neront le prétexte de dire que nous avons contra-
« rié des mesures prises pour assurer la tranquillité
« publique, et la sûreté du commerce.

« D'ailleurs, le secours extraordinaire qu'on
« vous demande n'est que trop nécessaire, et n'est
« pas dangereux ; un refus n'attirerait-il pas contre
« vous les mécontentemens du commerce ? On ne
« cherche que trop à exciter ces mécontentemens.
« Remercier le Roi des mesures qu'il a prises pour
« le maintien de la paix, c'est présenter à la nation
« l'armement ordonné comme une grande précau-
« tion ; c'est un moyen de rassurer tous les esprits ;
« mais, si vous allez dire au peuple qu'il faut sus-
« pendre tous vos travaux, pour savoir à qui ap-
« partiendra le droit de faire la paix ou la guerre,
« il dira : *Il ne s'agit donc plus de précautions,*
« *la guerre est donc prête à fondre sur nous !....*
« c'est ainsi qu'on gâte les affaires publiques en
« répandant de vaines terreurs.

« Enfin, » ajoutait-il, « quand la question consti-
« tutionnelle serait jugée, le Roi pourrait faire ce
« qu'il a fait, sauf la responsabilité des ministres ;
« vous ne pouvez donc vous empêcher d'examiner
« le message du Roi ; la question se réduit donc à
« savoir, non si le Roi a pu armer, car cela n'est
« pas douteux, mais si les fonds qu'il demande sont
« nécessaires, ce qui ne l'est pas davantage. »

Mirabeau fit décréter, en conséquence, le 15 mai, que le Roi serait remercié des mesures prises pour maintenir la paix; et que l'Assemblée s'occuperait incessamment de la question constitutionnelle. La discussion continua en effet les jours suivans; deux opinions furent soutenues avec une égale chaleur, qui déféraient le droit exclusif de faire la paix et la guerre, les unes au Roi, les autres au Corps législatif.

Ce fut le 20 que Mirabeau traita pour la première fois la question constitutionnelle; on nous pardonnera de faire précéder notre analyse par une remarque dont nous sommes frappé.

Tel était l'entraînement de l'opinion publique, que Mirabeau était forcé par les autres comme par lui-même, c'est-à-dire par ses propres antécédens, de s'accréditer pour ainsi dire à l'aide des plus habiles précautions oratoires et des plus démocratiques manifestations, quand les circonstances lui fournissaient l'occasion de développer et défendre un de ses principes essentiellement monarchiques, contre les convictions et les passions contraires.

La preuve en est dans la discussion que nous allons rapporter. Pour en comprendre les terribles orages, aujourd'hui que la part des pouvoirs publics est bien faite, il faut se reporter à la seconde année de la révolution; il faut se souvenir qu'alors aux yeux des hommes dont les opinions régnaient tyranniquement, toute reconnaissance ou concession de droits en faveur de l'autorité royale était considérée comme un attentat à la liberté, comme un vol politique, comme une trahison commise à l'égard du peuple.

Qu'on ne s'étonne donc pas de trouver quelques formes un peu embarrassées dans le discours de Mirabeau ; et que, au contraire, nos contemporains qui jouissent des larges franchises et de la sage pondération d'un gouvernement représentatif, si péniblement conquis, honorent ses fondateurs comme les nations, qui font leurs délices et leur gloire d'une littérature perfectionnée, révèrent la mémoire des grands écrivains qui ont deviné l'art inconnu avant eux ; et qui ont fourni des modèles achevés, de la même main qui traçait les premiers préceptes.

Mirabeau, dès son début, se prononça contre les deux opinions exclusives ; et demanda si l'on ne pouvait pas, « pour une des fonctions du gouvernement qui tient tout à la fois de l'action et de la « volonté, de l'action et de la délibération, faire « concourir au même but, sans les exclure l'un « par l'autre, les deux pouvoirs qui constituent la « force de la nation, et qui représentent sa sagesse ; « et attribuer concurremment le droit de faire la « paix et la guerre aux deux pouvoirs que la consti- « tution a consacrés.

« Avant de nous décider sur ce nouveau point de « vue, examinons d'abord si, dans la pratique de « la guerre et de la paix, la nature des choses, leur « marche invincible, ne nous indiquent pas les épo- « ques où chacun des deux pouvoirs peut agir sépa- « rément, les points où leur concours se rencontre, « les fonctions qui leur sont communes, et celles « qui leur sont propres; le moment où il faut déli- « bérer et celui où il faut agir. Un tel examen nous « conduira bien plus à la vérité, que si nous nous « bornions à une simple théorie. »

L'orateur pose d'abord, et résout par l'affirmative la question de savoir si c'est « au Roi à entretenir « des relations extérieures, à veiller à la sûreté de « l'empire, à ordonner, à faire les préparatifs né- « cessaires pour le défendre. »

N'est-il pas certain que la nécessité de repousser une hostilité pourra surgir « avant que le Corps « législatif ait eu le temps de manifester aucun « vœu, ni d'approbation, ni d'improbation? en « effet, des vaisseaux sont envoyés pour garantir « nos colonies; nos soldats sont placés sur les fron- « tières; vous convenez que ces préparatifs, que « ces moyens de défense appartiennent au Roi. « Cependant si ces vaisseaux sont attaqués, si ces « soldats sont menacés, attendront-ils, pour se dé- « fendre, que le Corps législatif ait approuvé ou « improuvé la guerre? or, qu'est-ce qu'une pre-

« mière hostilité reçue et repoussée, si ce n'est un « état de guerre? la guerre n'existe-t-elle point par « ce seul fait? la nécessité n'en a-t-elle pas donné « le signal? »

Voilà une première hypothèse, c'est une agression ouverte. En voici une seconde, c'est le cas où, « sans qu'il y ait encore des hostilités, les prépara- « tifs de l'ennemi en annonçent le dessein. » La paix, dès lors, n'est-elle pas troublée, et n'est-il pas indispensable de se mettre en défense?

« Mais, quoi! direz-vous, le Corps législatif « n'aura-t-il pas toujours le pouvoir d'empêcher « le commencement de l'état de guerre? non, car « c'est comme si vous demandiez s'il est un moyen « d'empêcher qu'une nation voisine ne nous at- « taque; et quel moyen prendriez-vous?

« Ne ferez-vous aucuns préparatifs? vous ne re- « pousserez point les hostilités, mais vous les souf- « frirez. L'état de guerre est le même.

« Chargerez-vous le Corps législatif des prépara- « tifs de défense? vous n'empêcherez pas pour cela « l'agression; et comment concilierez-vous cette « action de la législature avec l'action du pouvoir « exécutif?

« Forcerez-vous le pouvoir exécutif de vous « notifier ses moindres préparatifs, ses moindres « démarches? vous violerez toutes les règles de la « prudence; l'ennemi connaissant toutes vos pré-

« cautions, toutes vos mesures, les déjouera ; vous « rendrez les préparatifs inutiles : autant vaudrait-« il n'en point ordonner.

« Bornerez-vous l'étendue des préparatifs? mais « le pouvez-vous avec tous les points de contact qui « vous lient à l'Europe, à l'Inde, à l'Amérique, à « tout le globe? mais ne faut-il pas que vos pré-« paratifs soient dans la proportion de ceux des « états voisins? mais les hostilités commencent-elles « moins entre deux vaisseaux qu'entre deux esca-« dres? mais ne serez-vous pas forcés d'accorder « chaque année une certaine somme pour des « armemens imprévus? ne faut-il pas que cette « somme soit relative à l'étendue de vos côtes, à « l'importance de votre commerce, à la distance « de vos possessions lointaines, à la force de vos « ennemis? »

Du reste, continue l'orateur, je ne m'abuse pas sur ces difficultés, car tout en comprenant qu'un roi mal intentionné aimera mieux l'initiative dans la main d'une assemblée que dans sa propre main (1), je sens, toutefois, qu'il importe d'empêcher que le

(1) « Si le droit de déclarer la guerre est placé dans les « mains du Roi, il est impossible qu'avant de l'exercer, il n'en-« visage pas tous les maux de la guerre, qu'il ne voie pas les « malédictions des peuples s'élever contre lui. Si, au contraire, « on l'attribue à l'Assemblée nationale, rien ne sera plus fa-« cile au Roi que d'engager une guerre sans en avoir jamais

« pouvoir exécutif n'abuse même du droit de veil-
« ler à la défense de l'État ; qu'il ne consume en
« armemens inutiles des sommes immenses ; qu'il
« ne prépare des forces pour lui-même, en feignant
« de les destiner contre un ennemi ; qu'il n'excite
« par un trop grand appareil de défense la jalousie
« ou la crainte de nos voisins. »

Mais la compensation d'un tel inconvénient, le moyen d'éviter un tel danger, serait dans le droit qu'aurait le pouvoir législatif d'obliger le pouvoir exécutif à faire la paix, en lui refusant les fonds que nécessiterait la guerre ; et d'un autre côté « la
« prompte notification que le pouvoir exécutif de-
« vrait vous faire de l'état de guerre, soit com-
« mencée, soit imminente, ne vous laisserait-elle
« pas tous les moyens imaginables de veiller à la
« liberté publique ? »

Une troisième hypothèse serait celle d'une guerre à entreprendre pour conserver un droit ou une possession contestés, ou pour les recouvrer s'ils étaient usurpés. Là, du moins, il semblerait que la législature pourrait avoir à délibérer, même sur

« l'odieux. Le roi Guillaume décidait la guerre en Hollande,
« et ne la faisait jamais par lui-même en Angleterre ; cepen-
« dant le droit de déclarer la guerre appartenait en Hollande
« à une assemblée représentative ; en Angleterre, il ne dé-
« pendait que de Guillaume seul. » (*Courrier de Provence*, nº 146, page 275.)

les préparatifs; mais cependant le succès pourrait être obtenu sans guerre, et par des négociations; — or, le seul pouvoir exécutif peut négocier. Il faudrait donc qu'il fût obligé de notifier à la législature le droit qu'il réclame, l'usurpation dont il se plaint, et l'on parviendrait ainsi à concilier l'intérêt national avec les deux pouvoirs, exécutif et législatif, dont il importe également que l'action reste indépendante et la puissance intacte.

Supposons présentement une de ces trois hypothèses réalisées, et les hostilités commencées « ou imminentes : quels sont les droits du pouvoir « exécutif? quels sont les droits du pouvoir législatif? »

Quant au pouvoir exécutif, il doit (s'adressant au Corps législatif s'il est assemblé, ou le convoquant s'il ne l'est pas) « lui notifier sans aucun délai l'état de guerre, ou comme existant, ou comme prochain, ou comme nécessaire; en faire connaître les causes, demander les fonds. »

A son tour le Corps législatif doit vérifier d'abord si le principe de la guerre, si l'agression est le fait de quelque ministre ou agent du pouvoir exécutif, et dans ce cas poursuivre le coupable : « Faites « une telle loi, et vous bornerez vos guerres au « seul exercice du droit d'une juste défense, et « vous aurez plus fait pour la liberté publique que

« si, pour attribuer exclusivement le droit de la « guerre au corps représentatif, vous perdiez les « avantages que l'on peut tirer de la royauté.

« Le Corps législatif doit ensuite approuver, dé-« cider la guerre si elle est nécessaire, l'improu-« ver si elle est inutile ou injuste, requérir le Roi « de négocier la paix, l'y forcer en refusant les « fonds. » Il doit encore se constituer en permanence tant que la guerre dure ou qu'elle est imminente, réunir et tenir disponible la garde nationale du royaume.

Telle est la part qu'il faut faire aux deux pouvoirs pour ne pas les confondre. « L'exercice du « droit de faire la paix et la guerre n'est pas sim-« plement une action ni un acte de pure volonté; « il tient, au contraire, à ces deux principes. Il « exige le concours des deux pouvoirs; et toute « la théorie de cette question ne consiste qu'à « assigner, soit au Corps législatif, soit au pou-« voir exécutif, le genre de concours qui, par « sa nature, lui est plus propre qu'aucun autre. « Faire délibérer exclusivement le Corps législatif « sur la paix et sur la guerre, comme autrefois en « délibérait le sénat de Rome, comme en délibè-« rent les états de Suède, la diète de Pologne, la « confédération de Hollande, ce serait faire d'un « roi de France un stadhouder ou un consul; ce « serait choisir entre les deux délégués de la nation,

« celui qui, quoique épuré sans cesse par le choix « du peuple, par le renouvellement continuel des « élections, ne peut cependant prendre seul, et à « l'exclusion de l'autre, des délibérations utiles « sur une telle matière. Donner, au contraire, au « pouvoir législatif le droit de délibérer par forme « d'approbation, d'improbation, de réquisition de « la paix, de poursuite contre un ministre coupa-« ble, de refus de contributions, c'est le faire con-« courir à l'exercice d'un droit national, par les « moyens qui appartiennent à la nature d'un tel « corps. »

L'inconvénient d'une attribution exclusive du droit de paix et de guerre à l'un ou à l'autre pouvoir est si grave qu'il a partagé tous les esprits opiniâtrés, ceux-ci à le donner au roi seul, ceux-là à la seule législature. Pour moi, voulant trouver « le « contrepoids des dangers qui peuvent naître du « pouvoir royal, je l'établis dans la constitution « même, dans le balancement des pouvoirs, dans le « concours des deux délégués de la nation, dans « les forces intérieures que vous donnera cette garde « nationale, seul équilibre propre au gouverne-« ment représentatif contre une armée placée aux « frontières; et félicitez-vous de cette découverte, « car si votre constitution est immuable, c'est de là « que naîtra sa stabilité.

« D'un autre côté, si j'attribue au Corps législatif, « même lorsqu'il a approuvé la guerre, le droit de « requérir le pouvoir exécutif de négocier la paix, « remarquez que par cela je n'entends pas donner « exclusivement au Corps législatif le droit de déli- « bérer la paix, ce serait retomber dans tous les in- « convéniens dont j'ai déjà parlé. Qui connaîtra le « moment de faire la paix, si ce n'est le pouvoir « qui tient le fil de toutes les relations politiques? « déciderez-vous aussi que les agens employés pour « cela ne correspondront qu'avec vous? leur don- « nerez-vous des instructions? répondrez-vous à « leurs dépêches? les remplacerez-vous, s'ils ne rem- « plissent pas toute votre attente? découvrirez-vous « dans des discussions solennelles, provoquées par « un membre du Corps législatif, les motifs secrets « qui vous porteront à désirer la paix, ce qui souvent « serait le moyen le plus assuré de ne pas l'ob- « tenir? et lors même que nos ennemis souhaite- « ront la paix comme nous, votre loyauté vous fît- « elle une loi de ne rien dissimuler, forcerez-vous « aussi les envoyés des puissances ennemies à l'éclat « d'une discussion [1]? »

[1] Quoique ces vérités palpables eussent dû saisir spontanément l'esprit si juste de Mirabeau, il est permis de croire qu'il n'avait pas oublié un aperçu développé dans l'*Ami des hommes* (tome 2, p. 187) : « J'avoue que j'aurais grande con- « fiance dans l'Assemblée générale d'une nation pour conseiller

Ainsi donc, le droit que j'accorde au pouvoir exécutif de requérir la paix, n'est ni le droit de la prescrire, ni le droit exclusif de la faire. Comment d'ailleurs pourrait-il exiger réellement la paix? « Son ordre de retirer les troupes arrêterait-il « l'ennemi? Fût-on disposé à des sacrifices, « saurait-on si les conditions ne seraient pas « tellement onéreuses que l'honneur ne permet« trait pas de les accepter? En supposant même « entamée une négociation pacifique, la guerre « cesse-t-elle pour cela?..... C'est donc au pouvoir « exécutif à choisir le moment convenable pour une « négociation, à la préparer en silence, à la con« duire avec habileté : c'est au pouvoir législatif à « le requérir de s'occuper sans relâche de cet objet « important : c'est à lui à faire punir le ministre « ou l'agent coupable, qui, dans une telle fonction, « ne remplirait pas ses devoirs, c'est à lui encore « à ratifier le traité de paix lorsque les conditions « en sont arrêtées. Voilà les limites que l'intérêt « public ne permet pas d'outre-passer, et que la « nature même des choses a posées. »

La paix est-elle faite? que le pouvoir législatif « ordonne de congédier sur-le-champ les troupes « extraordinaires; qu'il fixe un court délai pour leur

« le gouvernement sur le régime intérieur. Mais pour les af« faires du dehors, il n'est pas de gouvernement si faible et si « inappliqué qui ne les entende mieux que le peuple, etc. »

« séparation ; qu'il borne à cette époque la conti-
« nuation de leur solde ; qu'il rende le ministre
« responsable ; qu'il le poursuive si des ordres aussi
« importans ne sont pas exécutés : voilà ce que
« prescrit encore l'intérêt public. »

Passons présentement, et selon le même ordre de questions, « aux traités d'alliance, de com-
« merce, et à toutes les autres conventions qui
« peuvent être nécessaires au bien de l'État.

« S'il nous faut encore des traités, celui-là seul
« pourra les préparer, les arrêter, qui aura le droit
« de les négocier ; car je ne vois pas qu'il pût être
« utile ni conforme aux bases de gouvernement
« déjà consacrées par nous, d'établir que le Corps
« législatif communiquera sans intermédiaire avec
« les puissances étrangères. Ces traités vous seront
« notifiés sur-le-champ ; ces traités n'auront de force
« qu'autant que le Corps législatif les approuvera.
« Voilà encore les justes bornes du concours entre
« les deux pouvoirs : et ce ne sera pas même assez
« de refuser l'approbation d'un traité dangereux ;
« la responsabilité des ministres vous offre encore
« ici le moyen de punir son coupable auteur.

« N'y a-t-il point d'autres précautions à prendre
« sur les traités, et ne serait-il pas de la dignité,
« de la loyauté d'une convention nationale, de dé-
« terminer d'avance, pour elle-même et pour tou-

« tes les autres nations, non ce que les traités « pourront renfermer, mais ce qu'ils ne renferme- « ront jamais ? Je pense, sur cette question, comme « plusieurs des préopinans; je voudrais qu'il fût « déclaré que la nation française renonce à toute « espèce de conquête, et qu'elle n'emploiera jamais « ses forces contre la liberté d'aucun peuple.

« Actuellement je dois présenter d'autres motifs « de mon opinion; je dois surtout faire connaître « pourquoi je me suis si fortement attaché à ne « donner au Corps législatif que le concours néces- « saire à l'exercice de ce droit, sans le lui attribuer « exclusivement. Le concours dont je viens de par- « ler peut seul prévenir tous les dangers.

« Sans doute, la paix et la guerre sont des actes de « souveraineté qui n'appartiennent qu'à la nation.....

« Je ne me suis pas dissimulé non plus tous les « dangers qu'il peut y avoir à confier à un seul « homme le droit, ou plutôt les moyens de ruiner « l'État, de disposer des citoyens, de compromettre « la sûreté de l'empire, d'attirer sur nos têtes, « comme un génie malfaisant, tous les fléaux de « la guerre. Comme tant d'autres ici, je me suis « souvenu des noms de ces ministres impies, or- « donnant des guerres exécrables pour se rendre « nécessaires, ou pour écarter un rival. Je me suis « rappelé l'Europe incendiée pour le gant d'une

« duchesse, ramassé trop tard. Je me suis peint un « roi guerrier et conquérant, s'attachant ses soldats « par la corruption et par la victoire, tenté de rede- « venir despote en rentrant dans ses États, fomen- « tant un parti au dedans de l'empire, et renversant « les lois avec ce même bras que les lois seules « avaient armé.

« Eh bien! discutons ces objections, examinons « si les moyens que l'on propose pour écarter ces « dangers n'en feront pas naître d'autres non « moins funestes, non moins redoutables à la liberté « publique. »

Je commencerai par dire que ces objections s'appliquent à un système qui n'est pas le mien, c'est-à-dire à l'attribution du droit de paix et de guerre au seul pouvoir exécutif. J'ajoute qu'on en peut proposer d'aussi sérieuses contre le système opposé que je réprouve également.

« Je vous le demande à vous-mêmes, sera-t-on « mieux assuré de n'avoir que des guerres justes, « équitables, si l'on délègue exclusivement à une « assemblée de sept cents personnes l'exercice du « droit de faire la guerre? Avez-vous prévu jusqu'où « les mouvemens passionnés, jusqu'où l'exaltation « du courage et d'une dignité mal comprise pour- « raient porter et justifier l'imprudence? Nous « avons entendu un de nos orateurs vous proposer,

« si l'Angleterre faisait à l'Espagne une guerre in-« juste, de franchir sur-le-champ les mers, de « renverser une nation sur l'autre, de jouer dans « Londres même, avec ces fiers Anglais, au der-« nier écu, au dernier homme, et nous avons tous « applaudi; et je me suis surpris moi-même ap-« plaudissant (¹); et un mouvement oratoire a suffi « pour tromper un instant votre sagesse. Croyez-« vous que des mouvemens pareils, si jamais le « Corps législatif délibère directement et exclusive-« ment, ne vous porteront pas à des guerres désas-« treuses, et que vous ne préférerez pas le conseil

(¹) Mirabeau avait fait beaucoup plus, car il avait en partie écrit, et en partie fait écrire un discours dont le manuscrit est entre nos mains, et par lequel il proposait, en concluant, « d'autoriser le Roi à déclarer à la Grande-Bretagne que le « premier coup de canon tiré contre l'Espagne sera considéré « comme tiré contre la France. »

Mais Mirabeau dut abandonner ce projet de discours quand il fut mieux informé de l'état réel des choses, et lorsque (comme on le verra à la date du 25 août 1790) il fut nommé membre et rapporteur du comité diplomatique, chargé par l'Assemblée nationale d'examiner les différens survenus entre l'Espagne et l'Angleterre, ainsi que la question de savoir si la France devait ou ne devait pas intervenir.

Du reste, quoique le discours que nous avons en manuscrit ne soit pas une œuvre tout-à-fait arrêtée et définitive, il nous paraît que les faits, les aperçus politiques et l'art de la discussion lui donnent assez d'intérêt pour que nos lecteurs nous sachent gré de le leur présenter en *appendice* à la fin du présent volume.

« du courage à celui de la sagesse? Pendant qu'un « des membres proposera de délibérer, on deman- « dera la guerre à grands cris; vous verrez autour » de vous une armée de citoyens. Vous ne serez « plus trompés par des ministres,..... ne le serez- « vous jamais par vous-mêmes?

« Il est un autre genre de danger qui n'est pro- « pre qu'à la législature dans l'exercice exclusif « du droit de la paix et de la guerre; c'est qu'un « tel corps ne peut être soumis à aucune espèce de « responsabilité. A la vérité je sais bien qu'une « victime est un faible dédommagement d'une « guerre injuste; mais quand je parle de respon- « sabilité, je ne parle pas de vengeance : ce mi- « nistre que vous supposez ne devoir se conduire « que d'après son caprice ou sa passion, un juge- « ment l'attend, sa tête sera le prix de son im- « prudence. Vous avez eu des Louvois sous le « despotisme, en aurez-vous encore sous le régime « de la liberté?

« On parle du frein de l'opinion publique pour « les représentans de la nation; mais l'opinion « publique, souvent égarée, même par des senti- « mens dignes d'éloges, ne servira qu'à séduire une « assemblée; mais l'opinion publique ne va pas « atteindre séparément chaque membre d'un Corps « législatif.

« D'un autre côté, comment ne redouteriez-vous « pas les dissentions intérieures qu'une délibération « inopinée sur la guerre, prise sans le concours du « Roi, par le Corps législatif, pourra faire naître, « et dans son sein, et dans tout le royaume? Sou- « vent, entre deux partis qui embrassent violem- « ment des opinions contraires, la délibération sera « le fruit d'une lutte opiniâtre, décidée seulement « par quelques suffrages; et, en pareil cas, si la « même division s'établit dans l'opinion publique, « quel succès espérez - vous d'une guerre qu'une « grande partie de la nation désapprouvera?

« Nous mettrions donc un germe de dissentions « civiles dans notre constitution, si nous faisions « exercer exclusivement le droit de la guerre par « le Corps législatif. »

Soyons d'ailleurs conséquens : nous avons donné au roi le *veto* suspensif sur les actes de la plus simple législation; pourrions-nous vouloir qu'il fût étranger, je ne dis pas au fait, mais à la préalable délibération d'une question de paix ou de guerre, c'est-à-dire à un fait où la fortune et l'honneur, où la gloire et le salut même de l'État peuvent être engagés?

Quels dangers encore de livrer à toutes les sortes de débats publics de telles questions où le peuple entrera avec ses représentans, opposant parfois contre ceux qui consentent, consentant contre ceux qui s'opposent; et quelles manifestations périlleuses ne peuvent-elles pas s'ensuivre, sous l'influence des intérêts souvent contraires des localités ! Quel risque que le Corps législatif lui-même, se passionnant jusqu'à franchir les limites séparatives des pouvoirs, ne prétende influer sur la direction d'une guerre qu'il aura exigée, ne blâme les généraux vaincus; enfin, « qu'il ne porte sur les « démarches du chef de la nation cette surveillance « active et inquiète qui excéderait son droit, et « qui serait par le fait un second pouvoir exécu- « tif? » Quel inconvénient aurait encore pour le Roi, pour l'État, la nécessité d'attendre une assemblée dont le seul appel, la seule réunion absorberait le temps qu'il faudrait employer à délibérer; et quand elle se serait réunie, que deviendraient dans une délibération publique et les avantages de l'à-propos, et les secrets de l'état!

Vous importeriez donc dans une monarchie représentative des formes républicaines également pernicieuses pour la constitution, pour nous-mêmes et pour le Roi.

Pour la constitution, en la mélangeant de formes royales, aristocratiques et démocratiques, assemblage incohérent et contradictoire qui a perdu Rome.

« Pour nous-mêmes, en soulevant contre nous « les hommes qui, faits pour être libres, redoutent « cependant les commotions du gouvernement « populaire, et qui après avoir regardé la perma- « nence d'une assemblée nationale comme la seule « barrière du despotisme, regardent aussi la « royauté comme la plus utile barrière contre l'a- « ristocratie.

« Pour le Roi enfin, par rapport à lui, par rap- « port à ses successeurs, quel serait l'effet inévitable « d'une loi qui concentrerait exclusivement dans le « Corps législatif le droit de faire la paix ou la « guerre ? Pour les rois faibles, la privation de l'au- « torité ne serait qu'une cause de découragement « et d'inertie; mais la dignité royale n'est-elle donc « plus au nombre des propriétés de la nation ? Un « roi environné de perfides conseils, ne se voyant « plus l'égal des autres rois, se croira détrôné; il « n'aurait rien perdu, qu'on lui persuaderait le « contraire; et les choses n'ont de prix, et jusqu'à « un certain point de réalité, que dans l'opinion. « Un roi juste croira du moins que le trône est « environné d'écueils, et tous les ressorts de la « force publique se relâcheront. Un roi ambi- « tieux, mécontent du lot que la constitution « lui aura donné, sera l'ennemi de cette con- « stitution dont il doit être le garant et le gar- « dien .... »

On me reprochera de me laisser séduire par l'exemple de l'Angleterre qui accorde au roi l'entier exercice du droit de la guerre et de la paix : mais je le condamne moi-même cet exemple.

Car là, le roi, non-seulement repousse les hostilités, mais encore il peut prendre l'initiative d'une attaque, et je propose de punir les ministres et les agens qui feraient une guerre offensive.

Car là, il fait la guerre sans le parlement, et je veux qu'ici le pouvoir exécutif la notifie au pouvoir législatif présent, ou convoqué exprès.

Car là, le chef de l'État peut faire la guerre « pour s'agrandir, pour conquérir, c'est-à-dire « pour s'exercer au métier de la tyrannie ; je vous « propose, au contraire, de déclarer à toute l'Eu- « rope que vous n'emploierez jamais la force publi- « que contre la liberté d'aucun peuple.

« Car là le roi n'éprouve d'autre obstacle que le « refus des fonds publics, et l'énorme dette natio- « nale prouve assez que cette barrière est insuffi- « sante, et que l'art d'appauvrir les nations est un « moyen de despotisme non moins redoutable que « tout autre ; je vous propose, au contraire, d'at- « tribuer au Corps législatif le droit d'approuver ou « d'improuver la guerre, d'empêcher qu'on ne re- « coure à la voie des armes, lorsqu'il n'y a point en- « core d'hostilité ; et même, lorsque la guerre a été « approuvée, de requérir le Roi de négocier la paix.

« Enfin les milices de l'Angleterre ne sont pas « organisées de manière à servir de contrepoids à « la force publique, qui est tout entière dans les « mains du Roi : et je propose, au contraire, d'at- « tribuer au Corps législatif, si le Roi fait la guerre « en personne, le droit de réunir telle portion de « la garde nationale du royaume, en tel lieu qu'il « jugera convenable ; et même en supposant qu'une « telle précaution vous parût dangereuse ou inutile, « vous organiseriez du moins cette force intérieure, « de manière à faire une armée pour la liberté pu- « blique, comme vous en avez une pour garantir « vos frontières.

« Voyons maintenant s'il reste encore des ob- « jections que je n'aie pas détruites dans le système « que je combats.

« Le Roi, dit-on, pourra donc faire des guerres « injustes, des guerres anti-nationales. Mais une « telle objection ne saurait s'adresser à moi qui ne « veux accorder au Roi qu'un simple concours dans « l'exercice du droit de la guerre ; et comment, « dans mon système, pourrait-il y avoir des guerres « anti-nationales ; je vous le demande à vous-mê- « mes ? Est-ce de bonne foi qu'on dissimule l'in- « fluence d'un Corps législatif toujours présent, « toujours surveillant, qui non-seulement pourra « refuser des fonds, mais approuver ou improuver

« la guerre, mais requérir la négociation de la « paix? Ne comptez-vous encore pour rien l'in- « fluence d'une nation organisée dans toutes ses « parties, qui exercera constamment le droit de « pétition dans les formes légales? Un roi despote « serait arrêté dans ses projets; un roi citoyen, un « roi placé au milieu d'un peuple armé ne le sera- « t-il pas?

« On demande qui veillera pour le royaume, « lorsque le pouvoir exécutif déploiera toutes ses « forces? Je réponds, la loi, la constitution, l'équi- « libre toujours maintenu entre la force intérieure « et la force extérieure. »

On dit que « notre constitution n'est pas encore « affermie, qu'on peut nous susciter une guerre « pour avoir le prétexte de déployer une grande « force, et de la tourner bientôt contre nous. Eh « bien, ne négligeons pas ces craintes; mais distin- « guons entre le moment présent et les effets dura- « bles d'une constitution; et ne rendons pas éternelles « les dispositions provisoires que la circonstance « extraordinaire d'une grande Convention nationale « pourra nous suggérer : mais si vous portez les dé- « fiances du moment dans l'avenir, prenez garde « qu'à force d'exagérer les craintes nous ne rendions « les préservatifs pires que les maux; et qu'au lieu « d'unir les citoyens par la liberté, nous ne les « divisions en deux partis toujours prêts à conspi-

« rer l'un contre l'autre. Si à chaque pas on nous « menace de la résurrection du despotisme écrasé; « si l'on nous oppose sans cesse les dangers d'une « très-petite partie de la force publique, malgré « plusieurs millions de citoyens armés pour la con- « stitution, quel autre moyen nous reste-t-il? Pé- « rissons dans ce moment! Qu'on ébranle les voûtes « de ce temple! et mourons aujourd'hui libres, si « nous devons être esclaves demain!

« Il faut, continue-t-on, restreindre l'usage de la « force publique dans les mains du Roi; je le pense « comme vous, et nous ne différons que dans les « moyens. Prenez garde qu'en voulant les res- « treindre vous ne l'empêchiez d'agir......

« Mais ne pourrait-on pas faire concourir le Corps « législatif à tous les préparatifs de guerre pour en « diminuer le danger? Ne pourrait-on pas les faire « surveiller par un comité pris dans l'Assemblée na- « tionale?..... Prenez garde : nous confondrions tous « les pouvoirs en confondant l'action avec la vo- « lonté, la direction avec la loi; bientôt le pouvoir « exécutif ne serait que l'agent d'un comité; nous « ne ferions pas seulement les lois, nous gouver- « nerions; car quelles seraient les bornes de ce con- « cours, de cette surveillance? C'est en vain que « vous voudriez en assigner; malgré votre pré- « voyance, elles seraient toutes violées.

« Prenez garde encore. Ne craignez-vous pas de

« paralyser le pouvoir exécutif par ce concours de « moyens ? lorsqu'il s'agit de l'exécution, ce qui « doit être fait par plusieurs personnes n'est jamais « bien fait par aucune. Où serait d'ailleurs, dans « un tel ordre de choses, cette responsabilité qui « doit être l'égide de notre nouvelle constitu- « tion ?......

« Il serait difficile et inutile de continuer une « discussion déjà bien longue au milieu d'applau- « dissemens et d'improbations également exagérés, « également injustes. J'ai parlé parce que je n'ai pas « cru pouvoir m'en dispenser dans une occasion « aussi importante : j'ai parlé d'après ma conscience « et mon opinion, je ne dois à cette assemblée que ce « qui me paraît la vérité, et je l'ai dite. Je l'ai dite « assez fortement peut-être quand je luttais contre « les puissances : je serais indigne des fonctions qui « me sont imposées, je serais indigne d'être compté « parmi les amis de la liberté si je dissimulais ma « pensée, quand je penche pour un parti mitoyen « entre l'opinion de ceux que j'aime et que j'ho- « nore, et l'avis des hommes qui ont montré le plus « de dissentiment avec moi depuis le commence- « ment de cette assemblée. »

Proportionnée à l'importance de ce célèbre discours, l'étendue de nos citations nous dispense de donner ici l'analyse du projet de décret de Mirabeau, projet dont toutes les dispositions se trouvent dans les développemens que nous avons rapportés. Quelle que fût la sagesse de cette doctrine, si conséquente et si conservatrice, elle fut mal appréciée par la partie du côté gauche où dominaient quelques hommes influens; ceux-ci inflexibles dans d'abstraits et impraticables systèmes; ceux-là imbus d'opinions anarchiques, les uns et les autres livrés à une ambition qui ne pouvant s'élever que sur des ruines, entraînait, en cachant son but, outre les factieux avoués, des esprits généreux et sincères, mais ardens et irréfléchis, mais légers et opiniâtres, ignorans et présomptueux, qui se passionnaient pour de séduisantes théories, et ne voulaient tenir aucun compte, ni des difficultés et des dangers de l'application, ni des principes mêmes de la révolution entreprise, en partie consommée, et que la nation avait voulue non républicaine, mais monarchique.

Le grand débat du droit de paix et de guerre avait, plus qu'aucun autre, fait naître l'occasion d'une lutte corps à corps, d'un véritable duel politique entre Mirabeau et ces deux sortes d'opposans : leur dissentiment datait déjà de loin, et s'était envenimé, comme nous l'avons dit, quand les chefs du parti démagogue avaient désespéré de remorquer à leur suite, ou même de placer à leur tête, l'homme qui ne voulait se lier à aucune faction, et qui se sentait fait pour les dominer toutes par l'autorité de la conviction et de l'audace, de l'expérience et du génie. Dans la circonstance dont nous rendons compte, après avoir choisi, pour interprète du parti, Barnave qui s'en montra digne par son talent et par sa violence, et qui affecta de s'attaquer à Mirabeau personnellement, l'opposition radicale mit tous ses soins, et sans doute eut peu de peine à remuer les masses en faveur de son opinion. Ceux qui comprenaient trop bien Mirabeau soulevèrent contre lui la foule qui ne pouvait pas le comprendre (1); ils calomnièrent son système politique, qu'ils devaient embrasser plus tard, quand ils l'auraient eux-mêmes

(1) Le chef de la faction qui voulait faire périr la popularité de Mirabeau dans la question du droit de paix et de guerre, Alex. de Lameth, peint en ces termes l'effervescence des esprits : « Une foule immense se porta à la séance du 22 ; plus « de cinquante mille citoyens remplissaient les Tuileries, les « jardins des Feuillans et des Capucines, la place Vendôme, « la rue Saint-Honoré et les rues adjacentes. A la question « de la paix et de la guerre, ils attachaient le triomphe ou « le renversement de la constitution..... Aussi dans aucune « autre discussion, n'avait-on vu un mouvement aussi général, une chaleur aussi vive, l'expression de vœux aussi « ardens. Pendant la séance, des personnes placées auprès des « croisées descendaient avec un fil des espèces de bulletins « qui faisaient connaître la fluctuation des opinions. Ces bul- « letins étaient sur-le-champ copiés, répandus parmi la foule

rendu impraticable; ils dénoncèrent comme une trahison le rôle glorieux qu'après lui ils devaient essayer vainement. Mille pamphlets accusèrent Mirabeau de versatilité, de vénalité, de trahison; motionnaires et libellistes, dans l'Assemblée, dans les clubs, au Palais-Royal, aux Tuileries, dans les cafés, dans les rues, appelèrent sur lui les vengeances populaires (1), et, tandis que Barnave était

« inquiète, et en excitant successivement la crainte ou l'espé« rance, entretenaient une fermentation dont il est impos« sible de se faire une idée. » (Tome 2, page 312.)

Ajoutons que l'effervescence populaire s'expliquait facilement par les provocations des anarchistes; qu'on en juge par une seule citation prise entre mille qui fourniraient de pareilles preuves :

« Si le droit de la guerre et de la paix eût été accordé au « Roi, c'en était fait : la guerre civile éclatait dans la nuit du « samedi au dimanche, et aujourd'hui Paris nagerait dans « le sang; à minuit le tocsin aurait appelé le citoyen aux ar« mes; le château des Tuileries eût été livré aux flammes; le « peuple eût pris sous sa sauve-garde le monarque et sa fa« mille; mais Saint-Priest, mais Montmorin, mais la Lu« zerne, auraient été lanternés, et leur tête promenée dans « la capitale. Qu'on se figure tous les attentats qu'une pa« reille nuit eût couverts de son ombre, les massacres, les « brigandages, le son des cloches, le fracas de l'artillerie, le « cliquetis des armes, la lueur des flambeaux, le trouble, la « confusion, les cris des femmes et des enfans; aucun aristo« crate n'aurait échappé à la fureur et au ressentiment du « peuple, qui en eût fait à la constitution une hécatombe so« lennelle..... » (*L'Orateur du peuple*, par Fréron, n° 1.)

(1) En voici un exemple dans cette seule phrase du pamphlet intitulé *grande trahison découverte du comte de Mirabeau :*

porté en triomphe, on marquait l'arbre où la populace avait résolu de pendre Mirabeau.

On a imprimé plusieurs fois qu'informé du danger,

« Prends garde que le peuple ne fasse distiller dans ta gueule « de vipère de l'or, ce nectar brûlant, pour éteindre à jamais « la soif qui te dévore ; prends garde que le peuple ne promène « ta tête, comme il a porté celle de Foulon, dont la bouche « était remplie de foin. Ce peuple est lent à s'irriter, mais il « est terrible quand le jour de sa vengeance est arrivé ; il est « inexorable, il est cruel ce peuple, à raison de la grandeur « des perfidies, à raison des espérances qu'on lui fait conce- « voir, à raison des hommages qu'on lui a surpris. »

Mirabeau qui, comme il l'a montré par sa *lettre aux quatre-vingt-trois départemens*, mettait dans cette circonstance un grand intérêt à se disculper des atroces accusations de ses calomniateurs, en ce qui concernait son opinion sur le droit de paix et de guerre, Mirabeau, disons-nous, se décida, le 3 juillet 1790, à porter plainte contre l'auteur de cet horrible libelle, et l'instruction, faite le 12 juillet, par le commissaire Defresne, et à laquelle, du reste, Mirabeau ne donna pas de suite, prouva : 1° Que l'auteur, qui s'avouait, était un nommé Lacroix, fils d'un procureur du roi, au siége de Châlons-sur-Marne; 2° Que ce jeune homme (*), naturellement fort exalté, avait été excité, entre autres, par Alex. de Lameth, Duport et Barnave, qui lui avaient promis protection et garantie; 3° Que le libelle, tiré à *six mille exemplaires*, avait été gratuitement distribué. — Les lecteurs qui douteraient de ces faits, révélés pour la première fois, pourront les vérifier sur la procédure qui est à la garde de l'obligeant et savant M. Terasse, conservateur des archives judiciaires au Palais-de-Justice.

(*) Il ne se donna pas dans l'instruction la qualité d'avocat que lui attribue Alex. de Lameth. (Tome 2, page 321.)

il en fut frappé fortement, et que, au moment de monter à la tribune pour répliquer, il dit à son entourage effrayé : « *J'en sais assez, on ne m'emporter*« *tera d'ici que triomphant ou en lambeaux.* » Nous ne croyons pas à ces paroles de la part d'un homme qui, le jour de la réplique, attendit froidement à la tribune, pendant trois quarts d'heure, et les bras croisés, que les rugissemens des deux oppositions, aristocratique et républicaine, lui permissent de prendre la parole; d'un homme qui bravait trop audacieusement le danger pour laisser croire qu'il daignât le comprendre, et qui ne lui opposait que le magnanime sang-froid exprimé quelques jours après dans cette phrase d'une lettre à un de ses amis : « Nous sommes dans une véritable crise, et « ce ne sera pas la dernière ; mais, quoi qu'il arrive, « votre ami vivra et mourra en bon, et peut-être « en grand citoyen [1]. »

Bien loin, nous le répétons, que Mirabeau songeât à lui, et cédât à un sentiment de terreur, lorsque, le 22 mai, il prit la parole pour répliquer à Barnave, pressé de traiter la question politique, et, dédaigneux de la question personnelle, il n'accorda à celle-ci que cet exorde magnifique :

[1] *Lettres à Mauvillon*, page 513. Nous avons bien plus de foi dans l'anecdote que nous rapporterons tout à l'heure et où se montrent, en entier, l'intrépide confiance de Mirabeau, et le juste et profond sentiment qu'il avait de sa force.

« C'est quelque chose, sans doute, pour rappro-
« cher les oppositions, que d'avouer nettement sur
« quoi l'on est d'accord, et sur quoi l'on diffère. Les
« discussions amiables valent mieux pour s'enten-
« dre que les insinuations calomnieuses, les incul-
« pations forcenées, les haines de la rivalité, les
« machinations de l'intrigue et de la malveillance.
« On répand depuis huit jours que la section de
« cette Assemblée qui veut le concours de la vo-
« lonté royale dans l'exercice du droit de la paix
« et de la guerre, est parricide de la liberté publi-
« que : on répand des bruits de perfidie, de corrup-
« tion ; on invoque les vengeances populaires pour
« soutenir la tyrannie des opinions. Il semble-
« rait qu'on ne peut, sans crime, avoir deux avis
« dans une des questions les plus délicates et les
« plus difficiles de l'organisation sociale. C'est une
« étrange manie, c'est un déplorable aveuglement,
« que celui qui anime ainsi les uns contre les au-
« tres des hommes qu'un même but, un sentiment
« indestructible devrait toujours rapprocher, tou-
« jours réunir au milieu des débats les plus acharnés ;
« des hommes qui substituent ainsi l'irascibilité de
« l'amour-propre au culte de la patrie, et se livrent
« les uns les autres aux préventions populaires.

« Et moi aussi, on voulait, il y a peu de jours,
« me porter en triomphe, et maintenant on crie
« dans les rues : LA GRANDE TRAHISON DU COMTE DE

« Mirabeau..... Je n'avais pas besoin de cette leçon « pour savoir qu'il est peu de distance du Capitole « à la roche Tarpéienne; mais l'homme qui combat « pour la raison, pour la patrie, ne ne se tient pas « si aisément pour vaincu. Celui qui a la conscience « d'avoir bien mérité de son pays, et surtout de lui « être encore utile; celui que ne rassasie pas une « vaine célébrité, et qui dédaigne les succès d'un « jour pour la véritable gloire; celui qui veut dire « la vérité, qui veut faire le bien public, indé- « pendamment des mobiles mouvemens de l'opi- « nion populaire; cet homme porte avec lui la ré- « compense de ses services, le charme de ses peines, « et le prix de ses dangers; il ne doit attendre « sa moisson, sa destinée, la seule qui l'intéresse, « la destinée de son nom, que du temps, ce juge « incorruptible qui fait justice à tous. Que ceux qui « prophétisaient depuis huit jours mon opinion sans « la connaître, qui calomnient en ce moment mon « discours sans l'avoir compris, m'accusent d'en- « censer des idoles impuissantes, au moment où « elles sont renversées, ou d'être le vil stipendié « des hommes que je n'ai pas cessé de combattre; « qu'ils dénoncent comme un ennemi de la révolu- « tion celui qui, peut-être, n'y a pas été inutile, « et qui, cette révolution fût-elle étrangère à sa « gloire, pourrait, là seulement, trouver sa sûreté; « qu'ils livrent aux fureurs du peuple trompé celui

« qui depuis vingt ans combat toutes les oppres-
« sions; qui parlait aux Français de liberté, de
« constitution, de résistance, lorsque ses vils ca-
« lomniateurs suçaient le lait des cours, et vivaient
« de tous les préjugés dominans....... Que m'im-
« porte? ces coups de bas en haut ne m'arrêteront
« pas dans ma carrière. Je leur dirai : Répondez, si
« vous pouvez; calomniez ensuite tant que vous
« voudrez. »

Mirabeau reprenant les argumens de son premier discours, démontra par une distinction fort juste l'erreur capitale où Barnave était tombé.

Celui-ci avait dit : Les deux pouvoirs ont leurs attributions séparées; l'un, le Corps législatif, exprime la volonté nationale, l'autre l'exécute; la déclaration de guerre étant un acte *de volonté*, c'est au seul Corps législatif qu'il appartient de l'exprimer.

Vous tirez, répondit Mirabeau, une conséquence très-fausse d'un principe très-juste. Votre conclusion serait invincible si le Corps *législatif* était le POUVOIR *législatif*, ce qui n'est pas; s'il comprenait tout le POUVOIR *législatif*, dont il ne constitue qu'une partie : mais le Roi participe à ce dernier pouvoir d'après la constitution [1], car, de

[1] Voici une anecdote à laquelle nous croyons fermement, parce que nous l'avons recueillie de la bouche même de M. Frochot, dont la véracité sévère était digne de la plus

deux choses l'une, ou il sanctionne les actes du *Corps législatif*, et par cette sanction la loi est consommée et devient l'œuvre commune du *pouvoir législatif*; ou il appose à ces actes son *veto* temporaire, et, en présence de ce *veto*, la résolution du Corps législatif n'est qu'un projet avorté de loi, et non pas une loi. Il n'est donc « pas exact « de dire que notre constitution a établi deux dé- « légués entièrement distincts, même lorsqu'il s'a- « git d'exprimer la volonté générale. Nous avons « au contraire deux représentans qui concourent

grande confiance, et qui, comme l'on sait, vivait avec Mirabeau dans une étroite intimité.

Mirabeau écoutait attentivement Barnave dans la séance du 21 mai, lorsque, tout à coup, apercevant le côté faible de son argumentation, et saisissant d'un coup d'œil la portée de la distinction qu'on vient de lire, Mirabeau dit à demi-voix, *je le tiens!* puis, emprunta un crayon à M. Frochot, qui siégeait à côté de lui, écrivit une demi-ligne, et dit à son ami : *En voilà assez d'entendu, je tiens la réplique, sortons.* Ils sortirent tout de suite, en effet, et allèrent se promener aux Tuileries, sans dire un mot de la grande question pendante, mais causant d'objets tout différens, avec diverses personnes qu'ils rencontrèrent, notamment avec Mme de Staël à qui Mirabeau parla longtemps du ton de la galanterie la plus spirituelle et la plus enjouée.

Voilà, nous l'avouons, Mirabeau tel que nous savons le comprendre; et nous ne le reconnaissons pas, au contraire, dans le mot célèbre que nous avons rappelé, *on ne m'emportera d'ici que triomphant ou en lambeaux;* mot dans lequel il y a un fond de doute et de terreur que Mirabeau ne pouvait sentir, ni surtout exprimer.

« ensemble dans la formation de la loi, dont l'un « fournit une espèce de vœu secondaire, exerce sur « l'autre une sorte de contrôle, met dans la loi sa « portion d'influence et d'autorité. Ainsi, la vo- « lonté générale ne résulte pas de la simple vo- « lonté du *Corps législatif.* »

Or, prenez garde à ce dilemme : ou, toujours et partout, le POUVOIR *législatif* se composera collectivement du CORPS *législatif* et du Roi, et, dans cette hypothèse, il faut admettre ma proposition qui les fait participer concurremment au droit de paix et de guerre; ou vous voulez que cette composition collective n'existe que dans les cas ordinaires; qu'elle se dissolve, par exception, lorsqu'il s'agit de guerre et de paix; et que l'initiative, dans ces cas, appartienne au seul CORPS *législatif*;..... mais alors il faut le bien dire, le bien entendre, il faut savoir où l'on va; il faut savoir qu'on renverse par cela seul « toutes les lois que nous avons faites.......il faut « savoir que par cela seul, le roi n'ayant ni partici- « pation, ni influence, ni contrôle, ni rien de tout « ce que nous avons accordé au pouvoir exécutif « par notre système social, vous auriez en législation « deux principes différens; l'un pour la législation « ordinaire, l'autre pour la législation en fait de « guerre, c'est-à-dire, pour la crise la plus terrible « qui puisse agiter le corps politique; tantôt vous « auriez besoin, et tantôt vous n'auriez pas besoin,

« pour l'expression de la volonté générale, de l'ad-« hésion du monarque..... et c'est vous qui parlez « d'homogénéité, d'unité, d'ensemble dans la con-« stitution !..... »

S'agit-il d'une *déclaration de guerre*? Entendez-vous que le Roi n'ait pas le *veto*? « n'ait pas « l'initiative auprès de l'Assemblée par message, « notification, etc.; dès lors voilà le Roi sans con-« cours dans l'acte le plus important de la volonté « nationale. Mais comment conciliez-vous cela « avec les droits que la constitution a donnés au « monarque? Comment le conciliez-vous avec l'in-« térêt public? Vous aurez autant de provocateurs « de la guerre que d'hommes passionnés........ Ce « serait une étrange constitution que celle qui, « ayant conféré au Roi le pouvoir exécutif suprême, « donnerait un moyen de déclarer la guerre sans « que le roi en provoquât la délibération par les « rapports dont il est chargé. — Votre Assemblée « ne serait plus délibérante, mais agissante, elle « gouvernerait. »

Que si, au contraire, vous accordez l'initiative au Roi, comment l'entendrez-vous?

N'aura-t-il que le simple droit de notification à l'Assemblée? « en ce cas il n'aura aucun concours « à une déclaration de guerre. » Aura-t-il, de plus, le droit de proposer le parti à prendre? Et, s'il veut la paix, le Corps législatif pourra-t-il lui « or-

« donner la guerre et la lui faire soutenir malgré « lui?..... Je ne pourrais adopter votre système, « parce qu'ici naissent des inconvéniens auxquels « il est impossible de remédier.

« De cette guerre délibérée malgré le Roi, résul-« terait bientôt, comme je l'ai déjà dit, une guerre « d'opinion contre le monarque, contre tous ses « agens. La surveillance la plus inquiète présiderait « à toutes les opérations; le désir de les seconder, « la défiance contre les ministres, porteraient le « Corps législatif à sortir de ses propres limites. On « proposerait des comités d'exécution militaire, « comme on vous a proposé naguère des comités « d'exécution politique; le Roi ne serait plus que « l'agent de ces comités; nous aurions deux pou-« voirs exécutifs, ou plutôt, je le dirai encore, le « Corps législatif régnerait.

« Ainsi, par la tendance d'un pouvoir sur l'autre, « notre propre constitution se dénaturerait entière-« ment; de monarchique qu'elle doit être, elle de-« viendrait purement aristocratique. Vous n'avez « pas répondu à cette objection, et vous n'y répon-« drez jamais. Vous ne parlez que de réprimer les « abus ministériels, et moi je vous parle des moyens « de réprimer les abus d'une assemblée représen-« tative; je vous parle d'arrêter la pente insensible « de tout gouvernement vers la forme dominante « qu'on lui imprime.

« Si au contraire le Roi voulant la guerre, vous « bornez la délibération du Corps législatif à la « consentir, ou à décider qu'elle ne doit pas être « faite, et à contraindre le pouvoir exécutif à né- « gocier la paix, vous évitez tous les inconvéniens; « et remarquez bien, car ici se montre le caractère « essentiel de mon système, que vous restez par- « faitement dans les principes de la constitution.

« Le *veto* du Roi se trouve, par la nature des cho- « ses, presque entièrement émoussé en fait d'exé- « cution ; il peut rarement avoir lieu en matière de « guerre. Vous parez à cette inconvénient; vous ré- « tablissez la surveillance, le contrôle respectif « qu'a voulu la constitution, en imposant aux deux « délégués de la nation, à ses représentans amovi- « bles et à son représentant inamovible, le devoir « mutuel d'être d'accord, lorsqu'il s'agit de guerre. « Vous attribuez ainsi au Corps législatif la seule « faculté qui puisse le faire concourir sans incon- « vénient à l'exercice de ce terrible droit. Vous « satisfaites en même temps l'intérêt national au- « tant qu'il est en vous, puisque vous n'aurez be- « soin, pour arrêter le pouvoir exécutif, que d'exi- « ger qu'il mette le Corps législatif continuelle- « ment à portée de délibérer sur tous les cas qui « peuvent se présenter. »

En défendant, article par article, son projet de décret contre des objections qui le travestissaient et le calomniaient, Mirabeau démontre que, dans le cas d'une initiative imprudente ou perverse de la part du pouvoir exécutif ou de ses agens, il a posé le droit de poursuite à exercer par le Corps législatif, tandis que Barnave lui reproche de donner au pouvoir exécutif au contraire, au Roi et à ses ministres, le « droit de commencer les « hostilités, de commettre une agression. Non, « je ne lui donne pas ce droit, puisque je le lui « ôte formellement; je ne permets pas l'agression, « puisque je propose de la punir. Que fais-je « donc? Je raisonne sur un fait possible, et que « ni vous ni moi ne pouvons prévenir. Je ne puis « pas faire que le dépositaire suprême de toutes « les forces nationales n'ait pas de grands moyens, « et les occasions d'en abuser; mais cet inconvé« nient ne se trouve-t-il pas dans tous les systèmes? « Ce sera, si vous le voulez, le mal de la royauté : « mais prétendez-vous que des institutions humai« nes, qu'un gouvernement fait par des hommes, « pour des hommes, soit exempt d'inconvéniens? « Prétendez-vous, parce que la royauté a des dan« gers, nous faire renoncer aux avantages de la « royauté? Dites-le nettement; alors ce sera à nous « de déterminer si, parce que le feu brûle, nous « devons nous priver de la chaleur et de la lumière « que nous empruntons de lui; tout peut se soute« nir, excepté l'inconséquence; dites-nous qu'il ne

« faut pas de roi, ne nous dites pas qu'il faut un roi « impuissant, un roi inutile! »

Le dernier de nos extraits sera la péroraison de ce discours qui termina un débat long et dangereux, par la victoire de tribune la plus éclatante et la plus glorieuse que Mirabeau ait jamais remportée :

« Il est plus que temps de terminer ces longs dé« bats. Désormais j'espère que l'on ne dissimulera « plus le vrai point de la difficulté. Je veux le con« cours du pouvoir exécutif à l'expression de la « volonté générale en fait de paix et de guerre, « comme la constitution le lui a attribué dans « toutes les parties déjà fixées de notre système « social..... Mes adversaires ne le veulent pas. Je « veux que le droit de surveillance qui appartient « à l'un des délégués du peuple ne lui manque pas, « ne lui soit pas enlevé dans les opérations les plus « importantes de la politique; et mes adversaires « veulent que l'un des délégués possède exclusive« ment la faculté du droit de la guerre, comme si, « lors même que le pouvoir exécutif serait étranger « à la formation de la volonté générale, nous n'avions « à délibérer que sur le seul fait de la déclaration « de la guerre, comme si l'exercice de ce droit n'en« traînait pas une série d'opérations mixtes, où » l'action et la volonté se pressent et se confondent.

« Voilà la ligne qui nous sépare. Si je me trompe, « encore une fois, que mon adversaire m'arrête, « ou plutôt qu'il substitue dans son décret, à ces « mots : *le Corps législatif*, ceux-ci : *le pouvoir « législatif*, c'est-à-dire un acte émané des repré- « sentans de la nation et sanctionné par le Roi, et « nous sommes parfaitement d'accord, sinon dans « la pratique, du moins dans la théorie; et nous « verrons alors si mon décret ne réalise pas mieux « que tout autre cette théorie.

« On vous a proposé de juger la question par le « parallèle de ceux qui soutiennent l'affirmative et « la négative; on vous a dit que vous verriez d'un « côté des hommes qui espèrent s'avancer dans les « armées, ou parvenir à gérer les affaires étran- « gères (1), des hommes qui sont liés avec les mi- « nistres et leurs agens; de l'autre côté, *le citoyen « paisible, vertueux, ignoré, sans ambition, qui « trouve son bonheur et son existence dans le « bonheur commun.*

« Je ne suivrai pas cet exemple. Je ne crois pas « qu'il soit plus conforme aux convenances de la

(1) Cette insinuation des adversaires de Mirabeau s'appliquait sans doute, quant à l'armée, à Lafayette, à Custines, à Cazalès, à Clermont-Tonnerre; quant à la diplomatie, à l'abbé de Montesquiou, au cardinal de Boisgelin, à M. de Montlosier, etc., qui soutenaient l'opinion de Mirabeau. Les principaux opposans étaient les Lameth, Barnave, Duport, Menou, Robespierre, etc.

« politique qu'aux principes de la morale, d'affiler « le poignard dont on ne saurait blesser ses rivaux, « sans en ressentir bientôt sur son propre sein les « atteintes. Je ne crois pas que des hommes qui « doivent servir la cause publique en véritables « frères d'armes, aient bonne grâce à se combattre « en vils gladiateurs, à lutter d'imputations et d'in-« trigues, et non de lumières et de talens; à cher-« cher dans la dépression et la ruine les uns des « autres de coupables succès, des trophées d'un « jour, nuisibles à tout, et même à la gloire. Mais « je vous dirai : parmi ceux qui soutiennent ma « doctrine, vous compterez tous les hommes mo-« dérés qui ne croient pas que la sagesse soit dans « les extrêmes, ni que le courage de démolir ne « doive jamais faire place à celui de reconstruire; « vous compterez la plupart de ces énergiques « citoyens qui, au commencement des États-géné-« raux (c'est ainsi que s'appelait alors cette Con-« vention nationale, encore garrottée dans les langes « de la liberté), foulèrent aux pieds tant de pré-« jugés, bravèrent tant de périls, déjouèrent tant « de résistances pour passer au sein des Communes, « à qui ce dévoûment donna les encouragemens « et la force qui ont vraiment opéré votre révo-« lution glorieuse; vous y verrez ces tribuns du « peuple que la nation comptera long-temps en-« core, malgré les glapissemens de l'envieuse mé-

« diocrité, au nombre des libérateurs de la patrie.
« Vous y verrez des hommes dont le nom désarme
« la calomnie, et dont les libellistes les plus effré-
« nés n'ont pas essayé de ternir la réputation, ni
« d'hommes privés, ni d'hommes publics; des
« hommes enfin qui, sans tache, sans intérêt, et
« sans crainte, s'honoreront jusqu'au tombeau de
« leurs amis et de leurs ennemis. »

Cette éloquente réfutation ramena presque toute l'Assemblée à l'opinion de Mirabeau, et son projet de décret fut adopté le même jour 22 mai, sans réplique de Barnave, qui ne réclama que faiblement contre la clôture de la discussion, quoique son victorieux adversaire l'appelât à la tribune ([1]).

Mais l'opposition, plus forte encore par l'audace et l'animosité que par le talent, qui avait calomnié l'orateur, essaya d'amoindrir, même de nier son éclatante victoire. L'acharnement alla jusqu'à tel point qu'on prétendit que Mirabeau, par lâcheté, ou par amour-propre, pour exagérer son succès, ou pour ressaisir sa popularité fugitive, avait falsi-

([1]) « Mirabeau descend de la tribune au bruit d'applaudis« semens redoublés, laissant le dépit et la confusion sur le « visage des Barnave, des Lameth, et la haine et le désir de la « vengeance dans leur cœur. Aucun cependant ne tenta de « lui répondre. » (*Mémoires du marquis de Ferrières*, tome 2, page 37.)

fié son propre discours, avait envoyé à des journaux affidés un texte tout différent de celui qu'il avait prononcé ([1]); afin de déjouer une manœuvre si déloyale par la plus grande publicité possible d'un texte officiel, afin de défendre à la fois sa conviction, son système et son honneur, Mirabeau répandit partout une édition séparée de ses deux discours; il y joignit une lettre qu'il adressa, le 1er juillet, à tous les administrateurs des départemens; et pour achever ce que nous avions à dire d'un des plus grands travaux politiques de Mirabeau; pour compléter notre compte rendu, auquel nous devions mettre autant d'importance que l'orateur lui-même, nous transcrivons ici cette lettre dans laquelle, expliquant avec une amertume inaccoutumée la perfide tactique de ses ennemis, il se défendit noblement contre leurs accusations mensongères.

« Tant qu'on n'a calomnié que ma vie privée, je « me suis tu, soit parce qu'un rigoureux silence est « une expiation des fautes purement personnelles, « quelque excusables qu'elles puissent être; et parce « que je ne voulais attendre que du temps et de mes « services, l'estime des gens de bien; soit encore

([1]) Tout à l'heure encore MM. Buchez et Roux ont, dans leur *Histoire parlementaire de la révolution française*, tome 6, pages 148 à 160, réimprimé textuellement la longue accusation de M. Th. de Lameth, sans juger à propos de rapporter la défense.

« parce que la verge de la censure publique m'a « toujours paru infiniment respectable, même pla- « cée dans des mains ennemies; soit surtout parce « que je n'ai jamais vu qu'un étroit égoïsme et une « ridicule inconvenance dans la prétention d'oc- « cuper ses concitoyens de toute autre chose que de « ce qui les intéresse.

« Mais aujourd'hui qu'on attaque mes principes « d'homme public, aujourd'hui qu'on menace la « société entière dans l'opinion que je défends, je « ne pourrais me tenir à l'écart sans déserter un « poste d'honneur, sans violer, pour ainsi dire, le « précieux dépôt qui m'a été confié; et je crois devoir « un compte spécial de mon opinion travestie, à « cette même nation dont on m'a accusé de trahir « les intérêts. Il ne me suffit pas que l'Assemblée « nationale m'ait lavé de cette odieuse imputation « en adoptant, presqu'à l'unanimité, mon système; « il faut encore que je sois jugé par le tribunal, « dont le législateur lui-même n'est que le sujet et « l'organe. Ce jugement est d'autant plus impor- « tant, que, placé jusqu'ici parmi les utiles tribuns « du peuple, je lui dois un compte plus rigoureux « de mes opinions. Ce jugement est d'autant plus « nécessaire, qu'il s'agit de prononcer sur des prin- « cipes qui distinguent la vraie théorie de la li- « berté de la fausse, ses vrais apôtres des faux « apôtres, les amis du peuple de ses corrupteurs;

« car le peuple, dans une constitution libre, a aussi « ses hommes de cour, ses parasites, ses flatteurs, « ses courtisans, ses esclaves.

« Au milieu d'une discussion solennelle sur l'exer- « cice du droit de la paix et de la guerre, tandis « qu'une section de l'Assemblée voulait conserver ce « droit en entier à la royauté, et qu'une autre l'ac- « cordait exclusivement au Corps législatif, sans « le concours du monarque; j'ai proposé d'attri- « buer concurremment ce droit redoutable aux « deux parties de la délégation souveraine de la « nation.

« L'examen réunit bientôt les membres du parti « populaire qui ne s'étaient trouvés divisés sur cette « question que par un malentendu. Mais ceux qui, « voulant à tout prix être chefs de faction, plutôt « que professeurs d'opinions, avaient fondé leurs « succès sur l'intrigue et la calomnie; ceux qui, « avant de m'entendre, avaient rendue périlleuse la « prononciation même de mon discours; ceux qui « faisaient d'un principe constitutionnel une ques- « tion d'amour-propre, une affaire de parti : ceux- « là même, après avoir été vaincus évidemment « sur les principes, devaient refuser d'en convenir : « ils reçurent pourtant des tribunes et de la foule « qui entourait l'Assemblée, les applaudissemens « qui leur avaient été préparés; mais leur système, « en apparence plus populaire et plus capable d'é-

« mouvoir la multitude ignorante et non avisée, ne « put leur obtenir cinquante suffrages au sein de « l'Assemblée, qui opposa son courage ordinaire « aux menaces et à la séduction.

« C'est maintenant à vous, messieurs, que je sou- « mets mon projet de décret et mes discours ; vous « serez sans doute affligés de voir combien l'esprit « de parti peut altérer les questions les plus impor- « tantes, et diviser les auxiliaires les plus néces- « saires de la liberté. Mais devais-je, pour un misé- « rable succès d'un moment, abandonner le prin- « cipe qui a fait de la participation du roi dans la « formation de la volonté générale, une des bases « de notre constitution? Devais-je élever des autels « à là popularité, comme les anciens à la terreur, « et, lui immolant mes opinions et mes devoirs, « l'apaiser par de coupables sacrifices ?

« Ceux-là, messieurs (déjà tous les citoyens « éclairés le sentent), ceux-là seuls seront les vrais « amis du peuple, qui lui apprendront qu'aux mou- « vemens qui nous ont été nécessaires pour sortir du « néant, doivent succéder les conceptions propres « à nous organiser pour le temps; qu'après nous « être assez méfiés, qu'après avoir surtout assez dé- « blayé de misérables décombres, il faut le con- « cours de toutes les volontés à reconstruire : qu'il « est temps, enfin, de passer d'un état d'insurrec- « tion légitime à la paix durable d'un véritable état

« social, et que l'on ne conserve pas la liberté par « les seuls moyens qui l'ont conquise. »

Nous avons cru devoir donner un développement inaccoutumé au compte rendu des deux discours qui précèdent; non-seulement parce qu'ils traitent une des plus graves questions de notre droit public; non-seulement parce qu'ils sont un des principaux faits, un des plus méritoires, un des plus glorieux de la carrière législative de Mirabeau; mais encore parce qu'ils exposent de la manière la plus franche et la plus lucide les principes constitutionnels et conservateurs dont l'inébranlable fixité est, à notre avis, le plus solide fondement de sa gloire; et parce qu'ils nous semblent résumer complétement ses théories politiques, auxquelles on vit toujours se rattacher tous les actes importans comme secondaires de sa vie publique.

A l'époque de l'important débat dont nous venons de nous occuper, le moment était venu où l'évangile politique de Mirabeau restant invariablement le même, son rôle toutefois devait, sinon changer au fond, du moins se compliquer de combinaisons toutes nouvelles; d'autant plus nécessairement que le temps et les conjonctures, en l'affermissant dans ses principes, lui en avaient mieux fait apprécier la portée actuelle et prochaine; lui avaient plus fortement fait sentir l'obligation de les soutenir avec une infatigable énergie, d'y amener, d'y soumettre l'Assemblée et le Roi, et la révolution elle-même, et les événemens ultérieurs, s'il était encore possible d'en maîtriser l'entraînement, d'en régler la marche et les conséquences.

Nous avons dit, d'après des conjectures très-probables pour nous, et d'ailleurs généralement admises, qu'au commencement de juin 1789 un essai avait été tenté en vain pour rapprocher Necker et Mirabeau; et que cinq mois après il avait été questions de porter celui-ci au ministère, projet abandonné par suite du décret du 7 novembre.

Un peu plus tard des démarches avaient été faites auprès de lui de la part du frère de Louis XVI, *Monsieur*, moins peut-être dans l'intérêt du Roi que dans l'intérêt du prince, pour sonder le grand orateur, pour savoir comment, le cas échéant, on pourrait s'en servir; pour savoir, par exemple, s'il consentirait à donner une direction, qu'il traça en effet. Enfin, il est certain qu'en mars 1790, le Roi, ou plutôt la reine, fit à son tour interpeller Mirabeau; qu'il répondit à cette confiance inattendue; qu'il expliqua ses intentions, et consigna sa profession de foi dans une lettre, publiée seulement en 1826, et qui est antérieure de dix jours à la célèbre discussion du droit de paix et de guerre dont nous venons de rendre compte.

La coïncidence de ces dates nous impose, ce nous semble, la nécessité de donner ici, au sujet de ces premiers rapports, des explications qui feront enfin connaître la vérité sur un fait qui, plus qu'aucun autre de ceux auxquels Mirabeau est mêlé, a été depuis quarante ans le texte de mille confabulations absurdes ou calomnieuses.

On a beaucoup parlé des relations qui s'établirent entre Mirabeau et le Roi; une multitude d'écrivains, avec une merveilleuse assurance, en ont expliqué l'à-propos, la date, les conditions, le but. Accoutumé à ne jamais reculer devant les questions difficiles, nous abordons hardiment celle-ci; mais quoique, ainsi qu'on en a pu juger jusqu'à présent, nous ne manquions pas d'informations de tout genre, nous ne parlerons pas avec la même confiance; nous nous garderons d'affirmer des choses qui ne sont certaines pour personne, qui peut-être ne le seront jamais; et cependant les lecteurs trouveront ici plus de notions exactes qu'aucun de nos devanciers n'en a pu recueillir.

Nous allons donc rechercher le plus brièvement possible, non pas l'époque où des rapports furent noués entre le Roi et Mirabeau, puisque cette époque, long-temps ignorée, est aujourd'hui connue avec certitude; mais les motifs qui portèrent celui-ci à s'y prêter, les considérations qui l'amenèrent à projeter un plan d'opérations propres à le conduire à son but politique; les moyens qu'il se proposait d'employer pour l'atteindre; les élémens de la sentence finale, qu'à notre avis les contemporains éclairés et impartiaux, la postérité toujours équitable et bien informée, doivent porter sur le plus grand événement de la vie politique de Mirabeau.

Beaucoup de biographes et d'historiens en ont parlé : pour abréger, nous ne mentionnerons que les principaux d'entre eux.

Si l'on en croit Weber [1] et Peuchet [2], Mirabeau, dès le mois de mai 1789, aurait offert ses services à Louis XVI, et lui aurait demandé l'*ambassade de Constantinople;* placée à une telle date, cette supposition nous paraît plus que hasardée, parce que, d'un côté, Mirabeau à cette époque n'était nullement en état de prétendre à un des premiers emplois diplomatiques, et à une si insigne faveur de la part d'un monarque qui pouvait déjà le haïr sur parole, mais qui n'avait encore guère

[1] Tome 1, page 337.

[2] Tome 3, p. 269, l'auteur cite les *Mémoires de Mme Campan* avec l'expression d'un doute qui, à la page 370, devient une dénégation.

lieu de le craindre; et parce que, d'un autre côté, Mirabeau savait fort bien que la tribune nationale était le principal ou plutôt l'unique théâtre où l'attendaient la fortune et la gloire [1].

Nous écartons donc, en tant qu'il se rapporterait au mois de mai 1789, le projet d'éloigner Mirabeau par une grande ambassade; sans nier d'ailleurs qu'il n'en ait été question plus tard, et même du poste de Constantinople; car, outre ce qu'il en dit lui-même à Mauvillon (pages 477 et 489), nous avons vu une lettre du 1er décembre 1789, adressée au général Lafayette, dans laquelle Mirabeau avoue qu'il lui serait peut-être difficile de résister *toujours* à la séduction des souvenirs de l'Orient, de l'Asie mineure, du Bosphore, d'autant que de nouvelles circonstances, de nouveaux rapports politiques, donneraient une très-grande importance à une telle mission, et fourniraient l'occasion de rendre d'éminens services.

Les mêmes auteurs supposent [2] qu'une seconde

[1] Certes un tel calcul n'a pas besoin d'être prouvé. C'est donc bien surabondamment que nous rapportons ici une preuve extraite des *lettres à Mauvillon* : « Ce qu'on vous « avait dit relativement au Bosphore a été vrai, et beau- « coup d'autres choses plus belles encore; mais tout cela n'é- « tait qu'un honorable exil, et c'est ici que je suis nécessaire, « si je suis nécessaire à quelque chose. » (Page 489, 3 décembre 1789.)

[2] Peuchet, tome 3, page 369.

tentative fut faite le 15 août 1789; puis une troisième dans les premiers jours de novembre suivant (1), à la suite de laquelle une somme considérable aurait été remise à Mirabeau, avec promesse d'une place dans le ministère (2), promesse qui aurait porté l'illustre orateur à soutenir la compatibilité des fonctions de ministre et de député (3). Ferrières (4) dit que les rapports de Mirabeau avec le Roi furent rompus, quand le premier perdit l'espoir de parvenir au ministère. Peuchet, ailleurs, parle d'un Mémoire remis à M. de Montmorin (5), dans lequel aurait été contenue la proposition de déférer à *Monsieur* le titre et les fonctions de *lieutenant général du royaume*, idée « si folle et « si absurde, » disait la Reine, « qu'elle ne peut « provenir que de quelque tête française (6); » pro-

(1) *Ibid.*, page 508.

(2) *Mémoires de Mme Campan*, tome 2, page 111. — Mérilhou, dans sa notice, page 192, avance le même fait auquel il assigne la date du 4 novembre 1789.

(3) Peuchet, tome 3, page 525.

(4) Tome 2, page 80.

(5) Peuchet, tome 4, page 5.

(6) Ces mots sont textuellement copiés sur une lettre écrite le 16 août 1791 par Marie-Antoinette à son frère l'empereur Léopold, correspondance précieuse, récemment découverte aux Archives royales, et dont nous aurons bientôt occasion de parler plus en détail.

Cette supposition est empruntée par Peuchet (tome 4, page 10) aux *Fastes civils*, tome 2, pages 191 et suivantes,

position pourtant si flatteuse pour le Roi, que dans un transport de reconnaissance il aurait promis une grande ambassade à Mirabeau, plus un traitement actuel de 50,000 francs par mois [1] !

Arrivé au 22 mai 1790, époque de la discussion du droit de paix et de guerre, Peuchet [2] dit que Mirabeau, à titre de récompense royale, reçut des mains de M. de Montmorin 200,000 francs, *s'il faut en croire certaines révélations*; et nous n'avons pas besoin de faire sentir combien il y a d'odieuse légèreté dans ce mot de RÉVÉLATIONS dont aucune espèce de document historique n'autorise l'emploi.

Au mois de juin 1790, selon Bertrand de Molleville [3], selon Peuchet [4], selon Mérilhou [5], qui les copie, une secrète conférence à Saint-Cloud aurait été accordée par la Reine à Mirabeau [6];

où se trouve un long extrait du prétendu Mémoire. Nous sommes intimement persuadé que ce document n'a rien que d'apocryphe, et nos lecteurs en jugeront comme nous, quand ils verront ci-après l'analyse du véritable Mémoire, dont la minute est dans les papiers laissés par feu le prince Auguste d'Arenberg, autrefois comte de Lamarck.

(1) Cette assertion vient d'être encore reproduite par M. P.-F. Tissot. (Tome 2, page 190.)

(2) Tome 4, page 74.

(3) Tome 4, page 167.

(4) Tome 4, pages 153 et 184.

(5) Page 194.

(6) L'abbé de Montgaillard, qui ne recule devant aucune

tous trois ([1]) prétendent que les rapports établis, ou les négociations entamées, car ils ne cessent de divaguer et de se contredire, furent rompus au mois d'août par suite de l'indignation qu'éprouva Mirabeau en voyant que la cour, qui l'attirait d'un côté, le faisait calomnier et poursuivre de l'autre, par les instructeurs de la procédure commencée sur les événemens des 5 et 6 octobre 1789; rupture qui n'eut pas de suite, parce que, disent ailleurs les mêmes historiens ([2]), Montmorin prouva le 9 octobre, à Mirabeau, que le Roi et la Reine étaient étrangers aux poursuites du Châtelet.

Sans s'inquiéter de tout ce qu'ils ont précédemment écrit, Peuchet ([3]) et Mérilhou ([4]) parlent, à la date du 3 novembre 1790, de négociations commencées; le 22 janvier 1791, apparemment, l'accord est consommé, puisque le plan de Mirabeau qui, plusieurs fois, et secrètement, a vu le Roi et la

supposition, si invraisemblable et indécente qu'elle soit, raconte sérieusement « que la première entrevue secrète du « Roi et de la Reine avec le comte de Mirabeau, eut lieu la « nuit dans une des caves du château des Tuileries. » (Tome 2, page 196.)

([1]) Bertrand de Molleville, tome 4, page 167. — Peuchet, tome 4, pages 123 et 157. — Mérilhou, page 195.

([2]) Bertrand de Molleville, tome 4, page 168. — Peuchet, tome 4, page 219. — Mérilhou, page 195.

([3]) Peuchet, tome 4, pages 28 et 183.

([4]) Mérilhou, page 195.

Reine (1), est fort peu secrètement discuté chez Montmorin, ainsi que l'affirment Bertrand de Molleville (2), et d'après lui Peuchet (3) et Mérilhou (4). Aussi, le 4 février 1791, le Roi écrit-il au marquis de Bouillé (5) qu'il est d'accord avec Mirabeau, dont il soumet les combinaisons à l'examen du général, circonstance qui persuade à Peuchet qu'alors, mais seulement alors (6), il y a un traité vraiment conclu.

Il faut qu'en effet ce soit chose sérieuse, puisque le marquis de Bouillé (7), et à sa suite M. Ch. Lacretelle (8), et après celui-ci Peuchet (9), et après Peuchet Mérilhou (10), déclarent que, au dire du comte de Lamarck, Mirabeau a reçu une somme de 600,000 francs, et, en outre, l'assurance d'un traitement de 50,000 francs par mois (11). Un autre

(1) Bertrand de Molleville, tome 4, page 181.
(2) *Ibid.*, page 177.
(3) Peuchet, tome 4, pages 217 et 223.
(4) Mérilhou, page 195.
(5) Mémoires de Bouillé, etc., Paris, Baudouin, 1821, p. 197.
(6) Peuchet, tome 4, page 239.
(7) Page 197.
(8) Tome 8, page 111.
(9) Peuchet, tome 4, page 234.
(10) Mérilhou, page 202.

(11) Il est à remarquer que le comte de Lamarck n'a jamais dit un mot de ce qu'on lui fait dire, et qu'il a *écrit* une version toute différente dont nous avons déjà parlé, et sur laquelle nous reviendrons tout à l'heure. Un autre person-

historien, Ferrières, oubliant ce qu'il a écrit ailleurs, ne place qu'au 28 février 1791 le marché passé avec Mirabeau ([1]).

Enfin, après tant d'informations vagues et contradictoires, voici venir un homme qui doit être bien instruit, mieux même que les ministres, car il a ce que n'a aucun d'eux, c'est-à-dire la confiance intime, sinon exclusive du Roi, et cet homme qui est-il? c'est l'honnête et malheureux Laporte, l'intendant de la liste civile; et quand parle-t-il? c'est le 2 et le 13 mars 1791, trente jours et dix-neuf jours avant la mort de Mirabeau; et que dit-il? le 2 mars, qu'il a vu, non pas Mirabeau, mais M. de Luchet, un de ses amis; que « LES DEMANDES de M. de Mirabeau *sont bien* « *claires; qu'il veut un revenu assuré pour l'ave-* « *nir, soit en rentes viagères constituées sur le* « *trésor public, soit en immeubles; il ne fixe pas* « *la quotité du revenu.* S'IL ÉTAIT QUESTION DE » TRAITER CES OBJETS, DANS CE MOMENT, *je propose-*

nage qui aurait dû être bien informé, s'il eût obtenu la confiance dont il se vante, et qu'il n'obtint jamais, du moins tout entière et sans aucune réserve, Etienne Dumont (*Souvenirs*, page 230), dit que « *Monsieur* s'engageait à lui « payer 20,000 francs par mois jusqu'à ce que ses affaires « fussent liquidées, et à devenir son seul créancier; voilà, du « moins, la tournure spécieuse qu'on donnait à une pension « de la cour. »

([1]) *Mémoires de Ferrières*, tome 2, page 247.

« *rais à Votre Majesté*, continue Laporte, *de don-*
« *ner la préférence à des rentes viagères; mais*
« *ce sur quoi j'ai à prendre ses ordres aujour-*
« *d'hui, c'est sur l'usage que je dois faire de l'ou-*
« *verture de M. de Luchet, sur la conduite que*
« *je dois tenir. — Votre Majesté approuvera-t-*
« *elle que je voie M. de M.....? que me prescrira-*
« *t-elle de lui dire? faudra-t-il le sonder sur ses*
« *projets? quelle assurance de sa conduite devrai-*
« *je lui demander? que puis-je lui promettre*
« *pour le moment? quelles espérances pour l'a-*
« *venir* (1)? »

Ainsi, voilà une négociation bien peu avancée, puisque la principale partie n'a pas même été vue par l'autre. Pendant les neuf jours suivans, on s'est cherché ou attendu; enfin, le 12 mars, Laporte a vu Mirabeau; celui-ci « *a péroré fort longuement;*
« *l'Assemblée,* » a-t-il dit, « *est composée de trois*
« *classes d'hommes : la première qui n'est guère*
« *que de trente* (2), *est de gens forcenés qui, sans*
« *avoir de but fixe, opinent et opineront toujours*
« *contre l'autorité royale, et le retour de l'ordre;*

(1) *Recueil*, déjà cité, *des pièces justificatives de l'acte énonciatif*, etc., page 12.

(2) C'est douze jours auparavant que, dans la séance du 28 février 1791, Mirabeau avait adressé à l'extrême gauche de l'Assemblée cette injonction célèbre : *Silence aux trente voix!*

« — *la seconde est d'environ quatre-vingts per-* « *sonnes; ceux-ci ont des principes plus monar-* « *chiques, mais sont encore peut-être trop imbus* « *du premier système de la révolution; — la troi-* « *sième classe est de gens qui n'ont pas d'opinion* « *à eux, et qui suivent l'impulsion que leur don-* « *nent ceux qu'ils ont pris pour leurs guides, leurs* « *oracles.* » Selon Laporte, Mirabeau distingua ensuite trois partis qui se partageaient la capitale: les aristocrates, sur le compte desquels il ne s'exprima pas; les jacobins et orléanistes, « *parti qui* « *n'est qu'atroce, et par son atrocité même moins* « *dangereux;* » enfin le parti de Lafayette, « *qui* « *affiche l'attachement au Roi et à la royauté,* « *sentimens qui masquent le républicanisme.* » Après ces développemens, Mirabeau, dit Laporte, a promis un plan de conduite pour le Roi et la Reine, a protesté de son dévoûment, de son désir de rétablir l'ordre; mais, du reste, la lettre de Laporte ne contient pas un mot qui indique des conditions faites, et des arrangemens quelconques, pécuniaires ou autres.

Voilà, certes, d'étranges documens pour l'histoire: d'un côté on a hasardé des assertions vagues, incohérentes, et qui s'entre-excluent; d'un autre côté on a rapporté deux lettres d'un tiers (deux seulement parce qu'on n'en a pas trouvé davantage), deux lettres qu'aucunes formalités contradictoires n'ont rendues authentiques; mais on n'a pu ni citer un aveu direct, ni montrer un mot écrit de la main de Mirabeau ([1]);..... que penser, dès lors, de tous ces écrivains qui veulent nous apprendre ce qu'il ne savent pas, et qui, se copiant les uns les autres, se donnent, à tout moment, des démentis à eux-mêmes?

Ainsi donc, et sauf un document publié en dernier lieu, il n'y a encore, après quarante-six ans, rien de certain sur la nature, et même sur la date des rapports de Mirabeau avec le Roi; et la première conclusion qu'il faut tirer, et que l'histoire a tirée de ce fait, c'est que Mi-

([1]) Cette réflexion est du dénonciateur lui-même, de M. J. Chénier : « Vainement objecterait-on que dans toutes « ces pièces il n'existe point une ligne de la main de Mira- « beau lui-même. Qu'on pèse les circonstances, l'esprit de « ceux qui écrivaient, de ceux à qui les écrits étaient adressés, « l'intérêt qu'ils avaient mutuellement à garder un profond « secret sur ces mystères, et, j'ose l'affirmer, il n'est point de « jury qui ne déclare unanimement *que Mirabeau s'était* « *vendu à la cour.* » (Rapport fait à la Convention nationale, au nom du comité d'instruction publique, le quintidi 5 frimaire an IV, page 6.)

Nous citerons ici, faute de place ailleurs, un mot aussi vrai qu'énergique de Mirabeau sur Chénier. Celui-ci, présenté par Palissot, avait fait deux ou trois lectures chez Mirabeau qui, pressé de questions sur le compte du client, répondit au patron : *La tête de ce jeune homme est un abcès d'orgil.*

rabeau, en accordant son assistance, n'abandonna point ses principes, car s'il en avait fait le sacrifice, nul n'aurait été dans le cas de chercher laborieusement l'époque d'une si grande défection politique; et chacun, en voyant la conséquence, aurait mis le doigt sur la cause.

Qu'on veuille bien, en effet, y faire attention : si, en traitant avec le Roi, Mirabeau avait abjuré sa foi politique, à quelle époque faudrait-il placer le premier acte de son apostasie? que l'on cherche cette date dans les phases rapides d'une si courte vie législative : laissant en arrière les premiers faits graves qui, en faisant sentir la force de Mirabeau, auraient inspiré à la cour le désir de l'attirer à elle, serait-ce de l'Adresse au Roi pour le renvoi des ministres [1] qu'il faudrait dater sa coupable défection? serait-ce de son énergique protestation contre l'amnistie illégalement prononcée en faveur du baron de Besenval, le général et le favori de la cour [2]? serait-ce de ses discours sur les dîmes, si chères au clergé qui dominait le pieux monarque [3]? sur les Bourbons d'Espagne que l'aristocratie voulait appeler éventuellement au trône, en haine du duc d'Orléans [4]? sur la convocation

(1) 16 juillet 1789.
(2) 1er août 1789.
(3) 10 août 1789.
(4) 15 septembre 1789.

d'une nouvelle Assemblée, d'où seraient exclus les députés actuels, projet cauteleusement lancé par le côté droit ([1])? sur la vente des biens du clergé ([2])? sur le projet de conférer au Roi une dictature provisoire ([3])? sur les mandats impératifs ([4])? sur le manifeste du prince de Condé ([5])? sur les assignats ([6])? sur la procédure du Châtelet ([7])? sur le pillage de l'hôtel de Castries ([8])? sur les couleurs nationales ([9])? sur la constitution civile, et le serment, et les déchéances du clergé ([10]), c'est-à-dire sur les actes de l'Assemblée dont la sanction inspira à Louis XVI le seul repentir que pût éprouver cette âme si pure; dont le souvenir le poursuivant jusqu'à la mort, lui arracha le seul mot amer qu'il y ait dans son testament héroïque?

Qu'on ne cherche donc pas l'effet contre-révolutionnaire des relations de Mirabeau avec le Roi, car on ne le trouverait pas.

Quant aux dates de ces relations, dates mal posées par tout le monde, et même par Laporte, qui

([1]) 19 septembre 1789.
([2]) 30 octobre et 2 novembre 1789.
([3]) 22 février 1790.
([4]) 17 avril 1790.
([5]) 28 juillet 1790.
([6]) 25 août et 27 septembre 1790.
([7]) 11 septembre 1790.
([8]) 13 septembre 1790.
([9]) 21 octobre 1790.
([10]) 27 novembre 1790. — 1er et 4 janvier 1791.

n'avait obtenu que d'incomplètes et tardives confidences, voici en peu de mots la vérité, que nous ne craignons pas de dire, et que nous développerons bientôt.

Indépendamment de l'inutile tentative faite, soit par lui, soit beaucoup plus probablement auprès de lui, pour le mettre en rapport avec Necker, nous savons, par des preuves dont les unes sont entre nos mains, et les autres ont été sous nos yeux, que le 15 octobre 1789 Mirabeau accorda à une démarche secrète, faite de la part de *Monsieur*, frère du Roi, un Mémoire contenant des vues sur les dangers de la monarchie, et sur les mesures à prendre pour les conjurer; que cette communication n'ayant eu aucune suite, Mirabeau, interrogé six mois après sur ses intentions par un confident de la Reine, écrivit, le 10 mai 1790, à Louis XVI une lettre qui a été imprimée pour la première fois il y a sept ans [1], et dont les termes prouvent qu'elle

[1] Pages 387 à 391 du volume intitulé : *Tableaux de genre et d'histoire peints par différens maîtres, ou morceaux inédits sur la régence, la jeunesse de Louis XV et le règne de Louis XVI, recueillis et publiés par F. Barrière*, Paris, Ponthieu, 1828.

Un passage des *Considérations sur la révolution française*, tome 1, page 404, prouve que Mme de Staël avait eu connaissance de cette lettre.

Bertrand de Molleville l'a aussi connue, à en juger par ce qu'il en dit, tome 4, page 169.

était une réponse et non pas une initiative ; nous savons qu'à la suite de cette lettre il adressa tantôt à Louis XVI, tantôt à la Reine, jusqu'en février 1791, des Notes non périodiques, mais assez fréquentes, dans lesquelles il consignait des observations sur les faits accomplis, des présages sur ceux qui se préparaient, des avertissemens, des conseils, souvent des reproches ; et enfin que, vers le 15 décembre 1790, il présenta un long et magnifique Mémoire, où il développait un plan de conduite à tenir et de combinaisons à dérouler, pour reconstruire les bases déjà ruinées de la monarchie constitutionnelle ; pour consolider d'une manière désormais inébranlable la liberté publique et le trône, tous deux menacés par un même péril ; pour éclairer les insensés et déjouer les pervers qui allaient compromettre, par la révolte et par l'anarchie, une révolution que Mirabeau, au contraire, voulait rendre aussi sage et aussi pure qu'elle avait été légitime et nécessaire.

Nous donnerons, en partie tout à l'heure, et en partie plus tard, aux dates correspondantes, l'analyse et quelques citations de ces divers travaux, dont le but est bien déterminé par cette phrase du seul document authentique qui ait été jusqu'à présent publié : « *Je déclare au Roi que je crois une* « *contre-révolution aussi dangereuse et* CRIMI- « NELLE, *que je trouve chimérique en France l'es-* « *poir ou le projet d'un gouvernement quelconque,*

« *sans un chef revêtu du pouvoir nécessaire pour* « *appliquer toute la force publique à l'exécution* « *de la loi.* »

Mais nous devons commencer par examiner les motifs qui déterminèrent Mirabeau à offrir, peut-être, dans un temps, et à accorder dans l'autre le concours qu'exigeaient impérieusement les circonstances.

Plus tôt, et plus que tous les hommes éclairés et généreux qui voulaient la liberté, la sûreté, la prospérité de tous et de chacun, Mirabeau avait hâté de ses vœux et secondé de ses efforts la révolution qui s'accomplissait.

Mais, dès les premiers jours, le but avait été dépassé, ou plutôt avait été perdu de vue; et il fallait désormais changer de direction pour y revenir et pour l'atteindre, ou se laisser entraîner dans une route qui ne conduisait qu'à des abîmes.

La monarchie était dans le danger le plus pressant, et elle y avait été jetée d'abord par les suspectes hésitations de la cour, puis ensuite par ses partialités ouvertes, par ses manœuvres contre-révolutionnaires, par les prétentions et les espérances avouées des privilégiés de l'intérieur, par les intrigues et les jactances de ceux du dehors, dont les insolentes fanfaronnades précédaient les attaques à main armée; et enfin par la réaction naturelle de tant de fautes absurdes et de criminelles folies.

Ces circonstances, en effet, en exaltant les hommes passionnés, avaient profondément ému les hommes les plus sages, et leur avaient inspiré des doutes trop fondés, qui déjà se portaient injustement, mais naturellement, jusque sur le Roi lui-même, car « la méfiance était regardée comme de« voir, comme principe [1]. »

La grande majorité des députés était arrivée, comme disait Mirabeau, « non pour vaincre, mais « pour capituler, » ou, en d'autres termes, pour faire une constitution, sans doute, mais une constitution qui aurait laissé ou même donné à la royauté d'immenses pouvoirs, en échange de la liberté politique, de l'égalité des droits, c'est-à-dire du sacrifice d'institutions surannées, ou plutôt mortes, de quelques allégemens d'impôts, de quelques réductions de dépenses.

Mais bientôt un sentiment de légitime inquiétude, saisissant ces esprits d'abord si modérés, si royalistes, les avait livrés aux préoccupations les plus éloignées de leur pensée primitive; outre les inconvéniens de la progression même du travail constitutionnel qui, ne pouvant organiser la royauté d'un seul jet, mais seulement par de successives

[1] Emm. Toulongeon, tome 1, page 99.

investitures de pouvoir, la laissait en attendant incertaine, incomplète, et toujours contestée, outre les effets nécessaires d'une précipitation où entraient à la fois, de la légèreté et de la lassitude, beaucoup de lois constitutionnelles avaient été faites sous l'influence des préventions haineuses de quelques-uns, défiantes du plus grand nombre.

Dès juillet 1789, Mirabeau avait compté au nombre des dangers dont il importait de se défendre : « le piége d'une constitution qui, avec des espé- « rances spécieuses, n'aurait point de solidité [1]. »

Dès septembre 1789, long-temps avant que le mal fût sans remède, long-temps avant qu'il fût question pour Mirabeau de négocier avec le trône, il s'était inutilement écrié : « Sages conducteurs de cette « grande révolution, daignez y réfléchir : si vous « dégradez l'autorité, si vous lui imposez un joug « trop pesant, si vous ne donnez pas au gouverne- « ment sa mesure d'honneur, d'aisance et de li- « berté, vous insinuez dans la constitution même « le poison corrosif qui ne tardera pas à la dé- « truire [2]. »

Vainement encore il avait dit ailleurs, quelques jours avant la catastrophe d'octobre : « Vous circon- « scrivez l'autorité royale dans les limites les plus

(1) 19e *lettre du comte de Mirabeau à ses commettans*, page 59.

(2) *Courrier de Provence*, n° 63, page 40.

« étroites, vous lui opposez les plus fortes digues, « et vous la redoutez encore, comme si vous n'aviez « rien fait contre elle, comme si elle était toujours « ce qu'elle fut sous Louis XI et sous Louis XIV; « ne voyez-vous pas que des précautions exagé- « rées tendent à vous priver de sa protection tu- « télaire (1)..... ? »

On avait considéré le monarque comme l'ennemi naturel de la liberté publique, dont, au contraire, dans un gouvernement représentatif bien pondéré, il est le gardien et le conservateur. Pour se défendre d'un despotisme, on avait risqué de s'en imposer un autre; on avait oublié l'adage de Montesquieu : « Pour qu'on ne puisse abu- « ser du pouvoir, il faut que, par la disposition des « choses, le pouvoir arrête le pouvoir; » on avait, comme dit Mme de Staël, « combiné une consti- « tution comme on combinerait un plan d'atta- « que (2); » disons plus encore : tout en déclarant le gouvernement *monarchique*, on avait fait une constitution républicaine (3).

(1) *Courrier de Provence*, no 48, page 10.

(2) *Considérations*, etc., tome 1, page 318.

(3) Aussi Camille Desmoulins disait-il que pour passer de la monarchie à la république, *il faudrait seulement découdre, et non pas déchirer*. Il écrivait encore : « *On a laissé à « la France le nom de monarchie, pour ne pas effaroucher ce qui est cagot, idiot, rampant, animal d'habi- « tude; mais, à l'exception de quatre ou cinq décrets con-*

Il est même permis d'avancer que, jusqu'alors, dans aucune république, le pouvoir exécutif n'avait été aussi limité, aussi impuissant, aussi imaginaire ; qu'en un mot la constitution avait placé le trône dans l'Assemblée; et si l'expression paraissait hardie, nous prierions nos lecteurs d'attendre nos développemens ultérieurs, et surtout de comparer la constitution de 1791 avec celle de l'an III faite après le 9 thermidor par la Convention elle-même [1], avec la constitution que le peuple dicta, pour ainsi dire, huit jours après les événemens de juillet 1830, et dans l'enivrement d'une victoire tout aussi miraculeuse, et bien plus décisive que la prise de la Bastille; constitution dans laquelle il a sagement rejeté les dangereux présens que lui fit jadis l'Assemblée constituante.

Certainement cette Assemblée a des droits imprescriptibles au respect et à la reconnaissance, non-seulement de tout homme qui porte un cœur français, mais encore des philanthropes et des sages de toutes les nations qui, tôt ou tard, recueilleront

« *tradictoires avec les autres, on nous a constitués en* « *république.* »

(1) « La Convention éprouvait à cette époque le besoin « d'organiser le pouvoir et de rasseoir le peuple, à la diffé- « rence de la première assemblée qui, par sa situation, n'avait « ressenti que le besoin d'affaiblir la royauté, et de remuer « la nation. » (M. Mignet, tome 2, page 161.)

leur part des bienfaits dus aux régénérateurs de notre patrie.

Nous ne saurions jamais oublier, en effet, que c'est à l'Assemblée constituante que nous devons le gouvernement représentatif; le vote national de l'impôt, la simplification, l'égale répartition des contributions, leur uniformité et celle de l'administration financière; le contrôle public des dépenses publiques; la liberté des cultes, celle de la presse, celle du commerce; l'uniformité des poids et mesures; l'unité de la législation; l'humaine réformation des lois criminelles, la graduation et l'égalité des peines, le jury, la création des justices de paix; l'abolition de la torture, des tribunaux exceptionnels, des lettres de cachets; l'institution de la garde nationale; la séparation des pouvoirs judiciaire et administratif; l'organisation départementale; la division si fécondante des propriétés; l'abolition des priviléges de provinces et de castes, du droit d'aînesse et des substitutions, de la vénalité des charges et offices; la suppression des dîmes, des droits féodaux, des vœux monastiques, des corvées, des jurandes et maîtrises (1); en un mot, la complète destruction des restes encore formidables d'un régime importé des temps de barbarie

(1) Cette suppression avait été nominativement demandée par les États-généraux de 1614.

dans un siècle de lumières, et qui soumettait, plus ou moins, 25 millions d'hommes à 100 milie privilégiés.

Enfin, en ne considérant que les résultats, chèrement payés sans doute, mais acquis désormais pour toujours, il est vrai de dire, avec un historien moderne, que « jamais, à aucune époque, et dans aucun « pays, aucun gouvernement, aucune assemblée n'a « fait autant pour le bonheur d'une nation que l'As« semblée constituante pour le bonheur du peuple « français, non-seulement en brisant tous les jougs « qui pesaient sur lui, et en lui ouvrant la carrière « de la liberté, source de tous ses progrès, mais « encore en lui assurant une foule d'avantages ma« tériels qui ont rendu sa condition meilleure, et « plus conforme à la dignité de l'homme [1]. »

Mais, en rendant hommage à cette immortelle Assemblée, nous ne pouvons taire l'erreur politique où elle tomba, faute d'avoir donné autant d'attention aux vœux des bailliages en ce qui concernait la régénération, qu'en ce qui touchait la réforme ; faute d'avoir su résister aux circonstances, d'avoir su résister à elle-même : grande et funeste erreur qui compromit le magnifique ouvrage de la constitution.

Que l'on cherche, en effet, dans les décrets con-

[1] M. P.-F. Tissot, tome 2, page 383.

stitutionnels qui réduisaient un Roi, jusqu'alors absolu, au rôle de premier fonctionnaire salarié, ce que devenait le pouvoir exécutif, c'est-à-dire la royauté, quand le monarque, naguère législateur unique, était privé de toute participation quelconque à la constitution; quand elle l'exposait à être continuellement dominé par l'ascendant de la chambre élective, produit médiat d'élections auxquelles pouvait concourir tout *citoyen actif*, c'est-à-dire tout homme payant une contribution directe de trois francs, égale à la valeur de trois journées de travail rural ([1]); quand elle refusait de mettre à côté de la chambre élective le contre-poids d'une chambre à la nomination du Roi ; quand, en n'accordant au monarque qu'un *veto* restreint et précaire, dont l'usage ne pouvait être que suspect, et par cela même dangereux, elle lui refusait, d'ailleurs, le droit de dissoudre, même temporairement, l'Assemblée, et d'en appeler aux électeurs ; quand elle lui interdisait toute initiative de propo-

([1]) Décrets des 16 janvier et 11 février 1790. Encore les explications données le 30 mars suivant par le comité de constitution disaient-elles « que quand les municipalités ont « été autorisées à faire l'évaluation, avec défense de la porter « au-dessus de vingt sous, rien ne les empêche de la fixer « au-dessous. » Ces *explications* ajoutent, cependant, que « si des municipalités avaient fixé la valeur de la journée de « travail au-dessous de dix sous, il faudrait en rendre compte « à l'Assemblée. »

sition de loi ([1]), et le réduisait au droit commun de doléance et de pétition ; quand elle lui enlevait la plus belle et la plus antique prérogative de la royauté, le droit de faire grâce ([2]); quand elle lui déniait la sanction des décrets sur l'établissement, la prorogation et la perception des impôts, et sur la responsabilité des ministres, et sur les accusations à intenter contre eux ; quand elle lui enlevait toute nomination des juges qu'elle rendait électifs, temporaires, sujets à des réélections périodiques ([3]), en le forçant d'instituer ceux qu'élirait le peuple ; quand, en accordant au Roi la nomination des membres du ministère public, elle les rendait inamovibles; quand elle obligeait le Roi à convoquer le Corps législatif pour soumettre à son contrôle « *les ordres donnés, sous la respon-*

([1]) Combien ne faut-il pas accorder d'indulgence aux variations et aux erreurs des théories politiques, quand on songe que ce furent des hommes tels que Bergasse et Lally-Tolendal qui furent des premiers à refuser au monarque l'initiative des propositions de loi ! (Voir, dès septembre 1789, le discours du dernier à l'appui de sa proposition d'établir deux chambres.)

([2]) La république américaine elle-même n'a pas refusé ce droit à son président.

M. Ch. Lacretelle dit avec raison, à ce sujet : « Ce fut à « Louis XVI, à ce cœur inépuisable en clémence, qu'on ar- « racha le droit de faire grâce ! (Tome 7, page 345.)

([3]) Les cahiers des bailliages avaient pourtant, en grande majorité, demandé l'inamovibilité des juges.

« *sabilité des ministres, pour l'exécution des* « *lois, et le rétablissement de l'ordre;* » quand elle subordonnait l'exercice du pouvoir disciplinaire du Roi, contre des fonctionnaires désobéissans ou prévaricateurs, à l'approbation législative; quand elle le rendait étranger « *aux questions* « *relatives à la régularité des convocations d'é-* « *lecteurs, à la tenue des assemblées, à la forme* « *des élections, aux droits politiques des ci-* « *toyens;* » quand elle lui refusait la plus grande partie des nominations aux emplois publics de tout genre, même de l'armée; quand enfin, au lieu « de confier la conduite de la révolution à « ceux qui l'avaient faite, l'Assemblée se démit « du pouvoir, comme ces législateurs de l'anti- « quité qui s'exilaient de leur patrie après l'avoir « constituée, » de sorte qu'une « assemblée nou- « velle ne s'attacha point à consolider l'œuvre, et « que la révolution qu'il fallait finir fut recom- « mencée [1]. »

Sans doute, la nécessité de tout régénérer avait amené l'Assemblée à connaître de tout. Mais au lieu de faire à chacun sa part d'autorité, elle avait pour ainsi dire tout pris pour elle, sans laisser rien d'effectif au Roi; elle avait entouré celui-ci de con-

[1] M. Mignet, tome 1, page 210.

trôles et de restrictions; elle n'avait préparé pour elle-même, contre elle-même, ni restrictions ni contrôles; et ce qu'elle ne s'était pas directement attribué de pouvoir, elle l'avait délégué aux départemens, aux districts, aux municipalités [1], qui se composaient des seuls élus du peuple; et qui n'avaient rien à attendre du monarque, pas même des punitions en cas de désobéissance, car la lenteur et la complication des formes coercitives équivalaient à l'impunité.

Était-ce là ce qu'avaient voulu les bailliages, ce que l'Assemblée elle-même avait voulu? et « peut« on croire qu'une constitution libre consiste dans « l'autorité illimitée et non contenue d'un corps de « représentans populaires, d'un Roi nul et d'un « peuple maître absolu de l'administration, de la « force publique, et du choix de tous les officiers « civils et religieux [2]? »

Du reste, l'Assemblée, par la faute, à la vérité, des circonstances, encore plus que par sa propre faute, s'était donné, non-seulement en principe,

[1] « La composition de ces diverses administrations doit pro« duire 3,000 administrateurs de départemens, 7,000 admi« nistrateurs de districts, 5,000 juges de paix avec 80,000 as« sesseurs; enfin près de 1,170,000 tant officiers municipaux « que notables. Total approximatif: 1,300,000 individus tous « mandataires directs du peuple. » (Montgaillard, tome 2, page 187.)

[2] *Ibid.*, tome 2, page 444.

mais aussi en fait, une action directe et fort énergique sur l'administration proprement dite. Déjà dans le cours de sa session, elle avait fait par ses nombreux comités, surtout par ceux *des recherches* et *des rapports*, un essai qui avait été fatal à elle-même, parce que l'usurpation de fait la conduisait à l'usurpation de droit; fatal à la royauté parce qu'on apprenait à ne lui accorder ni obéissance ni respect; fatal à l'ordre public, parce que les pouvoirs, qui se détendaient et s'énervaient en se déplaçant, ne suffisaient plus aux besoins de répression; d'autant que les ministres, voyant qu'on appelait d'eux et du Roi à l'Assemblée, n'usaient pas même du peu d'autorité qui leur restait, cherchant ainsi, peut-être, le remède du mal dans son excès même; et, en tout cas, s'efforçant de rejeter loin d'eux une responsabilité qui, après tout, devait cesser là où cessait leur pouvoir ([1]).

([1]) « Le pouvoir exécutif *faisait le mort*, selon l'expression « d'un député du côté gauche de l'Assemblée, parce qu'il es- « pérait, mais à tort, que le bien pourrait naître de l'excès « même du mal. Les ministres se plaignaient sans cesse des dé- « sordres ; et quoiqu'ils eussent peu de moyens pour s'y op- « poser, encore ne les employaient-ils pas, se flattant que le « malheureux état de choses obligerait l'Assemblée à rendre « plus de force au gouvernement. L'Assemblée qui s'aperce- « vait de ce système s'emparait de toutes les affaires admi- « nistratives, au lieu de s'en tenir à faire des lois. » (Mme de Staël, *Considérations*, etc., tome 1, page 396.)

Mais cette triste expérience n'avait pas éclairé le Corps législatif sur l'erreur capitale qu'il avait commise en se faisant *administrateur* ; bien loin de là, et comme pour éterniser un funeste conflit d'attributions, il s'était, par la constitution même, réservé *la police constitutionnelle sur les administrateurs et sur les officiers municipaux* (1), police qui était expressément déclarée indépendante de la sanction royale.

Cependant, tous les embarras du moment, tous les dangers de l'avenir étaient dans cet état forcé et contre nature, où se trouvaient, par rapport les uns aux autres, l'Assemblée qui, voulant la monarchie, organisait la république ; le Roi qui voyait s'écrouler en même temps sa puissance, sa dignité, sa sûreté ; enfin le peuple, déshabitué de l'obéissance, de l'ordre, du travail (2), stimulé par des privations douloureuses, égaré par les clubs qui

(1) Titre III, chapitre 3, section 3, article 7, § 6 de la constitution du 3 septempre 1791.

Nous donnons cette indication à cause de la singularité de l'article rapporté. — Nous nous sommes abstenu de pareils renvois à propos des précédentes citations (pages 302 à 304 ci-dessus) de diverses dispositions de la constitution de 1791, parce qu'elles sont assez connues pour qu'il n'y ait pas nécessité de mettre les preuves sous les yeux du lecteur.

(2) Dès le 16 mars 1790 Bailly disait à l'Assemblée : « Depuis six mois le peuple de Paris ne vit que d'aumônes. »

couvraient la France, et qui, dans les moindres villages comme dans les plus grandes villes, correspondant ouvertement entre eux ([1]), dominaient les autorités isolées, au contraire par la défense de se concerter entre elles; le peuple, instruit à voir la tyrannie dans toute espèce de discipline, la liberté dans toute espèce de licence, et tous les jours nourri du poison des plus odieux libelles, des plus exécrables journaux; car, pour corrompre, dès ses premiers progrès, une réformation politique si pure à son origine, les *Révolutions de Paris* avaient commencé à paraître en juillet 1789, *l'Ami du peuple* en septembre suivant, ainsi que *l'Orateur du peuple*, etc.

Un pareil état de choses ne pouvait pas durer long-temps, et la révolution naissante était déjà plus forte que les hommes qui croyaient la diriger selon son loyal esprit, et vers son véritable but. L'Assemblée, néanmoins, ne s'en apercevait pas, ou après s'être laissé aller à de dangereuses concessions au parti démagogique, ne faisait que de trop faibles efforts pour le comprimer, soit qu'elle crût, bien à tort, que la majorité nationale était représentée par quelques factieux tels que les *jacobins* et les *cordeliers*, soit qu'elle ne prévît pas les

([1]) Dès septembre 1790, *cent cinquante-deux* sociétés populaires des départemens étaient affiliées à la *Société* parisienne *des amis de la constitution*, depuis *des jacobins*.

effroyables conséquences du déchaînement populaire, soit qu'elle craignît de refroidir les esprits en les calmant, et d'affaiblir ce qu'elle croyait être la seule digue qui contînt la contre-révolution.

Ainsi, par excès de défiance contre la royauté, par oubli des conditions vitales du gouvernement représentatif, et de la nécessité du partage, de la pondération et de l'indépendance des pouvoirs, l'Assemblée avait bâti sans fondations l'édifice constitutionnel qui, long-temps avant d'être achevé, renfermait en lui-même toutes les causes d'une ruine prochaine. Si le principe démocratique, déjà beaucoup trop dominant, achevait d'écraser l'autre, l'anarchie devait surgir aussitôt à sa place; si, par un effort désespéré, le principe monarchique reprenait le dessus, le despotisme pouvait remplacer la royauté constitutionnelle.

Or, Mirabeau ne voulait pas plus de république que de monarchie absolue; il avait toujours proclamé cette opinion, et lui seul ne s'était pas un moment trompé sur l'état réel des esprits que la Cour et ses partisans ne connurent jamais bien, et que l'Assemblée elle-même ne comprit pas toujours. Seulement, tant qu'avait duré la lutte, dans laquelle nul autre ne montra plus d'énergie et même d'emportement, il avait, sans doute, pressenti les écarts possibles d'une victoire encore douteuse, mais il avait cru ne devoir les prophétiser qu'avec mesure ; du moment qu'elle était gagnée, et que les principes étaient conquis, il fallait que l'homme d'état, succédant au tribun, déployât ses forces pour empêcher l'abus qu'on allait en faire, abus imminent et bientôt irréparable qui, déjà même, mettait la chose publique en péril. Se rapprocher alors du Roi, c'est-à-dire du seul pouvoir qui, désormais impuissant à nuire, pût encore être tutélaire et conservateur, ce n'était pas déserter la cause nationale, c'était la servir : attacher fortement le monarque à une première révolution consommée dans le sens des véritables intérêts nationaux, pour en empêcher une seconde qui leur devait être contraire, consolider une révolution constitutionnelle pour éviter une révolution républicaine, c'était une œuvre véritablement digne du patriotisme et du courage, de la sagesse et du génie de Mirabeau ; et c'est parce qu'il lisait une nouvelle révolution dans l'avenir qu'il voulait s'en tenir à la première, la clore, en compléter, en perpétuer les bienfaits.

Delà les combinaisons et les projets dont nous donnerons successivement l'analyse.

Mais, avant d'aller plus loin, qu'il nous soit permis de nous arrêter un moment sur les reproches que l'alliance de Mirabeau avec Louis XVI a suscités contre la mémoire de tous deux ; sur des inculpations qui n'ont pas encore perdu tout crédit, « quoiqu'elles soient environnées des obscurités de « l'incertitude, et qui, jusqu'à ce qu'elles soient « prouvées avec évidence, doivent être regardées « comme des vengeances du parti qui a succombé, « ou des envieux que Mirabeau désolait autant que « les aristocrates [1]. »

Il n'y a que peu d'écrivains qui aient nettement reproché à Mirabeau l'intention politique de cette alliance, non qu'ils n'en eussent bonne envie, mais parce qu'ils ont compris combien il serait absurde d'imputer l'idée d'une contre-révolution impossible à un homme dont on pouvait bien accuser la bonne foi politique, mais dont personne n'osa jamais nier la haute raison.

Cependant faute de pouvoir calomnier les motifs, du moins avec quelque vraisemblance, on a essayé de flétrir les conditions; et c'est, pour le dire en passant, une injuste et bizarre inconséquence, car ce qui importait dans un pareil traité, c'était le fond, le but, les moyens, le résultat; et comme il n'y avait (aucun esprit impartial et juste n'en doute plus depuis long-temps)

(1) Jugement de Mirabeau par Garat. (Voir le *Journal de Paris*, avril 1791, n° 93.)

rien de plus légitime que le fond, de plus honorable que les moyens, de plus nécessaire et de plus désirable que le résultat qui devait être l'indépendance et le salut, la prospérité et la gloire de la nation et du trône, qu'importaient de petites, d'obscures, de douteuses conditions?

Quel que pût être le puritanisme de juges d'une pareille question bien posée, nul, assurément, n'hésiterait à reconnaître que, dans un État quel qu'il soit, le pouvoir exécutif doit avoir un parti qui le sert et qui travaille pour lui; que ce service peut n'être pas gratuit, que ce travail peut être rétribué. Une pareille proposition ne rencontrerait pas un doute sous quelque gouvernement représentatif que ce fût; et dans le pays qui, au prix de tant de travaux et de courage, de constance et de sang, a fait ce magnifique présent au monde, en Angleterre, le whig le plus exalté sourirait si l'on prétendait devant lui que le roi et le ministère doivent soutenir, désarmés, tous les assauts de l'opposition; et que nul membre de la pairie ou de la Chambre des communes ne peut lui prêter l'appui de ses convictions, et en recevoir un traitement, sans forfaire à sa foi politique, et sans flétrir son honneur d'individu.

Que Mirabeau, pour reprendre en sous-œuvre et raffermir les institutions chancelantes, pour ramener la révolution égarée, fît alliance avec le Roi, c'était, nous l'avons déjà dit, un parti également judicieux et nécessaire, l'unique parti qui eût des chances de succès.

Mirabeau, en effet, nous ne cesserons de le répéter, ne voulait pas plus de république que toute la France, car le maintien de la royauté était encore un vœu unanime : il voulait une constitution, comme la France aussi, qui avait cru l'avoir; et cette constitution était en danger de périr, par l'anarchie, par la guerre civile, par l'invasion étrangère.

Or, la constitution et le Roi étaient indivisibles dans la pensée de Mirabeau, et il y avait péril commun pour tous deux : pour la constitution entraînée hors et au delà des vrais intérêts nationaux; pour le Roi qu'on avait toujours fait agir en sens inverse des vrais intérêts de la royauté. Il fallait donc les secourir tous deux, et Mirabeau ne pouvait secourir la constitution que par le Roi, le Roi que par la constitution; selon sa conviction et celle de la nation, le Roi était le seul point de ralliement possible des constitutionnels incertains, divisés et jetés hors de leurs voies par les fautes d'autrui, par les leurs propres, par la nature des choses qui, souvent, ont une tendance que les hommes, quoi qu'ils fassent, ne peuvent arrêter.

Les principes de Mirabeau si anciens, si constans, étaient tellement connus, que rechercher son alliance c'était les adopter : le roi la recherchait enfin, après un long combat avec les autres et avec lui-même : et c'est sans doute, nous n'essaierons pas de le nier, ce qu'avait voulu Mirabeau.

Mais comment tirer parti du Roi, seul instrument possible d'une réformation devenue indispensable ? Il ne s'agissait plus ici d'une ambition ni d'une cupidité vulgaires ; Mirabeau n'avait pas le choix des moyens, car il n'y en avait qu'un qui lui était imposé par la force des choses : il lui fallait tenter ce qui était encore praticable, car tout n'était pas perdu, à beaucoup près [1]; il lui fallait s'emparer du monarque, « le maîtriser et le diriger, pour le « soutenir de tout son génie, sans cesser d'être le « régulateur de la révolution [2], » il fallait délivrer Louis XVI des obsessions qui ne cessèrent jamais de l'égarer ; il fallait le séparer absolument de ses

[1] « Beaucoup de catastrophes étaient probables, aucune « n'était nécessaire dans l'ordre de la révolution, en admet- « tant que sous les inspirations d'une haute sagesse on en eût « saisi à l'instant toute l'étendue, et qu'on en eût fixé tous les « résultats ; ou que chacun soumis au décret de l'autorité lé- « gislative eût attendu du temps et de l'expérience une perfec- « tion qu'il n'était pas dans les facultés de l'esprit humain de « donner, du premier jet, à un ouvrage si grand et si difficile. » Bailleul, *Examen critique*, tome 1, page 18.

[2] Boissy d'Anglas, *Parallèle entre Mirabeau et le cardinal de Retz*.

alliances fatales, le lier d'une manière intime et indissoluble à l'Assemblée, c'est-à-dire à la révolution; et, pour en disposer ainsi, il importait de lui inspirer une confiance illimitée; .... sans cette confiance rien n'était possible.

Mais à quel titre Mirabeau pouvait-il exploiter cette confiance royale?

Il y en avait un, il y avait un moyen qui aurait fait taire tous les scrupules, et satisfait à toutes les exigences du présent et de l'avenir, s'il n'avait été détruit d'avance par l'irréparable faute de l'Assemblée.

Ce moyen aurait été une nomination à la haute place que le Roi destinait à Mirabeau, par conviction ou par nécessité; et dans cette hypothèse, il serait resté tout-à-fait irréprochable devant l'histoire, puisque c'est, non plus comme agent caché, mais avec la qualité et les pouvoirs de ministre patent et responsable, de premier ministre, qu'il aurait exécuté ses plans de restauration monarchique et constitutionnelle.

Mais, on le sait trop, les termes formels de la constitution excluaient du ministère tout homme qui était, ou même qui avait été investi de la qualité de député.

Ainsi, du moment que Mirabeau ne pouvait pas être *ministre* de Louis XVI, il ne pouvait le servir dans l'Assemblée que comme chef parlementaire du parti de la royauté constitutionnelle, hors de l'Assemblée que comme conseiller, tranchons le mot, comme *agent secret*.

Or, pour embrasser à tous risques, et remplir utilement l'un et l'autre rôle, il fallait avant tout, ne craignons pas de le redire, qu'il fût en possession d'une confiance sans réserve et sans bornes.

Mais comment obtenir cette confiance? comment l'imposer au Roi? comment l'amener à se livrer tout entier à son puissant auxiliaire, si son puissant auxiliaire ne se livrait pas tout entier lui-même? pouvait-il convenir au Roi de recevoir sans donner? pouvait-il recevoir des secours gratuits de qui que ce fût? pouvait-il les accepter sans défiance d'un homme resté pauvre, au milieu des factions qui prodiguaient l'or? d'un homme notoirement obéré, d'un homme que la fortuite inquiétude ou la tactique réfléchie d'un créancier, soit direct, soit interposé, pouvait à tout moment enlever aux méditations du cabinet, aux combats de la tribune? et qui, dût-il trouver des ressources dans la succession récente et prodigieusement embarrassée de son père, n'avait pas pu donner à une liquidation, peut-être inextricable, un seul des momens qu'absorbaient nuit et jour les affaires publiques?

Et combien le Roi à qui des refus auraient tout

naturellement fait craindre une arrière-pensée, ne s'en serait-il pas défié en songeant que le personnage politique le plus disposé à repousser avec mépris le salaire jeté par un ministre, en échange de la servile coopération d'un agent obscur, ne saurait opposer le même dédain au monarque qui, sans intermédiaire, s'offre aux directions et à la tutelle de l'homme d'état!

Mirabeau, dont les vastes combinaisons ne pouvaient pas céder à des calculs mesquins, à des vues étroites, à la crainte des inimitiés qu'il brava toujours, et de la calomnie, qui s'était usée sur lui, Mirabeau, disons-nous, pouvait donc, devait donc accepter l'honoraire que lui offrait la reconnaissance du Roi. Il le devait, parce que c'était la condition *sine quâ non* d'une alliance où le salut de l'État était intéressé; il le pouvait, parce qu'il n'accordait que son assistance, sans sacrifier ses principes; parce que, bien loin de là, il les imposait au Roi [1]; parce qu'il s'en servait pour le solidariser sans retour à la cause nationale; parce que, dans l'occasion de les appliquer avec toute l'autorité du pouvoir suprême, il trouvait l'accom-

[1] « Mirabeau, soit qu'il acceptât ou non l'argent de la « cour, était bien décidé à se faire le maître et non l'instru- « ment de cette cour. » Voilà ce que dit (tome 1, p. 263 des *Considérations sur la révolution française*, etc.), Mme de Staël elle-même, l'ennemie politique de Mirabeau.

plissement des vœux de sa vie entière, et les moyens de rétablir l'ordre, d'assurer la paix publique, de finir la révolution, et d'en fonder les institutions sur des bases désormais immuables et indestructibles.

Qui pourrait, dès lors, incriminer les liaisons de Mirabeau avec le Roi? pour s'y résoudre, il faudrait se laisser entraîner au delà du vrai et du possible, par les conséquences outrées d'une idéologie impraticable en morale privée et politique, et d'une logique absurde à force de rigueur; il faudrait dire qu'il n'y a pas de traité licite entre un citoyen et un roi; il faudrait dire que, s'agissant du salut d'une dynastie, d'une constitution, d'un grand État, l'entreprise, héroïque et sublime si elle est faite sans conditions pécuniaires, deviendra basse et infâme par cela seul qu'elle ne sera pas tout-à-fait gratuite, et que l'homme qui s'y sera dévoué aura reçu quelque indemnité de ses travaux et de ses risques ([1]). Enfin, et sauf la vague et douteuse

([1]) La question, apparemment, est ardue, car nous allons voir qu'elle affecte très-diversement un écrivain moderne, d'ailleurs habile et honorable, qui blâme et condamne partout le Roi, qui déifie Mirabeau quand il combat le monarque absolu, qui le flétrit quand il sert le monarque constitutionnel; mais qui comprend tout, explique tout, nous dirions presque pardonne tout de la part du parti populaire, dont les haines et les sympathies vivent encore dans la tête et le cœur toujours jeunes de l'historien, comme

question d'argent qui assurément est bien secondaire, on peut même dire bien misérable en cas si grave, nous demandons pourquoi la mémoire de Mirabeau resterait chargée des reproches que l'histoire

aux plus beaux jours de 1789, et avant les terribles leçons qui suivirent de si près.

Voici ce que M. P.-F. Tissot dit de Mirabeau (tome 2, page 185) : « Si son âme de citoyen et ses lumières d'homme « d'état lui prescrivaient le devoir de prêter son appui à la « couronne à moitié renversée, s'il voulait devenir l'Atlas de « la monarchie, il ne devait, sous aucun prétexte, accepter « un salaire pour accomplir les impérieuses lois de sa con- « science; il devait s'abstenir de toute transaction intéressée, « rester libre de lui-même, conserver son indépendance, etc. »

Ainsi voilà Mirabeau condamné pour avoir cédé à une de ces sortes de négociations politiques qui sont toujours coupables..... toujours?..... non; car le même auteur écrit, à la page 145 : « On dit que le duc d'Orléans a répandu de l'argent « pour susciter ou hâter la révolution. Ici il faut s'entendre et « parler sans détour. La France entière voulait la révolution; « le duc d'Orléans ne serait pas plus coupable pour l'avoir « servie par ses richesses, que Mirabeau ne le fut de la servir « par son génie. Ainsi donc, loin de chercher à nier le pré- « tendu crime du duc d'Orléans, j'avouerais hautement ce « crime, je le réclamerais pour lui comme un titre d'hon- « neur. »

Du reste, ce qui, en Mirabeau, est une *apostasie politique* (page 283) n'est qu'une *faute* chez Danton, *l'illustre président, le chéri président* (*) du district des cordeliers. « Danton avait reçu de l'argent *de la cour* par les mains de Mont- « morin; c'était là, sans doute, une grande faute; mais,

(*) Ces deux épithètes appartiennent, la première au journal de Camille Desmoulins, la seconde au registre des délibérations du district des cordeliers du 11 décembre 1789.

n'a pas adressés au noble patriotisme des hommes qu'elle estime, qu'elle respecte, tels que Lafayette, tels que Barnave et Duport, tels que les chefs de la Gironde?

Et pourtant l'assistance que les uns et les autres prêtèrent à Louis XVI ne se borna pas à ces sortes de combinaisons dont le mystère même a si merveilleusement servi la haine qui poursuit Mirabeau dans sa tombe prématurée, dans sa gloire immortelle; le rôle des autres alliés tardifs de l'infortuné monarque n'est pas dans de simples projets avortés, mais dans des faits positifs et connus; celui de Lafayette, par exemple, ne date pas seulement des attentats de 1792, qui l'indignèrent au point qu'il vint demander à l'Assemblée la punition éclatante des fauteurs de celui du 20 juin, et la destruction des clubs anarchiques; qu'il offrit sa personne et son armée, et l'armée de Luckner; qu'il proposa de délivrer le Roi, fût-ce à force ouverte, et de l'amener à Compiègne [1]; démonstrations si courageuses et si so-

« malgré cette honteuse transaction avec la conscience, Danton n'avait point vendu la liberté, il était incapable d'un « pareil crime. » (Page 315.)

Voilà Danton à peu près absous; quant à Mirabeau, on sait déjà, et bientôt on saura mieux encore, s'il a *vendu la liberté*.

[1] Voir, entre autres documens, la lettre de Lally-Tolendal du 9 juillet 1792, adressée au Roi, et une lettre du général

lennelles qu'on vit le refus, prononcé par l'Assemblée, de mettre le général en accusation, fournir un prétexte et un moyen de plus aux provocateurs de la journée du 10 août; ce ne fut pas seulement, disons-nous, l'aspect de la ruine, imminente en 1792, du trône constitutionnel qui détermina Lafayette à combattre l'anarchie (1), même à aider le Roi de conseils et de directions; il lui en donnait dès la fin d'octobre 1789 (2), dès la fin de juin 1790 (3); et puis encore quelques jours après la mort de Mirabeau, le 16 avril 1791 (4); et bien loin que des motifs de reproches en aient été induits contre le général pendant sa longue et glorieuse vie, toujours plus entourée des respects publics, bien loin qu'aucune opinion sage s'en serve pour accuser sa mémoire, il nous semble que c'est cette conduite même de Lafayette qui honore le plus son caractère, puisqu'elle démontre que s'il

lui-même, datée de la veille. (Notes et pièces justificatives de l'*Histoire de la révolution*, par M. A. Thiers, tome 2, page 339 à 342.)

(1) Voir, entre cent preuves, sa lettre au marquis de Bouillé, page 200 des Mémoires de celui-ci.

(2) Voir au *Recueil des pièces justificatives de l'acte énonciatif des crimes*, etc., n° 8.

(3) Voir *ibid.*, n° 3, 29 juin 1790. Cette pièce prouve qu'alors Louis XVI désirait associer Lafayette et Mirabeau dans l'intérêt de sa cause.

(4) Voir *ibid.*, n° 8.

se repaissait de chimères généreuses, son esprit n'en était pas moins aussi conséquent que son âme était active, et qu'en lui l'enthousiasme de la liberté n'excluait pas les fermes combinaisons de la politique de résistance et de stabilité.

Quant au triumvirat de Barnave, Lameth et Duport [1], quant aux chefs de la Gironde, il est notoire qu'après la mort de Mirabeau, après et même avant la retraite forcée du général, eux aussi ont conseillé et tenté de secourir Louis XVI, pour arracher la constitution et le trône aux fureurs de l'anarchie triomphante [2]; avec cette différence, toutefois, qu'aussi faibles pour restaurer qu'ils avaient été forts pour détruire, ils ont essayé trop tard une délivrance qu'eux-mêmes avaient rendue impossible; tandis qu'au contraire quand Mirabeau la tenta, il avait, dans des circonstances encore

[1] Celui-ci parlait précisément comme Mirabeau, un mois à peine après la mort du grand homme qu'il avait combattu et fait calomnier : « Depuis qu'on nous rassasie de principes, « que le mot même, comme tant d'autres, est devenu trivial, « comment ne s'est-on pas avisé de penser que la stabilité est « aussi un principe de gouvernement? Veut-on exposer la « France, dont les têtes sont si ardentes, si mobiles, à voir « arriver tous les deux ans une révolution dans les lois et les « opinions? » (Discours du 14 mai 1791 sur la réélection des députés.)

[2] Leurs rapports avec la cour sont nettement avoués par Alex. de Lameth. (*Histoire de l'Assemblée constituante*, Paris, Moutardier, 1828, page 28 de l'avertissement.)

maniables, et surtout dans son génie plus fort que tous les obstacles, des moyens de succès qui périrent avec lui.

Mais c'est principalement sur ceux qu'il avait en lui-même, que nous faisons cette supposition, depuis long-temps admise par les hommes qui l'ont approché, et qui ont pu et su le bien comprendre, dès lors ou après sa mort ; supposition qui, nous l'espérons du moins, ne sera pas repoussée par le plus grand nombre de nos lecteurs, quand nous leur aurons exposé les moyens que Mirabeau se proposait d'employer pour parvenir à son but glorieux.

A la vérité, il faut reconnaître que tout ne dépendait pas de lui seul.

Sans doute il appréciait les vertus privées de Louis XVI, son patriotisme, l'horreur que lui inspiraient les violences, horreur telle qu'il voulait « épargner à son peuple la guerre civile, même au « risque de sa couronne et de sa vie [1]. »

Mais, jusqu'alors du moins, il y avait eu plus de résignation que de sympathie véritable dans l'acquiescement de ce prince aux conséquences de la révolution. Incapable d'abuser sciemment de l'auto-

[1] Cette phrase est extraite du Mémoire joint à la lettre de la Reine Marie-Antoinette à l'empereur Léopold II, du 3 septembre 1791. (*Revue rétrospective*, tome 2, p. 8.)

rité royale, peu propre même, il faut l'avouer, à l'exercer, il en était toutefois excessivement jaloux; rien ne le consolait de l'avoir perdue; rien ne pouvait le dissuader du désir, de l'espoir d'en recouvrer la plénitude; il ne comprenait pas et peut-être ne pouvait-il pas comprendre que la nature des choses en rendait impossible le recouvrement intégral; et par cela seul que Mirabeau avait dans son esprit la conviction contraire, comme une résolution conforme dans ses principes, il devait s'attendre à des arrière-pensées, à des résistances de la part du Roi, tant que celui-ci se trouvait trop resserré dans les limites constitutionnelles.

C'est donc là qu'était en grande partie, il faut en convenir, le sort des plans de Mirabeau; le Roi pouvait en assurer le succès ou le rendre impossible, selon qu'il serait incrédule ou persuadé, vacillant ou ferme, dissimulé ou sincère. Nous savons que Mirabeau ne comptait pas absolument sur cette sincérité (1); et nous ne nierons pas que, des rapports

(1) « Il s'apercevait facilement que la cour n'avait en lui « qu'une demi-confiance, calcul bien faux dans toute affaire de « parti et bien dangereux surtout avec les esprits de la trempe « de celui-ci. Aussi Mirabeau disait-il assez plaisamment, pour « justifier la méfiance que lui inspiraient les allures secrètes « du château, qu'il en était là comme dans les cuisines des « grandes maisons, *qui ont toujours quelque pot-au-feu* « *caché.* » (*Mémoire du comte Louis de Bouillé*, Paris, Baudouin, 1823, page 28.)

dont nous avons connaissance, comme de certains événemens postérieurs, on peut raisonnablement induire que le caractère personnel et politique de Louis XVI aurait considérablement augmenté les difficultés et les dangers de l'entreprise.

Nous avons dit, d'après la lettre imprimée en 1828, et d'après nos documens, que les relations entre Mirabeau et le Roi commencèrent en mai 1790. Quarante-trois Notes (1), quelques-unes fort étendues, ont été conservées (2); les plus sages conseils, les démonstrations les plus frappantes, les présages les plus prophétiques y sont prodigués;

(1) Datés des 10 et 13 mai; 1er, 6, 20 et 28 juin; 1er, 3, 7, 9 et 17 juillet; 13, 15, 17 et 24 août; 1er, 7, 10, 12, 15 et 29 septembre; 6, 14, 16, 18, 21, 22, 24, 25 et 29 octobre; 12 et 17 novembre; 6, 15, 20 et 27 décembre 1790; 18 et 21 janvier; 3 et 23 février 1791. Les autres mémoires ne portent que la date du mois et non celle du jour.

(2) Par le comte de Lamarck (Auguste-Marie-Raymond), depuis prince d'Arenberg, né à Bruxelles le 30 août 1753, mort dans la même ville le 26 septemdre 1833. Nous dirons ailleurs comment les minutes des notes et correspondances dont il s'agit ont été, à la mort de Mirabeau, prudemment et pieusement recueillies par le comte de Lamarck; nous nous servons du terme de *minutes*, à cause de l'état matériel des pièces, et parce qu'il y a lieu de croire, d'après Mme Campan, tome 2, page 267, que les originaux ont été brûlés après le 10 août.

C'est le prince Auguste d'Arenberg qui a donné à l'éditeur des *Tableaux de genre, d'histoire*, etc., copie de la lettre du 10 mai 1790, et qui, sans être nommé, est désigné dans un préambule écrit avec autant de mesure que de talent et cependant on y trouve la preuve que les uns et les autres, toujours accueillis, toujours loués, sont le plus souvent inutiles ; et Mirabeau se plaint, à diverses reprises, qu'*on lui accorde plus de bonté que de confiance.*

Qu'on en juge, d'ailleurs, par les documens imprimés que nous pourrions emprunter à plusieurs ouvrages, et auxquels nous ne recourrons que pour un seul fait, parce qu'il est le plus caractéristique.

On a, dans les mémoires du marquis de Bouillé, la preuve que Louis XVI, après beaucoup d'oscillations, concevait ou plutôt renouvelait vers le 25 octobre 1790 (1), entretenait à la fin de janvier 1791 (2), et voulait, le 4 février suivant (3), exécuter le fatal projet d'une évasion en deçà, mais près des frontières, projet soupçonné dès le mois d'octobre 1789, et qui, exploité comme prétexte par les factieux, avait eu une grande influence sur la catastrophe des 5 et 6.

Et cependant, en octobre 1790 et en février 1791, l'infortuné monarque recevait depuis cinq et neuf mois des conseils fréquens de Mirabeau qui, ne pouvant agir d'une manière décisive que par le Roi, n'aurait certes pas songé à s'en

(1) Mémoires du marquis de Bouillé, Paris, Baudouin, page 181.)

(2) *Ibid.*, page 191.

(3) *Ibid.*, page 198.

séparer; de Mirabeau qui, ne pouvant le sauver que par la confiance publique, n'aurait pas souffert qu'il la perdît par une faute capitale et irréparable; qui, adoptant pour moyen principal de salut la révision législative des articles constitutionnels, savait trop bien que le lieu propice pour les débattre n'était pas le camp de Bouillé; et qu'auprès de l'Achille de la royauté absolue, au milieu des armemens collusoires de l'étranger (1), il n'y aurait de délibération possible que sur une contre-révolution; de Mirabeau enfin qui, nous le verrons tout à l'heure, considérait la fuite du Roi comme le suicide de la royauté.

Il est vrai de dire que le Roi, décidé, sans doute, par une tardive confiance dans les intentions et les plans de son conseiller secret, ou vaincu par son ascendant et par celui de la Reine, avait, d'accord avec Bouillé lui-même (2), abandonné, ou, du moins, ajourné le projet d'évasion. Mais l'époque de cette résolution (3) prouve que Louis XVI avait long-temps persisté dans le parti contraire; et, même sans avoir lu, dans les Notes et Mémoires que nous extrairons bientôt, l'expression amère des incertitudes et découragemens de leur auteur, il est aisé de comprendre à quel point tant de fluc-

(1) Mémoires déjà cités du marquis de Bouillé.
(2) *Ibid.*, page 200.
(3) *Ibid.*, *ibid.*, 6 février 1791.

tuations et de réticences, de faiblesse et de duplicité, devait révolter l'âme forte et le génie audacieux d'un homme qu'on avait tour à tour recherché et repoussé, caressé et persécuté, à qui l'on avait alternativement fait prodiguer l'éloge et l'injure par les journaux royalistes, et qui n'était pas, comme Necker, disposé à se contenter d'une demi-confiance, et à se laisser dominer par un ministère secret

Cependant pour justifier les conjectures auxquelles notre conviction nous attache, et surtout pour rendre au vertueux et infortuné monarque la justice qui ne lui a été que trop refusée, nous devons dire et nous pouvons prouver que plus tard, Louis XVI, éclairé par l'évidence, ou vaincu par la nécessité, avait franchement accepté les conséquences de la constitution dont il connaissait les défauts, et dont il désirait ardemment la réformation, sans vouloir, du réste, l'obtenir ni par violence ni par surprise, mais seulement par le développement des résultats naturels de tant d'erreurs commises, dont la démonstration devait sortir de la pratique même.

Nous pourrions appuyer de beaucoup de témoignages cette supposition due à la mémoire de Louis XVI : nous n'en rapporterons que deux dont le choix expliquera notre motif et notre but.

Le premier reçoit une incontestable autorité du

républicanisme défiant et atrabilaire des témoins : « Après avoir vu le Roi dans le conseil, Clavière et « Roland revinrent de leurs préjugés et le croyaient « sincère.

« ..... Clavière, entré dans le conseil, jugea que « le Roi avait des intentions pures, et en parla sans « détour. J'ai entendu sur ce point bien des dispu- « tes, je me souviens d'une, en particulier. C'était « chez Roland, il y avait quelques députés de la « Gironde. Clavière raconta une circonstance où le « Roi l'avait surpris à ignorer un point de la consti- « tution; il avait tiré son livre de sa poche, et lui « avait dit en riant : *Vous voyez, monsieur Cla-* « *vière, je la sais mieux que vous.* Clavière parla « dans le même sens. Brissot se fâcha, il eut d'a- « bord recours aux sarcasmes, puis aux imputa- « tions. La conversation devint aigre, et je vis le « moment où ils allaient rompre. Clavière en ap- « pelait à Roland qui n'osait ni l'appuyer ni le dé- « mentir; il craignait de passer pour faible et sé- « duit, s'il eût osé être juste envers un Roi dont il « était le ministre [1]. »

Ce témoignage vaut beaucoup, sans doute, par le caractère des hommes qui le fournissent; mais en voici un second dont aucun autre ne peut égaler l'autorité irrécusable.

[1] Étienne Dumont, *Souvenirs*, pages 395 et 405.

On ne sait que trop combien les fautes de l'émigration ont été fatales à Louis XVI; combien le malheureux Roi fut accusé de démentir dans ses correspondances secrètes les lettres officielles qu'il adressait à ses frères; combien on lui reprocha d'appeler la contre-révolution de tous ses vœux, tandis qu'il protestait solennellement de son attachement à la révolution; combien on l'accusa de provoquer secrètement les attaques d'Outre-Rhin, alors que l'émeute et la législature elle-même lui imposaient, lui arrachaient l'initiative d'une déclaration de guerre; combien, quand l'invasion étrangère y répondit, on fit de ses premiers et précaires succès, le crime de Louis XVI, à qui ils coûtèrent le trône et la vie!..... Eh bien, qu'on lise sans prévention d'irrécusables documens découverts en dernier lieu dans les archives du royaume, une *Correspondance* dont l'authencité ne laisse rien à désirer, et ne peut pas être contredite, une *Correspondance secrète*, parfaitement secrète, où, certes, Louis XVI disait toute sa pensée : ..... qu'on la lise, et l'on verra qu'elle fut loyale cette pensée; on verra que le Roi voulut sincèrement la constitution; on verra la preuve de fait, que Mirabeau, s'il eût assez vécu pour accomplir ses projets, aurait, au delà peut-être de ses espérances, trouvé son principal moyen de succès dans l'acquiescement sincère, et la coopération effective de Louis XVI.

Nous parlons du Mémoire (resté inconnu jusqu'à ce jour, et révélé seulement naguère) par lequel Louis XVI annonce à ses frères qu'il vient d'accepter la constitution de 1791, sans se dissimuler ses défauts, mais parce qu'il n'y avait plus d'autre parti à prendre, à moins de tenter une contre-révolution insensée et surtout impossible; parce qu'il ne faut plus désormais songer à régner sans constitution; parce que la nation s'est passionnée pour celle qui existe, si imparfaite qu'elle soit; parce qu'une acceptation pure et simple est le meilleur expédient pour calmer et satisfaire les esprits; parce qu'enfin c'est surtout dans cette acceptation qu'est le moyen de tout arranger avec le temps, et d'obtenir de la conviction publique, éclairée par la pratique et l'expérience, des réformations et améliorations graduelles, que la violence n'obtiendrait jamais, et qui rétabliront dans la constitution l'équilibre rompu; qui rendront à la royauté sa part légitime de garanties et de puissance.

Il ne nous paraît pas nécessaire d'insérer textuellement ici ce Mémoire assez volumineux; mais nous en donnerons quelques extraits qui suffiront à notre dessein, en prouvant l'horreur que les idées d'invasion et de guerre civile inspiraient à Louis XVI, et la sincérité de son acquiescement à la constitution.

« Un roi, » dit Louis XVI, « peut-il de sang-froid

« envisager tous ces malheurs, et les appeler sur son « peuple ([1])? Mon cœur se soulève en pensant aux « horreurs dont je serais la cause ([2]). Mais pour des « crimes commis, faut-il en commettre d'autres? « Moi aussi j'ai souffert, mais je me sens le courage « de souffrir encore plutôt que de faire partager « mes malheurs à mon peuple ([3]).

« . . . . J'ai voulu vous faire connaître « les motifs de mon acceptation, pour que votre « conduite fût conforme à la mienne. Votre atta- « chement pour moi et votre sagesse doivent vous « faire renoncer à des idées dangereuses que je n'a- « dopte pas; vous seriez bien injustes si vous ne pen- « siez pas combien je suis occupé de votre position. « Que les princes se conduisent de manière à m'é- « pargner des décrets que l'Assemblée pourrait me « présenter contre eux; que la conduite de tout ce « qui vous entoure soit telle, qu'on ne puisse pas « me soupçonner des intentions contraires au sys- « tème que je vais suivre. Le courage de cette no- « blesse, qui mérite un grand intérêt, serait sans

([1]) *Revue rétrospective.* Paris, Fournier, 1833 — 1835, 2e série, tome 2, page 52.

C'est dans les nos 3 (mars 1835), page 443 à 473, et 4 (avril 1835), page 5 à 74 de ce curieux recueil que se trouve la *Correspondance secrète de Marie-Antoinette avec Léopold II, Burke, et autres personnages étrangers,* découverte récemment aux archives générales du royaume.

([2]) *Ibid., ibid.* ([3]) *Ibid., ibid.*

« doute mieux entendu, si elle rentrait en France « pour augmenter la force des gens de bien, au « lieu de servir les factieux par sa réunion et par « ses menaces. Qu'elle se conduise de manière que « la multitude, égarée dans l'ivresse de la nou- « veauté, cesse de croire que les aristocrates sont « ses ennemis ; qu'au contraire ils se montrent dé- « sirer véritablement son bonheur et ne lui donner « plus d'inquiétudes. Je suis persuadé qu'en peu « de temps ils regagneront une partie de ce qu'ils « ont perdu [1]. »

Le Roi revient ailleurs sur la question de la guerre :

« J'ai donc cru qu'il fallait éloigner cette idée, « et j'ai cru devoir essayer encore des seuls moyens « qui me restaient : la réunion de ma volonté aux « principes de la constitution. Je sens toutes les « difficultés de gouverner ainsi une grande nation, « je dirai même que j'en sens l'impossibilité ; mais « l'obstacle que j'y aurais mis aurait porté la guerre « que je voulais éviter, et aurait empêché le peuple « de bien juger cette constitution, parce qu'il n'au- « rait vu que mon opposition constante. En adop- « tant ses idées, en les suivant de bonne foi, il « connaîtra la cause de ses malheurs; l'esprit public « changera, et puisque sans ce changement on ne

[1] *Revue rétrospective*, 2e série, tome 2, pages 55 et 56.

« pouvait espérer que des convulsions nouvelles, « je marcherai mieux vers un meilleur ordre de « choses par mon acceptation que par mon re- « fus [1].

« J'ai donc préféré la paix à la guerre, parce « qu'elle m'a paru à la fois plus vertueuse et plus « utile : je me suis réuni au peuple, parce que c'é- « tait le seul moyen de le ramener; et entre deux « systèmes, j'ai préféré celui qui ne m'accusait ni « devant mon peuple, ni devant ma conscience. « En prenant ce parti, serai-je encore exposé aux « reproches d'une partie de mes sujets dont les « malheurs m'occupent plus que leurs injusti- « ces [2] ? »

Admettons, cependant, malgré ces probabilités établies sur des documens anciens et récens, que le défaut de vigueur, surtout de sincérité et de suite de la part de l'infortuné Louis XVI, aurait opposé de graves obstacles aux plans de Mirabeau, plans dont les circonstances rendaient déjà l'exécution si difficile.

(1) La relation faite par Bertrand de Molleville (tome 6, page 23) de son premier entretien avec le Roi, prouve que Louis XVI, dans ses conversations secrètes, parlait à son ministre comme aux princes émigrés, dans sa secrète correspondance.

(2) *Revue rétrospective*, 2e série, tome 2, pages 54 et 55.

Mais, selon notre conviction, il aurait trouvé de précieuses ressources, disons plus, une assistance décisive dans l'alliance franche et courageuse de la Reine, cette grande et malheureuse princesse si méconnue et si atrocement calomniée.

Sans doute cette femme énergique avait dit souvent ce qu'elle écrivait à son frère : « Mon Dieu ! « est-il possible que, née avec du caractère, et sen- « tant si bien le sang qui coule dans mes veines, je « sois destinée à passer mes jours dans un tel siècle, « et avec de tels hommes (1)? »

Sans doute, avant de se résoudre à entrer dans une transaction politique, elle avait long-temps ourdi des résistances, encouragé et dirigé les attaques des privilégiés et de la cour, dont elle était l'inspiratrice et l'idole; sans doute, le renversement du pouvoir absolu, mille griefs personnels, l'avilissement de la royauté, les scènes du 14 juillet, des 5 et 6 octobre, les journaux et les libelles, avaient irrité son orgueil de Reine, blessé sa sensibilité de femme, ulcéré son cœur d'épouse et de mère !

Mais ses yeux s'étaient ouverts au grand jour des événemens ; elle avait blâmé les jactances, suspecté les desseins, rejeté les offres de l'émigration (2). Elle

(1) Lettre de Marie-Antoinette à l'empereur Léopold II, du 12 septembre 1791. (*Revue rétrospective*, tome 2, page 31.)

(2) Il y a nombre de preuves de ce fait, notamment dans

avait, peut-être plus tôt et mieux que le Roi, jugé leur position respective, et accepté des nécessités désormais invincibles. Quelles qu'eussent été ses légèretés, si injustement incriminées, et si pardonnables à son rang et à son sexe, à son âge et à sa beauté, Marie-Antoinette était douée de toute la force de caractère, de tout le courage de sang et de cœur qui manquaient au Roi; elle avait compris Mirabeau; elle lui avait donné, fort tard, mais avec un plein abandon, une confiance fondée sur la certitude de sa franchise, sur l'appréciation de son génie; après avoir combattu le projet de fuite qui, après tout, disait-elle, pouvait être repris, si d'autres moyens échouaient, elle l'avait fait abandonner par le Roi; elle accueillait avec empressement les combinaisons où elle croyait voir son propre salut, celui de sa famille et du trône, celui de la France, qu'elle aimait d'un amour mélangé d'orgueil maternel. La Reine, nous ne craignons pas de le répéter, dussions-nous choquer bien des préjugés contraires, avait franchement adopté les projets constitutionnellement réparateurs de Mirabeau; elle

un écrivain dont le témoignage n'est pas suspect. (Voir l'*Histoire de l'Assemblée constituante*, par Alex. de Lameth, avertissement, page 28.)

Nous rapporterons encore d'autres preuves directement fournies par la *Correspondance secrète* que nous venons de citer.

était tout-à-fait décidée à faire une étroite alliance avec l'Assemblée et la nation ; elle s'y vouait tout entière ; elle y aurait certainement fait entrer le Roi, qui ne pouvait être dominé sans partage que par sa femme ; ou plutôt elle se serait, pour accomplir les plans arrêtés, rendue maîtresse des affaires, elle leur aurait imprimé une direction judicieuse et ferme, conséquente et habile, et la réussite lui aurait été due si la réussite eût été encore possible.

Ajoutons que cette conjecture sur le rôle que la Reine aurait pris, selon toute apparence, vient d'être fortifiée par un document de la secrète correspondance découverte naguère aux archives royales, et que nous avons déjà citée ; remarquons aussi que ce document émane d'un personnage considérable, homme également éclairé et loyal qui, du vivant de Mirabeau, avait été son confident, qui, après, avait continué d'être celui de la Reine, et qui, par conséquent, avait plus que personne le secret des combinaisons politiques convenues entre eux.

« . . . . Il n'en serait pas de même « si la Reine pouvait prendre le timon des affaires, « car c'est là qu'il en faut venir. Et pour cela, que « faut-il? un ministre fort dans le conseil, qui s'en« tende avec elle..... Par ce moyen on pourra di« riger les petites choses et les grandes. Ce système « est fondé sur la personne du Roi, et sur l'expé« rience très-périlleuse que l'on vient d'en faire de-

« puis trois ans. Aussi long-temps que la Reine ne « sera pas le point central des affaires, qu'elle ne « sera pas secondée par un ministre habile, et « servie près du Roi par un homme fidèle, avec « lequel il ait l'habitude de se trouver à son aise, « il faudra s'attendre aux plus grandes fautes et à « mille dangers, car enfin, il faut dire le mot, le « Roi est incapable de régner, et la Reine seule « peut y suppléer, le jour qu'elle sera secondée [1]. »

Cette conviction de Marie-Antoinette, c'est Mirabeau qui l'avait fixée, soit qu'il en eût trouvé le germe dans l'esprit ardent et ambitieux de cette princesse, soit qu'il la lui eût fait tirer de la leçon terrible des événemens. C'est donc parce qu'elle était sûre d'être *secondée* par Mirabeau, qu'elle prenait sa grande part d'exécution du plan qu'il avait tracé ; et qu'elle se préparait à agir, ou, pour mieux dire, à régner comme il le voulait, c'est-à-dire en se séparant tout-à-fait des émigrés et des contre-révolutionnaires, en s'unissant étroitement avec la nation, en acceptant, en exécutant la constitution telle qu'elle était, sauf son amélioration graduelle par les voies de la persuasion, de la pratique et de la légalité.

[1] Lettre du comte de Lamarck au comte de Mercy, du 28 septembre, 1791 comprise dans la *Correspondance secrète* déposée aux archives du royaume. (Voir la *Revue rétrospective*, 2ᵉ série, tome 2, page 35.)

Cette résolution dans laquelle la Reine ne cessa d'être affermie par Mirabeau fut, sans doute, ébranlée après lui; mais cependant elle dura assez long-temps encore; on a même la preuve qu'elle survécut au voyage de Varennes, erreur fatale, mais qui aurait pu être bien utile au Roi et à l'Assemblée, s'ils avaient profité des leçons qu'ils y trouvèrent; au Roi, car il vit pour la première fois, hors de Paris, le caractère véritable et l'élan unanime des populations; il apprit ce qu'était en réalité la nation, il sut qu'elle pouvait se passer de lui; et à l'Assemblée, car le départ du Roi ayant démasqué tout-à-fait le parti républicain, elle aurait dû enfin reconnaître qu'il fallait ou se résigner à voir promptement périr la constitution et le trône, ou enlever à l'anarchie son principal moyen de désordre, en donnant désormais plus de force au pouvoir exécutif, afin d'ôter au monarque des prétextes soit d'inaction, soit de résistance, et des motifs de plaintes légitimes.

Nous disions tout à l'heure que les conseils de Mirabeau retentissaient encore dans l'esprit de Marie-Antoinette, même après le voyage de Varennes. En effet, à quelque temps de là, le moment étant venu de la révision législative de la constitution, la Reine se souvint des présages et des desseins de Mirabeau, qui avait compté sur cette révision pour corriger les défauts de l'œuvre constitutionnelle, et pour la *monarchiser*. Alors la Reine renonça encore à d'autres vues; elle sentit renaître son patriotisme, sa confiance; elle ranima ces sentimens dans le cœur du Roi; elle lui suggéra les sages et généreuses résolutions que nous avons rapportées et prouvées tout à l'heure, elle se joignit à lui pour refuser l'intervention étrangère. Cette vérité se trouve, comme l'autre, établie dans deux passages des lettres secrètes de la Reine à son frère l'empereur Léopold II, correspondance qui, loin de ressembler à ce qu'on attendrait de la Reine telle que ses ennemis et ses bourreaux l'ont dépeinte, c'est-à-dire d'une femme à la fois frivole et vindicative, d'une Reine révoltée contre sa nation, place, au contraire, sous un jour tout nouveau, le bon sens, la sagacité et la loyauté politique de Marie-Antoinette.

Voici les passages qui nous fournissent nos preuves :

« Aujourd'hui les circonstances donnent beau-« coup plus d'espoir. Les hommes qui ont le plus « d'influence sur les affaires se sont réunis, et se « sont prononcés ouvertement pour la conserva-« tion de la monarchie et du Roi, et pour le réta-« blissement de l'ordre. Depuis leur rapproche-« ment, les efforts des séditieux ont été repoussés « avec une grande supériorité de forces; l'Assem-« blée a acquis dans tout le royaume une consis-

« tance et une autorité dont elle paraît vouloir user « pour établir l'exécution des lois, et finir la révo- « lution ; les hommes les plus modérés, qui n'ont « cessé d'être opposés à ses opérations, s'y réunis- « sent en ce moment, parce qu'ils y voyent le seul « moyen de jouir en sûreté de ce que la révolu- « tion leur a laissé, et de mettre un terme à des « troubles dont ils redoutent la continuation. Enfin « tout paraît se réunir pour amener la fin des agi- « tations et des mouvemens auxquels la France est « livrée depuis deux ans. Cette terminaison natu- « relle et possible ne donnera pas au gouvernement « le degré de force et d'autorité que je crois qui lui « serait nécessaire ; mais elle nous préservera de « plus grands malheurs ; elle nous placera dans « une situation plus tranquille ; et lorsque les es- « prits seront revenus de cette ivresse dans laquelle « ils sont actuellement plongés, peut-être sentira- « t-on l'utilité de donner à l'autorité royale une « plus grande étendue.

« . . . . . . Si la révolution se termine comme « je l'ai d'abord annoncé, il importe que le Roi « acquière d'une manière solide la confiance, la « considération, qui seules peuvent donner une « force réelle à l'autorité royale. Aucun moyen « n'est plus propre à les lui procurer que l'influence « que nous pourrions avoir sur vos déterminations « qui contribueraient à assurer la paix à la France,

« et à faire disparaître des inquiétudes d'autant plus « fâcheuses pour tout le monde, qu'elles sont un « des principaux obstacles au rétablissement de la « tranquillité publique. La part que nous aurions « eue ainsi à la cessation des troubles nous conci- « lierait tous les esprits modérés, tandis que les au- « tres, et particulièrement les chefs de la révolu- « tion, s'attacheraient à nous par la volonté sincère « et efficace que nous aurions montrée de conduire « les choses à un terme qu'ils désirent tous (1). »

Nous n'avons plus qu'un mot à ajouter pour terminer cette digression où nous a entraîné une conviction profonde : sans doute Mirabeau comptait sinon sur l'énergie, du moins sur la bonne foi de Louis XVI, mais il avait infiniment plus de confiance dans le caractère de la Reine, « *le seul*

(1) Lettre de Marie-Antoinette à l'empereur Léopold, du 30 juillet 1791. (Voir la *Revue rétrospective*, 2e série, tome 1, pages 452 et 454.)

Ne reconnaît-on pas ici le langage que Marie-Antoinette tint trois mois après à Bertrand de Molleville, nommé ministre de la marine? « Le Roi vous a fait connaître ses inten- « tions relativement à la constitution ; ne pensez-vous pas que « le seul plan qu'il ait à suivre est d'être fidèle à son serment? « — Oui, certainement, madame. — Eh bien ! soyez sûr « qu'on ne nous en fera pas changer ; allons, monsieur Ber- « trand, du courage ; j'espère qu'avec de la patience, de la « fermeté et de la suite, tout n'est pas encore perdu. » (*Histoire de la révolution*, etc., par Bertrand de Molleville, tome 6, page 24.)

homme, » écrivait-il à celle-ci, « *que le Roi eût* « *auprès de lui* (1). »

Que si cependant, malgré ces vraisemblances diverses, on nous demande ce que, à notre avis, aurait fait Mirabeau en cas de défection du Roi et de la Reine, nous exposerons nos conjectures sans scrupule et sans réticences.

On vient de voir que nous sommes bien loin de partager les défiances qui, sincères chez les uns, affectées chez les autres, ont lentement amené d'abord, puis rapidement précipité l'affreuse catastrophe; bien loin de croire que Louis XVI ait toujours été le complice de sa cour, présente ou émigrée, et que, depuis comme avant le voyage de Varennes, il ait été en conspiration permanente contre la révolution. Nous avons, au contraire, la persuasion que, outre les précédentes influences de Mirabeau, ce retour et ses suites avaient fortement

(1) Mirabeau avait conçu la plus haute idée du caractère de Marie-Antoinette dans deux entretiens qu'il en avait obtenus (*). On a dit qu'à la fin du premier, alléguant une coutume de l'impératrice Marie-Thérèse, il sollicita et obtint la faveur de baiser la main de la Reine, et qu'il s'écria : « Madame, ce baiser sauve la monarchie ! » Nous n'avons aucun motif de douter de cette anecdote, plusieurs fois répétée, et qui n'a rien que de très-vraisemblable.

(*) Madame Campan (tome 2, page 125) parle d'un seul, mais on sait qu'elle n'avait pas toute la confiance de la Reine.

agi sur l'esprit du Roi ; qu'il avait accepté, tardivement sans doute, mais du moins avec franchise, la constitution de 1791 ; qu'il était tel que le montre son Mémoire adressé à ses frères, et précédemment cité ([1]), tel que l'a vu son ministère puritain imposé par la Gironde ([2]), c'est-à-dire appliqué de bonne foi à la stricte exécution des lois constitutionnelles.

Mais s'il avait eu, en effet, tous les torts de duplicité, de perfidie dont l'accusa l'implacable faction qui l'a tué par la calomnie avant de l'égorger sur l'échafaud, si Louis XVI, tout en recevant les conseils de Mirabeau, avait travaillé à ruiner les institutions acquises, avait préparé une contre-révolution, avait tendu la main aux émigrés, avait provoqué l'alliance et appelé l'invasion des forces étrangères, Mirabeau, nous en sommes assuré, Mirabeau, l'homme de la monarchie et non du monarque, aurait pris, sans hésiter un moment, le rôle audacieux que lui auraient dicté sa conviction, son caractère, son patriotisme ; non-seulement il aurait rompu tout pacte avec Louis XVI, mais encore il aurait organisé un grand et rapide mouvement révolutionnaire ; il en aurait pris la direction : il y aurait appliqué toutes les forces de sa tactique habile, de ses innombrables relations politiques,

([1]) Voir ci-dessus, page 331 à 334.
([2]) *Ibid.*, page 329.

de sa popularité, de son génie; il aurait provoqué la déchéance et l'expulsion du monarque parjure; et à sa place, il aurait mis non pas la république et ses spoliations et ses échafauds, mais un roi constitutionnel qui n'aurait tenu ses droits que de l'élection du peuple; non pas le comte d'Artois, qui avait dès lors divorcé avec la France; non pas *Monsieur,* dont l'hypocrisie politique ne dupait plus personne; non pas le duc d'Orléans, pour qui Mirabeau n'avait pas plus d'affection que d'estime; non pas le prince de Condé, ennemi franc et brave mais aveugle et intraitable de la révolution; non pas des princes adolescens, déjà plus ou moins éblouis par les fascinations de leur rang et de leur naissance; mais le Dauphin, encore enfant, dont l'âme et l'esprit pouvaient être formés pour sa nouvelle destinée, et à qui Mirabeau dès long-temps projetait de préparer une éducation libérale et constitutionnelle.

Telle est, dans les circonstances et dans les motifs déterminans, l'apologie, peut-être superflue aujourd'hui, mais tout-à-faits concluante à notre avis, qu'on peut opposer aux reproches d'apostasie vénale tant prodigués à la mémoire de Mirabeau.

Mais comment, par quelle entremise, à quelles conditions se formèrent ses liaisons avec le Roi et la

Reine? voici, en opposition aux vagues conjectures des uns, aux récits contradictoires des autres, des informations dont nous garantissons la vérité.

Le comte de Lamarck, depuis prince Auguste d'Arenberg, député à l'Assemblée nationale, nommé par la noblesse du bailliage du Quesnoy, jouissait à Versailles d'une très-grande existence assortie à sa naissance, à son rang, à sa fortune. En 1788 il avait formé quelque liaison avec Mirabeau, l'avait accueilli, lui avait rendu des services, et puis l'avait à peu près perdu de vue. Ils se retrouvèrent à l'Assemblée, mais sans se rapprocher d'abord, parce que le prince, « persuadé, » ce sont ses termes, « qu'en fait d'assemblée la majorité doit faire règle, « s'était abstenu de se joindre à la minorité de la « noblesse, qui fit scission, et alla se réunir au Tiers-« état. » Après la fusion, non morale mais matérielle, qui suivit le 14 juillet, quelques entretiens apprirent au comte de Lamarck que Mirabeau, ennemi du despotisme, ne l'était nullement de la royauté; et qu'il serait même prêt à seconder le Roi, si Louis XVI voulait s'attacher franchement à la cause nationale, et la défendre aussi bien que le trône, non moins menacé, contre la ligue des hommes de la cour et du privilége, et contre le parti républicain, qui paraissait devoir prendre bientôt une sorte de consistance.

Le comte de Lamarck ne jugea pas alors à propos de porter directement cette confidence à la Reine; mais il la fit prévenir par la comtesse d'Ossun, dame d'atours, et la réponse fut : « *Que le* « *Roi ne serait pas sans doute assez malheu-* « *reux pour être forcé d'en venir à d'aussi pé-* « *nibles extrémités* (1) ».

Après les fatales journées des 5 et 6 octobre, que Mirabeau passa presque tout entières auprès du comte de Lamarck (2), celui-ci eut l'idée de lui demander un travail sur les graves questions du moment et de l'avenir; M. de Lamarck résolut aussi de se servir du comte, depuis duc de la Châtre, pour rapprocher Mirabeau du frère du Roi, *Monsieur*, résolution d'autant plus naturelle, que ce prince avait précédemment chargé le duc de

(1) On voit combien ce récit, que nous avons recueilli en juin 1832 de la bouche même du prince Auguste d'Arenberg qui, d'ailleurs, l'a écrit, contredit complétement les détails insérés au chapitre 9 du tome 1 des *Mémoires de Mme la duchesse d'Abrantès*. Déjà, lors de la publication de ces Mémoires, le prince avait pris la peine de nous faire écrire à cette occasion pour les démentir.

(2) Ce fait, précédemment rapporté par nous (voir tome 6, page 332 des présens Mémoires), et qui fut déclaré par Mirabeau le 2 octobre 1790 dans son discours sur la procédure du Châtelet, est, comme tous ceux que nous rapportons sur cet épisode, attesté par le prince Auguste d'Arenberg, dans le précis à la fois éloquent et simple dont il nous a permis la lecture, dont nous avons déjà parlé, et qui serait pour l'histoire un document bien précieux, à cause de la triple autorité du talent, du caractère, et de la position de l'auteur.

Levis de consulter Mirabeau ([1]). Ce dernier écrivit donc un Mémoire, daté du 15 octobre 1789, qui fut remis à *Monsieur* par le comte de Lamarck, dont l'entremise n'alla pas plus loin; ce Mémoire, du reste, n'eut pas de résultats, du moins de ceux qui méritent d'être consignés dans l'histoire.

Cinq mois s'écoulèrent, et le comte de Lamarck était dans ses terres de Belgique, depuis décembre 1789, lorsqu'à la fin de mars suivant il reçut du comte de Mercy-Argenteau, ambassadeur d'Autriche à la cour de France, l'invitation pressante de revenir à Paris. Aussitôt arrivé, il fut sollicité de nouer quelques rapports entre le Roi, la Reine et Mirabeau directement. Celui-ci résista d'abord; si long-temps repoussé par une injuste défiance, il en était atteint à son tour; il voyait *avec un profond découragement*, c'est ainsi qu'il s'exprimait, les fautes de tous, la dissolution du pouvoir, l'emportement des esprits; il pensait qu'il était devenu très-difficile, peut-être même impossible, de ramener à son véritable but la révolution dangereusement déviée; il céda pourtant : le comte de Lamark vit plusieurs fois, en secret, le Roi et la

([1]) Alex. de Lameth, dans son *Histoire de l'Assemblée constituante* page 269, présente ses conjectures sur les relations de Mirabeau avec *Monsieur*, et sur leur intermédiaire, mais il ne rapporte aucune preuve à ce sujet.

Reine ([1]). Il combattit vainement leur dessein de cacher aux ministres les communications qui s'établissaient; il essaya sans succès de leur faire comprendre que de telles relations se réduiraient à de stériles conseils, à de demi-mesures, car était-il possible d'embrasser un système et de l'exécuter sans le concours des ministres patens et responsables? On convint seulement que Mirabeau mettrait par écrit les avis et les propositions que lui suggéreraient les circonstances, et qui passeraient par les mains du seul comte de Lamarck; quant au traitement pécuniaire que le Roi voulait attribuer à Mirabeau, comme honoraire du travail demandé, le comte de Lamarck refusant d'intervenir à ce sujet, ce fut l'archevêque de Toulouse, M. de Fontanges, qui en fut chargé.

Mais quel était ce traitement?

Nous avons vu, tout à l'heure, les calculs de pure invention qu'ont fait, au hasard, divers écrivains qui n'étaient pas dans le secret. Pour exagérer les libéralités du Roi, ils ont attribué à Mirabeau une avidité tout-à-fait étrangère à son

([1]) Cette intervention directe du comte de Mercy et du comte de Lamarck, qui avaient tous deux la confiance particulière de la Reine, prouve la vérité de ce qu'on a dit que cette princesse influa principalement sur les démarches faites auprès de Mirabeau. (Voir Weber, tome 2, page 37.)

caractère, plein d'orgueil et d'ambition, mais qu'une basse cupidité ne souilla jamais; ils se sont récriés sur l'énormité de ses dépenses domestiques qui, cependant, à aucune époque, ne surpassèrent la mesure des fortunes moyennes; ils ont, les uns après les autres, parlé du fort *bel hôtel*, de l'*hôtel magnifique*(1) qu'il *possédait* à la Chaussée-d'Antin; et ce prétendu hôtel, que tout le monde peut voir dans la rue qui porte ce nom, n° 42, est une chétive maison à peine suffisante aujourd'hui pour un petit externat de jeunes filles; maison dont il était *locataire* au prix de 2,400 francs par an (2). On a parlé encore de *sa terre du Marais, près d'Argenteuil*, et cette propriété se réduisait à une emphythéose qu'il avait achetée et non payée (3); faute de pou-

(1) La citation nominative de tous les biographes qui ont proféré ces absurdes accusations nous entraînerait trop loin. Nous nous bornerons à dire que les termes qu'on vient de lire sont ceux-là mêmes qu'ils ont employés.

(2) Cette maison appartenait à la demoiselle Julie Carreau, première femme du célèbre acteur Talma.

Ajoutons que ce loyer de 2,400 francs avait été imposé à Mirabeau qui ne marchandait guère, et qui, par une circonstance fortuite, était forcé de s'emménager précipitamment. Ce qui prouve la cherté de ce loyer, en 1790, c'est que malgré l'immense augmentation des valeurs locatives du quartier, la maison, qui est restée ce qu'elle était en 1791, n'est encore imposée au rôle foncier de 1834 que sur un produit *brut* de 2,400 fr.; *net* de 1,800. L'impôt foncier monte à 290 fr. 14 cent., et celui des portes et fenêtres à 58 fr. 01 cent.

(3) Par contrat du 15 février 1791, cette emphythéose

voir lui supposer une autre fortune, en immeubles ou en portefeuille, on a encore dit et imprimé qu'il s'était rendu acquéreur, au prix de 300,000 fr., de la bibliothèque de Buffon, et le fait est aussi faux qu'absurde, car ce fut le libraire Belin *junior* qui acheta en totalité cette collection, bien inférieure à la réputation qu'on a voulu lui faire. A la vérité il en vendit une partie pour 15,400 fr. à Mirabeau qui, à sa mort, devait encore plus des neuf dixièmes du prix (1); nous avouerons pourtant

avait été vendue à Mirabeau par Mme Jacqueline de Flesselles, veuve de Louis Gui de Blin, ancien intendant d'Alsace; elle avait vendu, en qualité d'héritière de son frère, Jacques de Flesselles, prévôt des marchands de Paris, massacré le 14 juillet 1789 : lui-même avait acheté le 24 janvier 1786 de la veuve Prévôt, dont le mari avait traité le 19 mai 1749 avec Pierre-Charles Roullin Delaunay, prieur commandataire du prieuré d'Argenteuil. Le prix de l'achat fait par Mirabeau était de 50,000 fr., sur lesquels il n'avait pas payé le plus petit à-compte, quoique la vente fût résiliable faute de payement dans les trois mois. Il avait seulement payé deux cinquièmes de la valeur des meubles achetés séparément

(1) Sur cette somme de 15,400 fr., Mirabeau avait payé un à-compte de 1,400 fr. Ce fait, ainsi que ceux qui précèdent, sont consignés dans son inventaire fait par le notaire de Mautort, en date, au commencement, du 11 avril, et à la fin, du 1er mai 1792. On peut, d'après de telles preuves, apprécier les assertions et les chiffres également étranges qu'ont hasardés avec tant de confiance des écrivains, parmi lesquels on s'étonne de trouver les judicieux éditeurs des *Mémoires sur la révolution*. Voir ceux de Weber. Paris, Baudouin, 1822, tome 2, page 32.

que l'ensemble de ses livres, qui composaient le seul actif réel de la succession, produisit près de 140,000 fr. [1]; mais, outre les ouvrages provenant de Buffon, la bibliothéque de Mirabeau comprenait ceux qu'il s'était procurés depuis huit ans à Paris, qu'il avait rapportés de ses voyages, et qu'il avait fait venir de toutes les parties de l'Europe; et quand la totalité fut vendue à la chaleur des enchères, et entre mille concurrens, dont quelques-uns étaient accourus exprès d'Italie, d'Allemagne et d'Angleterre où des catalogues avaient été répandus à profusion, le renom de cette bibliothéque, le choix savant et délicat des ouvrages, l'affluence des étrangers, et surtout l'enthousiasme politique, bien plus encore que l'engouement des bibliomanes, portèrent la plupart des livres à des prix excessifs.

Voici en peu de mots, car nous avons hâte de quitter un sujet pareil, les faits tels qu'ils sont:

D'après les récits et l'écrit du prince d'Arenberg, Louis XVI paya une partie des dettes de Mirabeau [2]; il lui alloua un traitement de 6,000 liv. par mois; il déposa pour lui, en mains tierces,

[1] C'est-à-dire 139,719 liv. 16 sous; c'est le résultat du compte présenté le 12 mai 1792 par les libraires chargés de la vente, Belin *junior* et Rozet.

[2] Jusqu'à concurrence d'environ 80,000 fr. on fut fort étonné d'apprendre que cet homme, dont le dérangement avait fait tant de bruit, ne devait guère plus que le double de cette somme.

quatre billets de 250,000 liv. chacun ; et ces billets furent rendus au Roi après la mort de Mirabeau, dont la justificative insolvabilité fut proclamée devant l'Assemblée même, le 21 novembre 1791, par M. Frochot, un de ses exécuteurs testamentaires (1).

Il nous reste présentement à offrir à nos lecteurs, en nous servant le plus possible des termes mêmes de Mirabeau, l'extrait de ceux de ses travaux adres-

(1) Étienne Dumont, si peu sensible et si peu fidèle aux souvenirs d'une amitié qui sera pourtant son meilleur titre devant la postérité, Étienne Dumont, disons-nous, n'en a pas moins cédé à la force de l'évidence, en traçant cette phrase qu'on s'étonne de trouver dans un livre qui semble écrit pour amoindrir et dénigrer Mirabeau : « Si l'Espagne et l'Angle-« terre l'ont acheté, que sont devenues les sommes qu'il a « reçues? pourquoi est-il mort insolvable? les dépenses de « sa maison étaient grandes pour sa fortune, mais ce n'était « que le train d'une opulence moyenne. » (*Souvenirs*, p. 286.)

Pour égayer un peu cette note, nous citerons ici l'abbé de Montgaillard. Au tome 2, page 294 de son *Histoire de France*, etc., il dit que : « *Mirabeau, entré nu au sein de* « *l'Assemblée nationale, est sorti de la vie laissant près* « *d'un million, toutes ses dettes payées.* » A la page 95 il avait parlé de cent mille écus ; cent pages plus loin, il énonce une somme de 1,400,000 fr. « *reçue des mains de Laporte ;* » et en s'exprimant ainsi, il oublie ce qu'il a dit lui-même, quelques pages auparavant, que ce dernier, peu de jours seulement avant la mort de Mirabeau, écrivait au Roi, comme nous l'avons rapporté ailleurs : *S'il était question de traiter* « *ces objets dans ce moment, je proposerais à Votre Ma-* « *jesté de donner la préférence à des rentes viagères.* »

sés au Roi et à la Reine, qui correspondent à l'époque où notre récit est parvenu. Les autres extraits viendront à leur tour.

Nous avons dit que son premier travail fut un Mémoire daté du 15 octobre 1789 et remis à *Monsieur* frère du Roi, par le comte de Lamarck.

Mirabeau y peint vivement le danger déjà pressant des circonstances.

Le Roi, dit-il, a été forcé de venir à Paris. Y est-il libre? oui, d'y rester; non, d'en sortir, ni de choisir ses gardes, ni d'agir directement sur la milice à qui sa sûreté est confiée; et ce défaut de liberté est bien connu de ses partisans, même les plus dévoués, qui s'en appuient pour refuser obéissance à ses ordres et injonctions qu'ils ne supposent pas conformes à la véritable pensée du Roi.

L'Assemblée est libre aussi, à certains égards, mais non de se placer ailleurs qu'à Paris; non de donner au Roi plus de liberté qu'il n'en a.

Cependant cette position du Roi nuit à la révolution; il n'est pas vrai, quoi qu'on dise, que les décrets rendus, leur sanction, leur acceptation soient l'effet d'une véritable contrainte; mais l'assertion contraire trompe les provinces, l'étranger même, trouble les royalistes sincères et désintéressés, favorise les manœuvres des mécontens dont le zèle outré n'est que le voile d'une égoïste ambition.

Le Roi, d'ailleurs, n'a pas à Paris même sa sûreté personnelle ; placé comme il l'est, tout le menace. Paris est très-effervescent ; l'hiver approche, les subsistances peuvent manquer, la banqueroute peut éclater tout-à-coup. Ce n'est point là un lieu sûr pour le Roi.

Les ministres sont impuissans et impopulaires, sauf un seul (1) dont le crédit baisse, homme d'ailleurs à la fois vain et incapable, égoïste et timide, qui a tout compromis, qui perdra tout.

Les provinces sont en défiance et en désaccord. La nation est désaccoutumée du travail ; le nombre des mécontens augmente tous les jours ; les impôts directs sont mal payés ; les impôts indirects ne le sont pas du tout, et pourtant forment la moitié du revenu de l'État ; l'Assemblée se décrédite parce qu'elle est entraînée hors de ses propres principes par des défiances qui, si justes qu'elles soient, ne doivent pas exercer sur elle un tel empire ; par les influences irrégulières du dehors, par le défaut de corrélation de ses décrets, par leur précipitation,

(1) Necker. Voici ce qu'écrivait Mirabeau, à son sujet, vers la même époque : « Cet homme qui ne fut jamais qu'un « financier médiocre, et qui n'a ni les élémens naturels ni les « talens acquis d'un homme d'état, perdrait dix empires « plutôt que de compromettre son amour-propre, ou de « faire signal de détresse, au moins dans sa conduite minis- « térielle. » *Lettres à Mauvillon*, page 493.

par leur funeste irrévocabilité ([1]), par la nonchalante timidité qui l'empêche de rétrograder, de se contredire, même quand elle reconnaît les erreurs où elle est tombée ([2]).

Le moyen de salut unique est dans une coalition immédiate du Roi avec ses peuples. Mais cette coalition ne peut pas se lier à Paris ; à Paris qui engloutit tout ; à Paris qui veut être tout le royaume ; à Paris que les provinces considèrent comme dominant l'Assemblée ; à Paris qui se perd, et perd tout ; à Paris qu'il faut ramener à l'ordre, à la modération, qu'il faut arracher à sa propre anarchie.

([1]) Nous citerons encore une phrase d'Étienne Dumont, parce que les considérations qu'elle présente, développées avant lui, sans doute, par d'autres historiens, peuvent être ici réputées un aperçu emprunté par l'écrivain à Mirabeau lui-même, dans les relations continuelles qu'ils avaient entre eux. Parlant des fautes de l'Assemblée, Dumont dit que « les « décrets constitutionnels sanctionnés à mesure qu'ils étaient « faits étaient rendus immuables, sans égard à l'ensemble, « ce qui ôtait les avantages de l'expérience, et portait les mé« contens au désespoir. Si les décrets n'avaient été que pro« visoires, l'espérance de les améliorer aurait soutenu tous « les partis. » (*Souvenirs*, page 346.)

([2]) Mirabeau ne cachait pas cette opinion, si l'on en juge par ce qu'en dit un de ses principaux adversaires politiques, Malouet, dans un morceau sur lequel nous reviendrons ailleurs : « Il est impossible qu'un grand nombre de députés « ne sachent, dès à présent, tout ce que pensait Mirabeau de « la majorité, de la minorité de l'Assemblée, et de la consti« tution. » (*Mercure historique et politique, faisant suite au Mercure de France*, 9 avril 1791.)

Ainsi donc, donner une autre direction à l'opinion publique, éclairer les peuples, préparer dans les commettans mêmes le meilleur esprit d'une seconde législature : voilà ce qu'il faut pour donner à la nation la garantie des droits qu'elle a conquis, et que l'anarchie compromettrait bientôt; pour rendre à l'État la paix, à l'armée sa force, au pouvoir exécutif son action, au monarque ses véritables droits.

Que doit-il donc faire? d'abord et surtout, point de retraite à la frontière : ce serait déclarer la guerre à la nation, abdiquer le trône [1]; point de

[1] Voilà le plus impératif des avertissemens donnés à Louis XVI par Mirabeau, et c'est le premier qui fut oublié aussitôt après la mort de celui-ci. Le fils de M. de Bouillé dit à ce sujet : « Cette mort fut un malheur pour la France, « *dont elle remit les destinées aux hasards du projet que* « *nous suivions*, et que les mesures de Mirabeau eussent « remplacé plus solidement. » (*Mémoires du comte Louis de Bouillé*, page 56.)

Cette seule citation pourrait suffire à un sentiment moins pressant que le nôtre ; mais il nous sera impossible de ne pas réfuter ailleurs les écrivains (notamment Bertrand de Molleville, tome 4, pag. 172 et 230, le marquis de Bouillé, page 199, Peuchet, tome 4, pages 27, 222, 235 et 237) qui ont attribué à Mirabeau l'absurde et criminelle folie d'un projet de fuite, qu'ils placent tantôt à la fin de 1790, tantôt au commencement de 1791.

Nous remarquerons seulement ici que cette supposition calomnieuse a été écrite aussi par l'homme qui aurait dû être le premier à la démentir, s'il eût été ce qu'il se van-

fuite dans l'intérieur, et d'appel à la noblesse. — Celle-ci n'est plus. — Ce ne serait qu'évoquer la guerre civile, à forces excessivement inégales.

tait d'être, c'est-à-dire l'ami et le confident de Mirabeau, dont il ne fut réellement que le courtisan intéressé et le collaborateur accidentel.

Nous parlons d'Étienne Dumont qui dit (*Souvenirs*, pages 207 et 208) : « Selon le plan de Mirabeau, le Roi devait « se rendre à Metz, ou dans quelque autre place forte, où il « avait des généraux qui répondaient de quelques régimens « fidèles ; il devait, dès qu'il serait arrivé à sa destination, « faire une proclamation qui serait un appel à toute la France ; « il déclarerait tous les décrets de l'Assemblée nationale ab- « solument nuls, comme contraires aux cahiers, et fondés sur « une usurpation manifeste, etc. »

Ces suppositions qui sont détruites par le témoignage des confidens mêmes de l'évasion, par le Mémoire que nous analysons, et par les subséquens, suffisent pour faire apprécier la plupart des assertions du livre d'Étienne Dumont.

Après ces noms des écrivains qui ont répété une fable calomnieuse, nous citerons le démenti que leur donne un récent historien de la révolution, M. P.-F. Tissot qui, fort juste envers Mirabeau sous tous les autres rapports, le juge d'ailleurs, quant à ses relations avec le Roi, précisément comme les esprits les plus passionnés auraient pu le juger avant les terribles enseignemens de 1792, 1793, 1794, etc. Voici le langage que M. Tissot rapporte comme ayant été tenu par Mirabeau : « J'ai « défendu la monarchie jusqu'au bout ; je la défends même « encore, alors que je la crois perdue, parce qu'il dépendrait « du Roi qu'elle ne le fût point, et que je la crois encore « utile ; mais, *si le Roi part*, je monte à la tribune, je fais « déclarer le trône vacant, et proclamer la république. » Nous ne pouvons accepter que la moitié de cette supposition : *le trône vacant*, oui ; *la république*, jamais !

Cependant, il faut que le roi recouvre sa liberté, mais sans dénoncer l'Assemblée, sans se retirer d'elle, sans divorcer avec elle, parce que sans elle il n'y a rien d'utile à faire, rien de légal, rien qui puisse satisfaire la France, qui tient à l'Assemblée et à ses légitimes conquêtes; ce serait, par une autre voie, tout exposer et déchaîner la guerre civile.

Il reste un moyen qui n'est pas certainement sans danger, mais il ne faut pas croire sortir du péril, sans péril.

Ce serait un déplacement temporaire du Roi, précédé de mille précautions prudentes, entouré du plus profond secret dans les préparatifs, de la plus grande publicité dans le fait du départ.

Le défaut de liberté du Roi bien connu, bien constaté par les preuves acquises, et celles que l'on ferait naître, motiverait sa sortie de Paris.

On disperserait systématiquement ses gardes.

On organiserait un corps de 20,000 hommes, tous nationaux (pas d'étrangers, plus d'étrangers!), qu'on porterait en quelques jours entre Rouen et Paris.

Si des défiances provinciales venaient à se manifester, on formerait une seconde ligne capable de contenir les mécontens.

On se donnerait ainsi le temps d'éclairer les peuples.

Le Roi partirait en plein jour du château et se

replierait sur Rouen [1], ville vraiment française, loyale, patriote, éloignée de toutes frontières, une des sources nourricières de Paris, aux approvisionnemens de qui le Roi donnerait de là une surveillance attentive et bien ostensible.

Dès lors peu de résistance, bientôt convertie en bénédictions unanimes, quand la position nouvelle du Roi, ses efforts, ses sacrifices personnels, changeraient la disette en abondance; nulle province, d'ailleurs, plus maniable que la Normandie, très-peuplée, très-riche, très-commerçante, très-lasse de la torpeur des affaires, enchaînées par les désordres et les inquiétudes; très-voisine de la Bretagne et de l'Anjou, trois provinces faciles à coalitionner pour former la tête de la grande coalition de la nation et du Roi.

Proclamation du Roi aux départemens. — On lui a fait violence à Versailles. — Il était gardé à vue à Paris. — Il n'avait point de liberté. — Pas

[1] Un projet analogue, mais de déplacement *furtif* et non *public*, fut dénoncé à l'Assemblée nationale en octobre 1790, et Thouret, député de Rouen, présenta le 5 de ce mois un désaveu solennel de la part du corps municipal de cette ville.

On sait aussi qu'après le 20 juin 1792, l'ancien projet de Mirabeau fut représenté au Roi par Larochefoucault-Liancourt, qui commandait à Rouen, où une indignation unanime fut soulevée par l'attentat qui préparait le 10 août et le 21 janvier.

même celle d'un simple citoyen. — De là prétexte aux mécontens de refuser l'obéissance aux décrets. — Révolution compromise. — Il veut être inséparable de son peuple, dont il a toujours désiré améliorer le sort, dont il s'est toujours montré l'ami. Dès les premiers temps de son règne, il a spontanément réformé les abus et les prodigalités, adouci et régularisé les formes d'un pouvoir sans limite. — Il est le premier des rois de sa race qui soit allé au devant de sa nation en lui promettant, en s'efforçant de lui procurer la restitution, l'accroissement, l'organisation constitutionnelle et irrévocable de ses droits politiques. Il a adopté sans réserve tels et tels décrets ; il renouvelle sa sanction. Il est invariable à ce sujet; d'autres décrets ne sont pas assez favorables au peuple, ne sont pas exécutables dans la pratique, n'ont pas été assez réfléchis : c'est une œuvre à refaire, de concert entre le Roi et la nation.

Il va appeler auprès de lui l'Assemblée pour continuer ses travaux, et pour les finir hors des influences anarchiques qui la dominent (1).

(1) Lors des menaces atroces du *Palais-Royal* à l'occasion des débats sur le *veto*, l'idée était venue de soustraire l'Assemblée, par un déplacement, à l'influence de la capitale, et Stanislas Clermont-Tonnerre, à la tribune, en avait fait la proposition formelle.

On sait que la constitution même de 1791 donnait au Corps

Mais il convoquera bientôt une nouvelle Convention pour juger, confirmer, modifier, ratifier les opérations de la première Assemblée.

Les principes déjà posés seront étendus, consolidés, consacrés; les parlemens seront irrévocablement abolis; aucun sacrifice personnel ne coûtera au Roi; un million suffira à sa dépense d'homme et de père de famille. La dette publique sera solennellement garantie; des gages seront donnés aux créanciers de l'État; ils seront syndiqués pour gérer leurs propres intérêts.

Il prend à témoin sa conduite personnelle de tous les temps. Il confie son honneur et sa sûreté à la loyauté française. Il veut conquérir par l'amour et non par les armes. Il ne veut que le bonheur des citoyens, et n'est lui-même rien de plus.

Ce manifeste serait porté en tous lieux par des courriers.

Autre proclamation du Roi. Il appellerait auprès de lui l'Assemblée. Elle irait si elle était libre. Si elle ne l'était pas, la session serait par-là même terminée de droit.

Si l'Assemblée délibérait après constatation de

législatif le droit de déterminer le lieu de ses séances; et que la constitution de l'an III réserva au *Conseil des anciens* la faculté de changer *la résidence* des conseils et du gouvernement; faculté dont il usa pour faire la révolution du 18 brumaire an VIII.

son défaut de liberté, les délibérations ultérieures porteraient l'empreinte de la même violence, et seraient dès lors légalement nulles et de nul effet.

Dès lors aussi il y aurait lieu à la convocation de la seconde législature.

Du reste, les proclamations royales se succéderaient, et on aurait soin de les rédiger, et de les graduer de manière à instruire les peuples de leurs intérêts véritables.

L'esprit actuel de l'Assemblée se trouverait très-modifié dans une législature nouvelle, par suite nécessaire du changement de l'opinion publique dans les provinces.

Si quelques cantons résistaient, le pouvoir exécutif, autorisé par l'Assemblée, et plus encore par l'assentiment national, déploierait toutes ses forces.

Partout les bons citoyens se coaliseraient avec le Roi, franchement réuni à eux; et le salut de tous serait l'œuvre de tous.....

Mais quel moment choisir pour opérer ainsi? Est-ce l'intervalle entre l'Assemblée actuelle et la seconde? ou l'occurrence présente?

Il vaudrait mieux attendre que l'Assemblée eût terminé sa session, parce que la constitution qu'elle produit ne peut être que provisoire;

puisque l'Assemblée a exercé les droits d'une Convention, et que nulle Convention ne peut être ratificatrice d'elle-même; puisque aussi les lois particulières ne peuvent de même être que provisoires, puisque, enfin, les circonstances seules ont forcé l'Assemblée à réunir les fonctions d'une législature à celles d'un corps constituant.

Mais les mécontens et l'Assemblée elle-même peuvent être poussés à des partis extrêmes. Mille événemens peuvent amener des orages, au milieu desquels la sûreté personnelle du Roi serait compromise.

Et puis l'Assemblée peut décréter qu'il n'y aura aucun intervalle entre la session actuelle et la prochaine législature.

Or, dans ce cas, il y aurait tout lieu de craindre qu'avec d'autres représentans l'esprit public ne restât le même ; et c'est cet esprit public qu'il faut travailler et régénérer : ce qui, en présence d'une assemblée qui est passionnée et qui passionne, ne pourrait pas se faire aussi bien que dans l'espace qui séparerait deux sessions.

Ainsi donc, comme on écarte la révolution de ses principes, comme on va à compromettre ses conséquences tutélaires, comme on divise ce qui devrait être lié d'une union sans laquelle il n'y a pas de salut possible, comme on s'expose à n'avoir d'autre alternative que le despotisme ou l'anarchie, il est évident que l'époque actuelle, quoique plus périlleuse, du moins pour les premières heures, est la seule dont on puisse attendre quelque succès. — Quel instant faut-il donc choisir? tous et aucun d'une manière précise. — Ainsi, faire lentement les apprêts. — Le défaut de liberté du Roi, le défaut de pouvoir dans l'Assemblée nationale pour garantir au Roi sa liberté, doivent être mieux constatés; il faut mieux faire connaître les dispositions anarchiques de la population et de la milice de Paris. — Les prétextes que les ennemis de la cause publique veulent et peuvent tirer de la position du Roi, voilà les vrais préparatifs (1).

Nos lecteurs savent déjà par nos explications préliminaires que ce Mémoire n'eut aucun résultat proprement politique, soit que les défiances royales, déjà exprimées au comte de Lamarck, fussent encore bien loin d'être dissipées; soit que *Monsieur* mît peu d'importance à un plan où, quoi qu'on ait dit, et comme le prouve notre fidèle analyse, il n'était pas du tout question pour lui de *lieutenance générale du royaume*; soit que, comme l'ont

(1) On voit que ce Mémoire ne ressemble en rien à celui qui aurait fourni les extraits rapportés dans les *Fastes civils de la France*, tome 2, page 191 et suiv. Nous répétons que nous n'avons aucune raison de croire à l'authenticité de ces citations.

conjecturé quelques historiens, ce prince ne fût pas disposé à conjurer avec beaucoup de dévoûment et d'énergie les dangers qui menaçaient son frère.

Ce fut donc seulement après les instructions données au comte de Lamarck, mandé à Paris comme nous l'avons dit, pour les recevoir du comte de Mercy Argenteau, que Mirabeau se décida à entrer en rapports avec le Roi et la Reine; nous allons transcrire la première lettre de cette correspondance, lettre qui porte la date du 10 mai 1790 :

« Profondément touché des angoisses du Roi qui « a le moins mérité ses malheurs personnels; per« suadé que s'il est, dans sa situation, un prince à « la parole de qui l'on puisse se fier, ce prince est « Louis XVI; je suis, cependant, tellement armé, « par les hommes et par les événemens, contre « l'attendrissement qui naît du spectacle des vicissi« tudes humaines, que je répugnerais invincible« ment à jouer un rôle dans ce moment de partia« lités et de confusions, si je n'étais convaincu que « le rétablissement de l'autorité légitime du Roi « est le premier besoin de la France, et l'unique « moyen de la sauver.

« Mais, je vois si clairement que nous sommes « dans l'anarchie, et que nous nous y enfonçons « chaque jour davantage; je suis si indigné de l'idée « que je n'aurais contribué qu'à une vaste démoli-

« tion, et la crainte de voir un autre chef à l'État « que le Roi m'est si insupportable, que je me sens « impérieusement rappelé aux affaires dans un mo- « ment où, voué en quelque sorte au silence du « mépris, je croyais n'aspirer plus qu'à la retraite[1].

« Dans cette occurrence, il est aisé de croire que « les dispositions actuelles d'un Roi bon et mal- « heureux, à qui ses conseillers et jusqu'à ses infor- « tunes ne cessent de rappeler qu'il a à se plaindre « de moi, et qui, cependant, a la noble et coura- « geuse idée de s'y confier, sont un attrait auquel je « n'essaierai pas de résister. Voici donc la profes- « sion de foi que le Roi a désirée, il daignera en « désigner lui-même le dépositaire (car les règles de « la prudence lui interdisent de la garder), et cet « écrit restera à jamais mon arrêt ou mon témoin.

« Je m'engage à servir de toute mon influence « les véritables intérêts du Roi; et, pour que cette « assertion ne paraisse pas trop vague, je déclare « que je crois une contre-révolution aussi dange- « reuse et *criminelle* que je trouve chimérique, « en France, l'espoir ou le projet d'un gouverne-

[1] Il est à remarquer, en effet, que pendant quelques mois Mirabeau, découragé par les fautes du Roi et de l'Assemblée, ainsi que par la dissolution rapide du pouvoir, et par les progrès de l'anarchie, ne parut qu'assez rarement à l'Assemblée où, par exemple, on ne le vit monter que quatre fois à la tribune dans le mois de janvier 1790, et trois fois dans le mois d'avril.

« ment quelconque, sans un chef revêtu du pou-« voir nécessaire pour appliquer toute la force pu-« blique à l'exécution de la loi.

« Dans ces principes, je donnerai mon opinion « écrite sur les événemens, sur les moyens de les « diriger, de les prévenir s'ils sont à craindre, d'y « remédier s'ils sont arrivés; je ferai mon affaire « capitale de mettre à sa place dans la constitu-« tion le pouvoir exécutif, dont la plénitude doit « être sans restriction et sans partage dans la main « du Roi.

« Il me faut deux mois pour rassembler, ou « même, si je puis parler ainsi, pour me faire mes « moyens, préparer les esprits, et conquérir à la « raison les citoyens sages nécessaires au service du « Roi. J'aurai dans chaque département une cor-« respondance influente, et j'en donnerai les résul-« tats; ma marche sera insensible, mais chaque « jour je ferai un pas. Un empirique promet une « guérison soudaine, et tue. Un vrai médecin ob-« serve, agit surtout par le régime, dose, mesure, « et guérit quelquefois.

« Je suis aussi profondément éloigné d'une con-« tre-révolution que des excès auxquels la révo-« lution, remise aux mains de gens malhabiles « et pervers, a conduit les peuples. Il ne faudra « jamais juger ma conduite partiellement, ni sur « un fait, ni sur un discours. Ce n'est pas que je

« refuse d'en expliquer aucun; mais on ne peut « juger que sur l'ensemble, et influer que par l'en- « semble : il est impossible de sauver l'État jour à « jour.

« Je promets au Roi loyauté, zèle, activité, et un « courage dont peut-être on est loin d'avoir une « idée; je lui promets tout enfin, hors le succès, « qui ne dépend jamais d'un seul, et qu'une pré- « somption très-téméraire et très-coupable pourrait « garantir dans la terrible maladie qui mine l'État « et qui menace son chef. Ce serait un homme bien « étrange que celui qui serait indifférent ou infi- « dèle à la gloire de sauver l'une et l'autre; et je « ne suis pas cet homme-là. »

Les lettres et rapports subséquens se rattachant à des faits postérieurs à la date où notre récit a été interrompu par la digression que nous terminons ici, nous placerons ailleurs l'analyse et le détail des autres parties de la correspondance secrète de Mirabeau.

APPENDICE.

APPENDICE DU LIVRE V.

N°. 1.

SUR L'ENTREMISE FRAUDULEUSE DES ANGLAIS,

qui reçoivent des primes françaises pour faire, sous pavillon français, la traite des nègres.

(*Voir* ci-dessus, page 175.)

« . . . . Daignez, messieurs, descendre un moment à un détail minutieux, mais décisif; voyez la preuve publique et certaine que la traite des noirs, considérée en elle-même, est un commerce essentiellement désavantageux, puisque notre gouvernement a cru devoir, ô honte! le soutenir par des primes, et ne pouvoir pas le secourir autrement; écoutez-moi quelques instans encore, et vous comprendrez bientôt combien il faut être sur ses gardes, lorsqu'on veut s'instruire avec les négocians.

« Les primes destinées à encourager nos marchands de chair humaine causent à la nation une dépense considérable, et sont une source d'infidélités, en même temps qu'elles ont créé un infâme agiotage entre plusieurs commerçans de nos ports et quelques négriers anglais. Oui, messieurs, tels de nos négocians qui vous présentent, avec toutes les couleurs du sentiment, la France ruinée s'ils ne vont pas acheter des nègres, ne plaident au fond que pour le trafic des primes entre eux et nos voisins.

« On connaît deux espèces de primes pour encourager l'honorable commerce de la traite des nègres, l'une s'accorde *par tonneau*, l'autre par *tête de noir* importé dans les colonies françaises.

« La prime *par tonneau* est de 40 livres tournois.

« La prime *par tête* varie selon les règlemens faits par les différentes colonies. La plus haute est accordée pour le transport des nègres dans la partie méridionale de Saint-Domingue, et à Cayenne.

« La prime *par tonneau* se paye lorsque les vaisseaux partent du port pour se rendre à la côte d'Afrique. C'est une avance gratuite faite à l'armateur, et comme il ne s'engage pas à porter aux colonies un nombre déterminé de nègres, pour raison de cette prime, il arrive, soit par le mauvais succès de la traite, soit par toute autre spéculation dont les commerçans ont le secret, que la nation paye, en entier, et même au-delà, la totalité des nègres transportés aux îles par tel navire qui a reçu en partant plus de mille louis, et n'a importé par exemple que trente nègres. Je ne parle pas, ici du moins, des collusions qui se glissent dans l'estimation du tonnage; mais j'observe que depuis la fixation de cette prime, cette estimation se fait par une formule qui double la vraie contenance du vaisseau, et que, par cette heureuse invention, la prime déterminée à 40 livres par le gouvernement s'est changée, par le fait, et grâces à une simple règle d'arithmétique, en une prime de 80 livres (1).

« Les primes *par tête* sont payées en partie dans les îles du Vent, et en partie au retour du vaisseau en France. Les unes et les autres ont coûté à la nation, depuis la fin de 1784 jusqu'à la fin de 1788, dix millions de livres, et voici comment les négriers anglais les partagent avec nos armateurs :

« Vous vous endormez, » écrit un Anglais à un de ses correspondans au Havre; « vous avez obtenu de

(1) On détermine la contenance d'un vaisseau en formant le cube : 1° de la profondeur de la cale; 2° de la traverse; 3° de la quille; et en divisant ce nombre par 94. Le quotient donne le nombre de tonneaux que le navire contient.

Quand il s'agit de déterminer ce nombre pour des négriers, on divise par 42 ou par 46; ce qui donne un quotient plus que double de ce qu'il est, lorsqu'il s'agit de toute autre marchandise. On justifie cette nouvelle formule, en disant que l'on ne range pas les nègres dans un vaisseau comme on y range des marchandises; mais le gouvernement l'ignorait-il, lorsqu'il a accordé la prime de 40 livres par tonneau sur le mesurage ordinaire? (*Note de Mirabeau.*)

« grandes primes pour le commerce des nègres, et « vous n'en profitez pas, envoyez donc des navires à « la côte. »

« Le commerçant du Havre répond : « Je voudrais « bien tirer parti des avantages dont vous me parlez ; « mais, en général, n'entendant que très-peu le com- « merce des nègres, ne connaissant qu'imparfaite- « ment la côte d'Or, encore moins celle sous le vent « et les rivages de l'Afrique, nous craignons de faire « de grandes pertes. »

« L'Anglais réplique : « D'après vos observations, « que je trouve fort sages, je vous offre de vous aider. « J'enverrai en Afrique des personnes très au fait de « ce commerce, qui vous fourniront la quantité de « nègres que vous désirerez, et vous en feront trou- « ver quatre ou cinq cents prêts à embarquer pour « vos îles. Je ne vous demande, en retour de ce ser- « vice, que le prix de mes esclaves, et une somme « par tête de nègres, c'est-à-dire une portion de la « prime qui vous est accordée. »

« Tel est, messieurs, un des salutaires effets de nos primes. Cependant elles ne suffisaient pas à nos armateurs, et voici une série de spéculations sur lesquelles je provoque les méditations des prôneurs de notre richesse numéraire, de ceux qui s'extasient sur l'invention des emprunts publics, car le même embarras enveloppe les spéculations licites et celle que je viens dénoncer ici.

« Vous avez surmonté nos premières difficultés, » dit le négrier français à son honorable compagnon de la Grande-Bretagne; « mais il s'en présente pour nous « de nouvelles, ce sont les dépenses inévitables de « quatre ou cinq mille louis pour l'armement, et au- « tant pour la cargaison, somme entièrement au- « dessus de nos forces.

« La Grande-Bretagne est riche: » l'Anglais répond: « Les difficultés dont vous me faites part ne m'ef- « frayent point. Voici comment j'ai imaginé qu'on « pourrait les surmonter. Nous ferons armer un na- « vire anglais pour la traite, nous vous l'enverrons « au Havre. Avec la prime par tonneau vous le ferez « partir pour l'Afrique. Là mes gens le chargeront « d'esclaves que l'on transportera aux colonies fran- « çaises, et le capitaine prendra un certificat de son « voyage, qui vous sera un titre pour vous faire payer « la prime par tête lors du retour du vaisseau au « Havre. Mais, puisque je vous épargne l'emploi « d'un capital, vous n'oublierez pas d'augmenter la « somme que vous devez me payer par tête d'esclave. « Au reste, je ne répondrai pas de la perte des nègres « pendant la traversée, et je frèterai à mon profit « des marchandises de vos îles pour votre port. »

« Fort bien, » réplique le Français; « mais vous « oubliez qu'il n'est pas permis à un navire anglais de « recevoir la prime française, ni de transporter des « nègres dans nos colonies. »

« Je vous entends, » dit l'officieux Anglais. « Eh bien! « donnez-vous pour propriétaire du navire; montez- « le de matelots français. On y mettra votre pavillon; « par là le vaisseau sera naturalisé, et il vous fera

« jouir de tous les avantages dont je vous ai déve-
« veloppé les détails. »

« Cette correspondance, messieurs, n'est pas un jeu d'esprit. Elle est réelle; elle est le modèle de plusieurs autres, et vous connaissez maintenant la manière ingénieuse qu'emploient les marchands français pour faire un trafic, profitable, sans doute, à quelques maisons de commerce, mais qui fait passer dans les mains des Anglais une partie considérable des primes que la France épuisée croit, du moins, n'accorder qu'à ses propres habitans [1].

« Observez que dans ces odieuses collusions, tandis que le Français court tous les risques de la traversée, l'Anglais n'en court aucun. Observez qu'il suffit à ce dernier de rendre les nègres morts ou vifs; que, dans plusieurs cas, il lui est même plus avantageux que les nègres périssent; qu'il ajoute à ses chances, dirai-je si profitables ou si horribles? le moyen de s'approprier les primes accordées par le gouvernement de France aux Français, ou, ce qui revient au même, de leur vendre les nègres à un prix qui, sans le dédommagement des primes, est insupportable, puisque dans tous les cas la prime est une portion du prix des esclaves.

(1) Au moment même où j'écrivais ceci, on attendait journellement au Havre un vaisseau, d'abord envoyé de Londres dans ce port sous le nom de *l'Active*, puis naturalisé sous celui du *Duc-d'Orléans*, et envoyé à la traite des nègres d'après les arrangemens que je viens d'indiquer. (*Note de Mirabeau.*)

« Or, je le demande, qu'est-ce qu'un commerce qui, dans sa maturité, a besoin de semblables secours ? Qu'on nous dise pourquoi les Anglais s'en passent. Chez nous, en violant la loi, il a fallu les doubler par une nouvelle manière de mesurer le tonnage.

« A-t-il été nécessaire de recourir à des primes pour soutenir la concurrence des Anglais qui, s'il faut en croire nos armateurs, entassent sur la même aire deux fois plus de nègres que nous ? A-t-on voulu acheter de nos armateurs la miséricorde et la pitié ? A-t-on voulu leur payer avec de l'or un peu plus d'air, un peu plus de place pour les malheureux esclaves ? A-t-on voulu les engager à ne point employer des moyens qui produisent, il est vrai, plus de maladies, plus de cruautés, plus de morts ; mais aussi moins de dangers de révolte, et plus de profits ?

« Mais, si tel est l'objet de la prime, nous avons mal rempli ce but. On ne connaît pas en Angleterre notre ingénieuse méthode pour mesurer. Un vaisseau anglais de 250 tonneaux ne s'agrandit point par le moyen d'une heureuse formule, selon qu'il change de destination ; et si un négrier anglais a la barbarie d'entasser cinq cents nègres sur un navire de 250 tonneaux, un négrier français ne peut-il pas faire de même, et paraître cependant laisser aux nègres une place double de celle que leur destinent les Anglais ? N'avons pas trouvé le moyen de faire qu'un navire de 250 tonneaux soit tout à coup de 500 ? Et que devient alors cet espace que nous avons voulu acheter de l'armateur pour empêcher l'entassement des nègres ?

Notre but n'est-il pas manqué, tantôt par la fausse apparence qui provient de la manière de jauger, tantôt par l'abandon d'une partie de cette prime aux négriers de l'Angleterre? Si nous imitons les Anglais, la prime est un vol; recevoir la prime c'est voler. S'ils conduisent la traite pour nous, qu'avons-nous fait pour les esclaves? Dans tous les cas, il est du moins certain que le commerce de la traite est tellement critique pour les armateurs français, qu'ils sont obligés et d'en abandonner une partie à leurs rivaux, et de charger le gouvernement d'une portion de leurs frais.

« Voilà, messieurs, les résultats de ce trafic dénaturé dont on vante les profits! Voilà les divers sacrifices que la nation doit mettre en ligne de compte, lorsqu'elle évalue combien il lui en coûte pour livrer, chaque année, tant de milliers de noirs à la destruction que nécessite le régime actuel de nos colonies, etc. »

N°. 2.

SUR L'ORIGINE DES DENRÉES

par lesquelles la France paye le prix des nègres qu'elle achète.

(*Voir* ci-dessus, page 186.)

« . . . . Il est de fait très-avéré que la traite emploie, *écoule*, puisqu'on se sert de ce mot, fort peu de nos productions indigènes, tant brutes que manufacturées. Les toiles qui composent la partie principale des cargaisons destinées pour la côte d'Afrique, nous viennent des Grandes-Indes, où nous sommes obligés de les payer avec des métaux : sorte d'échange absolument défavorable pour une nation agricole et manufacturière, tant que ses fabriques et son économie rurale sont loin du degré de prospérité où elles peuvent atteindre, précisément parce qu'elles manquent de métaux.

« On voit déjà que la traite des noirs repose en partie, en trop grande partie, sur des marchandises étrangères et lointaines, qu'on ne se procure qu'aux dépens d'une reproduction intérieure, à laquelle on ravit son principal agent, le numéraire. Ainsi, les colonies n'étant point une terre étrangère, mais une partie de l'empire français, le bénéfice que les armateurs retirent de la traite n'a de réalité que pour eux ; il n'augmente point la richesse nationale ; c'est un simple déplacement. Ils ont beau réaliser trois écus d'une pièce de toile qui n'en a coûté qu'un sur la côte de Coromandel, ce bénéfice est nul pour le négociant français et par conséquent pour la France ; il n'augmenterait son capital qu'autant que la pièce de toile serait vendue hors de nos provinces, tandis que c'est à une de nos provinces, ou pour une de nos provinces que la vente s'opère.

« Quelquefois, à la vérité, la manufacture de Rouen supplée aux toiles pour la traite, lorsque celles des Indes sont montées à un très-haut prix ; mais cette circonstance est rare, et purement accidentelle. Comment les Européens pourraient-ils atteindre le bas prix de la main-d'œuvre des Asiatiques ? Sans doute, nous avons des machines ; mais un peu de riz, qui ne coûte rien pour ainsi dire, et que nous n'avons pas, suffit pour alimenter leurs ouvriers.

« Les autres objets qui complètent la cargaison des vaisseaux négriers viennent aussi, la plupart, de l'étranger. Liége fournit les armes ; l'Allemagne et la Suisse quelques toileries, dont nous sommes très-loin de pouvoir égaler le bas prix ; et non-seulement il est douteux que la manière dont nous payons ces marchandises soit avantageuse à la nation, mais, en le supposant, cet objet est de peu d'importance.

« Jusque-là, quel est l'intérêt de ce commerce ? Je n'en vois aucun. Que sera-ce si on le compare avec les grandes, riches et généreuses spéculations dont il nous prive, et sur lesquelles je m'expliquerai tout à l'heure, etc. ? »

APPENDICE DU LIVRE VI.

PROJET DE DISCOURS

sur les menaces et préparatifs de guerre de l'Angleterre contre l'Espagne.

(*Voir* ci-dessus, page 246.)

« Ainsi donc, grâces à la politique ambitieuse, grâces aux prétentions exagérées de la Grande-Bretagne, dans quelques jours peut-être, il ne dépendra plus de vous de suivre le système pacifique dont vous auriez voulu faire une des bases de la constitution; ce système que vous aviez envisagé si justement comme la véritable source de la prospérité publique. L'Angleterre menace avec hauteur, que dis-je? attaque en ce moment, peut-être, un peuple dès longtemps notre allié. Et je ne sais quels vaisseaux anglais, saisis par les gardes-côtes espagnols et relâchés presqu'à l'instant même, viennent, au bout de dix-huit mois, servir de prétexte à des armemens qui doivent troubler le repos des deux mondes, et celui de la France en particulier.

« Oui, messieurs, celui de la France; car enfin, sans remonter en ce moment aux causes réelles des hostilités qui se préparent, croyez-vous de bonne foi qu'il dépendra de vous de n'y point prendre part? et quand il vous serait facile de conserver une exacte neutralité, feriez-vous ce que vous devez aux intérêts bien entendus de vos commettans, si vous vous renfermiez opiniâtrément dans cette neutralité?

« Sans doute la guerre est un fléau, mais malheureusement elle est quelquefois nécessaire : quelquefois même elle est le seul moyen de s'assurer une paix durable; surtout lorsqu'il s'agit comme aujourd'hui, d'abandonner ou de secourir, de perdre ou de s'attacher pour jamais un allié nécessaire; de le rendre indépendant d'une rivale orgueilleuse ou de forger les fers dont elle prétend l'enchaîner; en un mot, d'apprendre encore une fois à cette puissance altière que toutes les mers ne sont pas son domaine, que le commerce du monde n'est pas exclusivement sa propriété, et qu'on peut, sans s'exposer à une ruine inévitable, désobéir aux lois qu'il lui plaît de dicter.

« Quelques faits et quelques observations que j'aurai l'honneur de vous offrir pourront contribuer à déterminer votre conduite dans cette circonstance épineuse. Pour y mettre plus de méthode, et conséquemment plus de clarté, je classerai ma matière et j'examinerai d'abord ce qu'est la puissance menacée, ensuite ce qu'est la puissance menaçante; en troisième lieu, quelles sont, non les causes fictives, mais les causes réelles de la guerre près d'éclater; enfin, quel parti nous devons prendre pour la gloire et pour l'avantage de cet empire.

« Avant de passer à la première question, je crois devoir placer ici quelques réflexions préliminaires.

« C'est sans doute une grande idée, une idée vraiment philosophique et bien digne du siècle où nous vivons, de ne voir dans la race humaine qu'une immense famille dont tous les individus, animés du même esprit de concorde et de paix, tendraient sans cesse vers le même but, vers la félicité commune. L'humanité, la candeur, dictèrent ce beau rêve à l'abbé de Saint-Pierre; mais on cherchera long-temps encore les moyens de le réaliser. La réunion parfaite d'efforts et de sentimens qui en sont la base; cet accord, que nous chercherions en vain dans le plus chétif de nos villages, dans le moins peuplé de nos hameaux, s'il est louable de le désirer, il serait absurde de l'attendre du monde entier. Vous faites pour cela ce qui est en votre pouvoir, vous renoncez authentiquement à toute espèce de conquête; vous allez consigner cette renonciation dans un décret solennel; mais votre système n'est pas encore celui des nations qui vous environnent ; et tant que plusieurs, pour parvenir au même but, auront les mêmes moyens à employer et la même carrière à parcourir ; tant que des rivalités, soit de gloire, soit de lucre, soit de puissance, engageront des voisins inquiets à se liguer entre eux pour l'exécution de leurs desseins ; c'est-à-dire tant que l'injustice, l'ambition, l'avarice, existeront sur la terre ; tant que la raison du plus injuste sera la meilleure, s'il est le plus fort, nous devrons former des alliances à opposer à des intérêts contraires aux nôtres ; et prévenir ainsi leurs succès qui compromettraient notre tranquillité.

« Ne nous abusons point : sans doute la France est une puissante monarchie, surtout depuis qu'elle est devenue un pays de liberté ; mais en résulte-t-il qu'elle puisse s'isoler ? En résulte-t-il surtout qu'elle le doive ? Dans la première hypothèse, il faudrait qu'elle entretînt des forces suffisantes pour se faire respecter et par terre et par mer de toutes les puissances qui, soit par intérêt de convenance, soit par une animosité héréditaire, soit enfin par l'effet des excitations de quelques hommes belliqueux, seraient tentées de diriger sur elle leurs forces combinées. L'histoire nous apprend que la France a dans son sein les ressources suffisantes pour résister à l'Europe entière ; mais l'histoire nous apprend en même temps que le développement de ces ressources a mis la France épuisée presqu'à la merci de ses ennemis.

« Et qu'on ne vienne point me dire ici que de tels efforts ne seront jamais nécessaires, et que les autres peuples respecteront le repos d'un État puissant qui ne veut point troubler le leur : ceux-là ne connaîtraient guère le cœur humain qui se repaîtraient de ces espérances mensongères. Si l'ambition de Louis XIV arma contre lui l'Europe justement alarmée, les passions les plus viles, la mauvaise foi, l'ingratitude, un dépit puéril, armèrent à Cambrai la France, l'Espagne, l'Empire et toute l'Italie contre la faible république de Venise ([1]) ; et, je le dis à la honte de l'humanité, le premier moteur, le principal et presque le seul agent de la ligue la plus injuste et la plus irréfléchie, est un des meilleurs rois dont s'enorgueillisse notre histoire.

« La France ne pourrait donc s'isoler sans trouver bientôt dans sa grandeur apparente le terme de sa véritable grandeur ; mais je vais plus loin : quand cet empire serait par sa seule masse à l'abri de toute commotion extérieure, je soutiens que le bien-être de l'intérieur exigerait qu'il formât des liaisons au dehors, et d'étroites liaisons.

« Une administration absurde avait jusqu'à ce jour rendu presque tous les Français étrangers à la connaissance des besoins et des moyens de leur patrie. Isolés par leur régime particulier et par des obstacles destinés à intercepter le cours des lumières et de l'industrie, les provinces de l'intérieur n'avaient, dans

([1]) Allusion à *la ligue de Cambrai* concertée en 1508 entre Louis XII, le pape Jules II, Maximilien Ier, empereur d'Allemagne, et Ferdinand V, dit *le catholique*, roi d'Espagne. (*Note de l'éditeur.*)

le fait, aucun rapport avec les provinces maritimes et frontières. C'est d'un œil indifférent, et parfois envieux, que les premières voyaient les efforts heureux de celles-ci, sans soupçonner l'action que produit au dedans l'activité du commerce du dehors.

« Ses effets cependant ne sont pas moins réels pour être moins apparens. Une circulation plus active les rend plus visibles dans nos ports, parce que tous les objets de commerce s'y concentrent; mais, en dernière analyse, cette circulation établie sur l'agriculture et l'industrie n'a de durée que la leur, n'a d'activité que la leur. L'agriculture fournit les matières premières, l'industrie les ouvrage, le commerce les exporte. Sans le commerce, l'industrie et l'agriculture ne sont rien; sans l'industrie, les deux autres sont peu de chose; et, sans agriculture, le commerce et l'industrie n'ont qu'une existence précaire, que lui prêtent pour un temps l'insouciance ou la faiblesse de quelques peuples encore dans l'ignorance.

« Ainsi donc, l'agriculture vivifie l'intérieur, et l'industrie l'enrichit par l'impulsion que leur donne à toutes deux le commerce extérieur. Ainsi, les intérêts des provinces méditerranées se lient intimement aux intérêts des provinces frontières et maritimes; ainsi, les intérêts de celles-ci se lient intimement aux intérêts des États voisins; parce que s'il n'y a point d'État florissant sans agriculture, point d'agriculture sans industrie, point d'industrie sans commerce, il n'y a non plus point de commerce sans débouchés.

« Ajoutons que nos débouchés seraient peu de

chose si des traités de commerce ne nous assuraient une exportation à peu près régulière. Qui de nous, en effet, ignore que le prix de la main-d'œuvre et des matières premières en France ne nous permet pas même de livrer sur les lieux les produits de nos manufactures au prix où se vendent les marchandises étrangères grevées déjà des frais de transport? Notre funeste traité de commerce avec l'Angleterre, ce fruit meurtrier de la corruption ou de l'ineptie d'un ministère trop vanté, nous en a fait faire l'expérience cruelle. Et pour m'appuyer de faits peu connus, et sur lesquels je ramènerai quelque jour l'attention de l'Assemblée, je citerai celle des fabrications françaises qui, peut-être, est en elle-même la plus intéressante; celle des toiles dites *Bretagne*, dont la confection se trouve renfermée dans le département des Côtes-du-Nord; une manufacture qui, au moyen de cent mille livres au plus qu'elle faisait passer dans le Nord pour l'achat des graines de lin, tirait annuellement de l'Espagne sept millions et demi de notre monnaie, lesquels venaient payer en France l'industrie du cultivateur, de l'ouvrier, du négociant et de l'armateur. Eh bien, cette manufacture n'est plus que l'ombre de ce qu'elle était il y a dix ans, et la concurrence des *Silésies*, qui a commencé sa ruine, finira par la consommer. Les préférences que lui avait accordées l'Espagne l'avaient seules soutenue contre le bas prix des toiles d'Allemagne. Ces préférences n'existent plus, ou plutôt elles ont changé d'objet et se sont fixées sur ces dernières; et, si l'ancien état des choses n'est rétabli, on ne trouvera bientôt plus que les lieux où fut cette fabrique florissante. J'en pourrais dire autant des autres manufactures de France ; et de quel droit cependant le réclamerait-on cet ancien état des choses, si l'on prétendait que la France doit se suffire à elle-même ?

« Mais vous n'embrassez pas une chimère semblable : il est des alliances nécessaires, vous le savez, et le désir d'une singularité brillante ne vous le fera point perdre de vue.

« Je n'entends point par alliance nécessaire une liaison qui s'est formée d'après les combinaisons systématiques et conséquemment variables de nos soi-disans politiques, et bien moins encore celle qui n'a d'autre fondement que les passions individuelles des princes ou de leurs agens. J'entends par alliance nécessaire le pacte qui dérive naturellement entre deux nations de l'assiette de leurs possessions territoriales et de leurs besoins mutuels, soit que ces besoins se concentrent, comme en temps de paix, dans l'échange amiable des produits de leur sol, et de l'industrie des échangistes ; soit que ces besoins s'étendent, comme en temps de guerre, à la défense légitime des possessions respectives. Le temps ne fera que consolider un pacte semblable, parce qu'il existe pour l'avantage des peuples qu'il unit, et qu'il a pour base l'équité sans laquelle il n'est point d'union durable.

« Examinons maintenant, d'après ces principes, la question qui nous occupe aujourd'hui.

« L'Espagne n'a de voisins en Europe que la France

et le Portugal. Ce dernier, comme tous les petits États, cherche naturellement l'occasion de s'accroître; mais peu de troupes suffisent pour le tenir en respect. L'Espagne doit donc rechercher l'amitié de la France, dont l'inimitié lui nécessiterait l'entretien d'une armée nombreuse, et la même raison doit engager la France à cultiver l'amitié de l'Espagne. La défense de ses autres frontières lui est assez coûteuse pour qu'elle ne désire pas d'augmenter cette partie de sa dépense. Ajoutez à cela que la nature elle-même a posé les limites des deux empires. Les Pyrénées rendraient impossible la conservation des conquêtes qu'ils pourraient faire l'un sur l'autre, et d'une guerre ruineuse ils ne retireraient que les désastres de toute espèce qu'elle traîne à sa suite.

« L'Espagne en paix avec la France tournera vers la mer toute son énergie. Cette partie intégrante de sa puissance, ses colonies, qui font tout à la fois et la richesse des individus et celle de l'État, en seront plus efficacement protégées. Chacun sait avec quelle vorace attention l'Angleterre a, dans tous les temps, épié le moment favorable de s'emparer de ces sources de l'argent et de l'or. Le prétexte même des armemens qui font aujourd'hui la matière de vos délibérations, cette libre navigation dans la mer du Sud réclamée avec tant de chaleur, ne tend de leur part qu'à se rapprocher insensiblement de ces riches contrées. Ce sinistre dessein qu'ils n'ont jamais abandonné, qu'ils ne perdront jamais de vue, leur marine formidable qui donne quelque fondement à cet espoir, sont un second motif pour l'Espagne de s'unir irrévocablement à la France.

« Elle ne peut se dissimuler, en effet, que réduite à elle-même, elle ne résisterait pas long-temps aux forces de l'Angleterre : il lui faut donc des alliés. S'adressera-t-elle à la Hollande, armée aujourd'hui contre elle, et d'ailleurs subjuguée dans le fait par un Stathouder qui tient son pouvoir de l'Angleterre? L'Espagne comptera-t-elle sur les puissances du Nord? Mais leurs escadres se porteront-elles dans le golfe du Mexique ou dans la mer du Sud, au risque de voir leurs côtes infestées par l'Angleterre ou par ses alliés? Leurs forces d'ailleurs suffiraient-elles pour maintenir l'équilibre? non. La France seule peut l'établir, et il est de l'intérêt de la France de le maintenir avec vigueur; elle ne peut, sans s'exposer à un sort pareil, laisser l'Espagne à la merci d'une rivale altière; elle ne peut, sans renoncer à en partager les riches productions, consentir que l'Angleterre attente aux possessions espagnoles dans le Nouveau-Monde, ou, ce qui revient au même, souffrir qu'elle forme des établissemens dans la mer du Sud.

« L'Espagne doit donc voir dans la France son alliée naturelle, et d'autant plus qu'elle ne peut concevoir aucune inquiétude sur le prix que nous pourrions mettre à nos services. Si la France n'a jamais formé de prétentions sur les possessions éloignées de l'Espagne; si, satisfaite d'avoir délivré de l'esclavage un peuple généreux, et abaissé l'orgueil excessif d'une rivale, elle a laissé recueillir par ses alliés tous les fruits de la dernière guerre, quelle confiance ne doit-elle pas leur inspirer aujourd'hui qu'elle se fait une gloire comme un devoir de manifester à l'univers entier le système de paix et de loyauté dont elle fait un des points de sa constitution?

« Mais si la France est l'alliée naturelle de l'Espagne, l'Espagne est aussi l'alliée naturelle de la France. Je ne répéterai point ce que j'ai dit précédemment d'une masse de forces navales à opposer à celles de l'Angleterre, masse que celles de France et d'Espagne coalisées peuvent seules réunir; je ne redirai pas non plus mes précédentes démonstrations sur l'inutilité des conquêtes que nous pourrions faire si nous n'y renoncions solennellement, mais j'affirmerai que l'Espagne est la seule puissance sur laquelle nous puissions raisonnablement compter.

. . . .

« Lorsque nous avons vu la Suède, malgré la cession récente de l'île de Saint-Barthélemi, suivre l'impulsion de notre rivale; lorsque, en s'unissant étroitement avec elle, la Suède a rompu les liens qui depuis si longtemps l'attachaient à la France, en vain dirait-on que les traités existent encore, ils sont dénaturés, ils sont méconnus, et ne méritent plus notre confiance.

« Nous ne compterons pas sur le Turc engagé aujourd'hui dans une guerre ruineuse, par la même puissance qui a détaché de nous la Suède, et d'ailleurs quand aura-t-il réparé les désastres de la guerre, en supposant qu'il n'y succombe pas?

« Sans doute, on peut être précairement en paix

avec une couronne qui se fait un système d'agrandissement sans hésiter sur les moyens, qui saisit une province parce qu'elle est à sa convenance, et maintient ensuite ses usurpations à main armée : mais elle inspirera toujours une défiance légitime, parce que son allié d'aujourd'hui sera son ennemi demain, si ce changement est utile au succès de ses vues ambitieuses, nous ne calculerons donc point sur l'amitié de la Russie.

« J'en dirais autant de la Prusse, si les règles de morale politique n'étaient pas comme toutes les autres sujettes à des exceptions.

« Quant à la Pologne, si elle sort enfin de l'anarchie, si ses voisins, c'est-à-dire la Prusse, la Russie et la maison d'Autriche, ne la dévorent pas, elle flottera long-temps entre elles, et suivra des impulsions étrangères. Si, grâces à Frédéric-Guillaume, elle secoue le joug de Léopold et de Catherine, elle aura peu fait pour sa liberté. Les volontés d'un protecteur puissant seront long-temps la règle de sa conduite. Le temps est loin encore où elle existera par elle-même, si elle peut continuer d'exister.

« Jusqu'à l'abaissement de la Prusse, le Danemarck se verra réduit à la nullité absolue dans laquelle il est tenu par elle de concert avec l'Angleterre.

« Nous ne mettrons pas notre confiance dans la cour de Sardaigne, la guerre de la succession nous a suffisamment fait connaître la morale politique de cette puissance qui détrônerait ses propres enfans, pour en partager les dépouilles. Tous moyens lui sont bons pourvu qu'elle s'accroisse.

« Je passe sous silence cette fourmilière de princes dont l'agrégation forme ce qu'on appelle l'Empire, qui, dans l'isolement de leurs états, peuvent les voir conquis à l'instant même, et quelquefois avant qu'ils aient déployé l'étendard de la guerre.

« Reste donc la maison d'Autriche dont les intérêts ne seront jamais les nôtres. Je ne parlerai pas de cette rivalité ou plutôt de cette antipathie d'autrefois qui n'est peut-être pas éteinte. Je ne dirai rien de ces prétentions que Joseph II voulait, dit-on, faire revivre sur la Lorraine : mais son successeur, quelque modéré qu'il paraisse, en est-il moins ambitieux? en imite-t-il, en sert-il moins les prétentions exagérées de la Russie? il aime la justice, dit-on, et comment alors soutient-il une guerre qui a pris naissance dans l'injustice de la czarine, qui s'est nourrie de l'injustice de l'empereur, et qu'il terminerait d'un mot s'il voulait réellement être juste? Quoi qu'on en dise donc, tout doit nous faire croire que Léopold n'a point abjuré ce système de domination qui fut dans tous les temps l'idole de sa famille. Ce système provoque la guerre ; vous ne la voulez pas, vous la regardez à bon droit comme un crime de lèze-humanité, à moins qu'elle ne soit nécessaire, et de quel prix serait aux yeux d'un ambitieux une alliance pacifique?

« D'ailleurs, si la Grande-Bretagne nous attaque, de quel secours nous seraient ces alliances? je le dis à la gloire de l'Angleterre : de toutes les puissances de l'Europe, elle est la seule à redouter pour nous. A quoi servirent en 1712, après la retraite des Anglais, les forces de l'empire, des Provinces-Unies et de l'empereur réunies à Denain, sinon à faire triompher Villars? qui borna nos succès dans la guerre terminée à Aix-la-Chapelle? qui, s'il faut le dire, nous fit la loi après la guerre d'Hanovre? l'Angleterre, et comment? par sa marine. L'Allemagne vomirait de son sein toute sa population guerrière qu'elle n'entamerait pas nos provinces. Des esclaves ne renverseront jamais des forteresses défendues par des hommes libres.

« Mais il est un élément où la nature, où l'art surtout donne trop d'avantages à l'Angleterre, c'est qu'il s'agit de préserver votre commerce de sa ruine; il importe, qui pourrait en douter? de maintenir la liberté des mers. Un seul allié peut vous donner les moyens d'en disputer l'empire à vos rivaux, c'est l'Espagne, et nul autre que l'Espagne. Ainsi donc comme votre alliance lui est nécessaire, la sienne vous l'est également. Je dois ajouter que telle est la position géographique des deux nations, en Europe comme au delà de l'Atlantique, que leurs escadres respectives dans l'Océan, dans le golfe du Mexique, dans la Méditerranée, ne peuvent protéger efficacement les côtes de l'une sans que les côtes de l'autre ne se trouvent en même temps et presque forcément à l'abri des insultes et des entreprises de l'ennemi.

« Je n'ai envisagé l'Espagne que comme une puissance maritime dont l'alliance nous est nécessaire pour balancer la marine formidable de la Grande-

Bretagne. Sous les rapports purement commerciaux, elle deviendra pour nous bien plus intéressante encore. Je n'entrerai pas en ce moment dans des détails qui trouveront leur place lorsque je traiterai des motifs réels de la conduite de l'Angleterre. Mais tels seraient les effets de votre indifférence si vous commettiez la faute d'en ressentir à l'égard de l'Espagne, et de la lui témoigner, qu'il vous faudrait désormais renoncer en quelque sorte à toute espèce de commerce avec elle. Je n'entreprendrai point de calculer les résultats effrayans de cette scission entre les deux empires, je dirai seulement, et j'offre de le prouver, si l'on met en doute une pareille question, qu'une guerre malheureuse ne vous en présenterait pas d'aussi désastreux.

« Tant de motifs puisés dans la plus saine politique me semblent assez péremptoires pour que je n'aie pas besoin, messieurs, d'intéresser votre délicatesse qui suffirait seule à vous faire embrasser la cause des Espagnols. Vous avez mis les créanciers de l'État sous la sauvegarde de la loyauté française, avez-vous une dette plus sacrée que celle que l'État a contractée envers l'Espagne? les services qu'elle vous a rendus, n'a-t-elle pas le droit d'en exiger le prix? oui *les services*, n'en déplaise aux hommes qui vous demandent avec un sourire sardonique ce que l'Espagne a fait pour la France. Les traités qui ont étroitement uni les deux empires ne datent que de 1761, et depuis cette date, quelle a été leur conduite réciproque?

en 1768, l'Espagne réclama notre alliance, et elle lui fut plus qu'inutile; en 1778, nous réclamâmes la sienne, et lorsqu'elle se déclara l'année suivante, elle consulta moins ses intérêts que ses engagemens; elle nous rendit alors un service essentiel, je le croirai du moins jusqu'à ce qu'on me prouve qu'une puissante diversion n'en est pas un. Ces deux époques sont connues de tout le monde, mais ce que tout le monde ne sait pas, c'est que si l'Angleterre ne déclara pas, en 1787, la guerre à la France pour l'affaire de la Hollande, c'est à l'Espagne que nous en avons été redevables.

« Ce fut elle qui, sans être requise, arma dans ses ports quarante-trois vaisseaux de ligne, tandis qu'un lâche ministère nous déshonorait aux yeux de l'Europe. L'escadre anglaise était en mer, et les ordres hostiles donnés à son commandant étaient si connus, que notre escadre, qui ne partit pas, en avait déjà reçu de pareils. Il fallut, sur la déclaration énergique de l'Espagne, que le cabinet de Saint-James expédiât des avisos pour apprendre à l'amiral anglais que la paix était rétablie. Il m'est impossible d'exprimer la franchise, la grandeur que l'Espagne déploya dans cette circonstance. La correspondance ministérielle qui doit exister vous en apprendrait les détails que je ne puis pas mettre sous vos yeux.

« Je terminerai cet article par un trait qui, bien qu'il appartienne à un individu, n'en doit pas moins rejaillir sur la nation qu'il représentait alors en qualité d'ambassadeur; on sait combien Charles III, comme tous les monarques espagnols depuis près de deux siècles, désirait vivement recouvrer la possession de Gibraltar, mais on ne sait pas à quel prix, en 1782, le ministre Vergennes fut sur le point d'opérer cette réunion. L'Angleterre y consentait au moyen d'un équivalent. Il paraissait naturel de le prendre dans les possessions espagnoles, et Vergennes le choisit dans les possessions françaises ; ce fut une des Antilles, et ce que vous ne croirez peut-être pas, ce fut la Martinique! la Martinique, l'unique asile de nos flottes dans ces parages! oui, messieurs, l'échange de la Martinique contre Gibraltar fut proposé dans le conseil, et Vergennes l'y fit adopter. Le comte d'Aranda l'attendait chez lui : « Embrassez-moi, » dit le ministre à l'ambassadeur, « et félicitez-moi, l'Espagne recouvre Gibraltar ; » et tout de suite il lui apprend ce que vous venez d'entendre. La réponse du comte d'Aranda ne fut pas conforme à l'attente du ministre : « Chargé des blancs-seings du roi mon maître, je n'en ferai jamais usage pour sceller la honte et la ruine de la France. Rentrez au conseil, effacez du traité cette clause désastreuse, ou je ne signerai pas. » Vergennes retourne au conseil, l'article est annulé, Gibraltar reste à l'Angleterre et la Martinique à la France. Je n'ajouterai qu'un mot, Gibraltar était peut-être l'unique fruit que l'Espagne s'était flattée de recueillir de la guerre où elle s'était engagée pour nous !

« Je me résume, et je dis que vous devez à l'Espagne sympathie, reconnaissance, fidélité. Sous ce point de vue, vous ne pouvez lui refuser le secours qu'elle attend de vous; vous le devez encore moins si vous considérez par qui l'Espagne est attaquée.

« Remarquez bien en effet, messieurs, qu'il y a cette différence, entre une puissance commerciale et une puissance territoriale, que les intérêts de celle-là sont de recevoir de l'étranger les matières premières toutes brutes, et de les lui rendre ensuite diversement ouvrées; tandis que les intérêts de l'autre sont de donner elle-même aux matières premières que son sol lui fournit les différentes préparations, les différentes façons qu'elles peuvent recevoir.

« L'Angleterre est plutôt une puissance commerciale qu'une puissance territoriale; dès lors son unique but doit être, comme il l'est effectivement, de donner à son commerce toute l'étendue dont il est susceptible; dès lors aussi, et par conséquent, elle voit son ennemie dans toute nation qui, de quelque manière que ce soit, tend à le restreindre. Ce n'est qu'en lui sacrifiant son industrie qu'une puissance territoriale pourrait compter sur son amitié.

« Tel est le motif qui ne permettra jamais à l'Angleterre de s'allier sincèrement avec la France, parce que, des royaumes du continent, la France est le seul qui, par les ressources de son sol, par son industrie, par sa position, puisse enlever un jour à l'Angleterre une portion des immenses bénéfices que la perfection de ses manufactures, que l'activité de son commerce, lui procurent. L'inimitié de l'Angleterre sera donc éternelle; elle croîtra même chaque année avec les produits de son industrie, ou plutôt de la nôtre. L'homme inattentif ne verra dans la haine du peuple anglais contre le peuple français qu'un préjugé absurde et barbare; le philosophe y découvrira cet infaillible instinct qui ne permet pas à l'homme le plus borné de se méprendre dès qu'il s'agit de son intérêt.

« Je vais plus loin, et dût-on me reprocher un paradoxe, je dirai que, non-seulement la révolution qui s'opère en France ne rapprochera pas les deux nations, mais encore qu'elle n'aboutira qu'à les éloigner davantage. Sans doute le nombre sera grand des Anglais qui applaudiront à notre énergie, mais le nombre sera bien plus grand encore de ceux qui en redouteront les effets. Ils ne pourront plus espérer de voir les manufactures dépérir sous la tyrannie des taxes et des règlemens arbitraires ; ils ne pourront plus espérer de voir s'accumuler dans la main de quelques serviles adulateurs, des sommes destinées à l'encouragement du commerce et des arts utiles. Ainsi notre liberté ajoutera à l'antipathie de ces fiers insulaires, parce que notre liberté est ennemie dans son principe, et le sera bien plus encore dans ses résultats, du monopole universel auquel tend l'Angleterre; de ce monopole enfin que le plus imbécille ou le plus corrompu des ministres ne craignit point d'alimenter de la pure substance de nos fabriques et de nos ateliers.

« En effet, messieurs, que doit penser un Anglais lorsqu'il réfléchit sur la convention que je veux désigner ici, sur ce chef-d'œuvre de la sottise ou de la prévarication connu sous le nom de *Traité de commerce?* Croyez-vous de bonne foi qu'il ne regrettera pas le temps où les Français asservis devaient, sans murmurer, voir l'étranger s'enrichir de leurs dépouilles? où le propriétaire d'une fabrique, où l'ouvrier et l'artisan, sans travail et sans pain, devaient dévorer dans le silence les pleurs que leur arrachait le désespoir? Si vous accomplissez encore les conditions de ce traité désastreux, ne croyez pas qu'ils en fassent hommage à votre bonne foi. Je me mets à leur place, et je ne croirai jamais qu'une nation dont on a, sans son aveu, stipulé non les intérêts, mais la ruine, veuille la consommer, par un absurde point d'honneur, lorsqu'enfin elle est rentrée dans ses droits. Non, leur orgueil ne vous laisse pas même le mérite de cette fidélité trop débonnaire; la terreur de leurs armes est, à leur avis, ce qui vous retient; et, fermant les yeux sur les événemens proprement militaires de la guerre récente, l'arrogance britannique va se reposer avec satisfaction sur l'époque de 1762, et croit le moment venu de la faire renaître. Si telle n'était leur persuasion intime, verrait-on dans leur conduite actuelle cette insultante hauteur qu'on leur permettrait à peine après les succès les plus décisifs.

« Mais je me trompe, messieurs, la Grande-Bretagne ne croit point que vous sépariez votre cause de celle de l'Espagne. Si l'Angleterre a réclamé de la Hollande les secours d'hommes et de vaisseaux que les traités lui assurent, c'est parce que l'Angleterre a bien prévu que l'Espagne ne serait pas la seule puissance disposée à mettre obstacle à un système d'usurpation commerciale suivi si constamment et depuis si long-temps. Je n'en exposerai pas sous vos yeux les preuves nombreuses : l'envahissement de Terre-Neuve et de la baie d'Hudson, de l'Acadie et de Minorque par le traité d'Utrecht; celui du Canada et du cap Breton, du Sénégal et de la Grenade, de la Louisiane et de la Floride par le traité de Paris. Mais je vous dirai qu'il est temps de borner cet essor dangereux ; je vous dirai que l'occasion s'en présente aujourd'hui telle qu'un jour vous la chercheriez peut-être en vain; je vous répéterai que vous ne pouvez exister sans alliés; qu'il n'en est pas dont l'amitié vous offre autant d'avantages que celle de l'Espagne; que vous pouvez la perdre sans retour par une condescendance impolitique pour votre ennemie de tous les lieux et de tous les temps ; et que cette condescendance vous couvrirait de honte aux yeux de cette rivale elle-même, qui en recueillerait les fruits sans abjurer sa haine, parce qu'il est de son intérêt de vous haïr.

« Je vais plus loin, et je dis que cette condescendance par laquelle vous vous flatteriez du moins d'éloigner la guerre, en rapprocherait probablement l'époque, et en attirerait tout le fardeau sur la France sans aucune espèce de compensation pour elle.

« En effet, messieurs, sans ajouter plus de foi qu'on ne le doit à ces bruits qu'on a fait courir d'une fermentation violente dans plusieurs cantons de l'Angleterre, n'est-il pas raisonnable de croire que la nation finira par ouvrir les yeux sur l'inégalité monstrueuse de représentation dont la Chambre des Communes offre le tableau? Inégalité attaquée sans succès dans les dernières séances du Parlement qui vient d'être dissout; inégalité qui contraste si étrangement avec les premiers droits du citoyen qu'on prétend cependant y être établis sur les bases les plus solides? N'est-il pas possible que la force de votre exemple ramène ces fiers insulaires aux vrais principes de la tolérance, naguère si vainement réclamés par Fox? Car assurément on ne me dira pas que ce peuple, chez qui l'acte du Test existe, puisse se dire exempt de superstition ([1]). N'est-il pas possible encore que la nation anglaise vienne à envisager la *presse* pour le service de mer comme ne dérivant pas nécessairement de la liberté dont elle se flatte de jouir? Enfin, n'est-il pas possible que déjà elle ait annoncé sur ces objets, et peut-être aussi sur d'autres, des dispositions alarmantes pour le ministère?

« Enfin, quelque éloigné que je sois d'attribuer uniquement à ce motif les symptômes menaçans, les apprêts militaires que l'on signale à Portsmouth et ailleurs, n'est-il pas possible du moins qu'il leur donne un degré d'activité de plus? Ce n'est pas d'aujourd'hui que les princes et leurs agens, inquiets des

([1]) *Le serment du Test*, institution digne d'Henri VIII, son auteur, est une déclaration publique sur certains dogmes de religion, et sur certains principes de gouvernement, laquelle est exigée par les lois anglaises dans des cas déterminés. (*Note de l'éditeur.*)

mouvemens qui s'annonçaient au dedans, ont cherché à faire en quelque sorte crever au dehors le nuage que formait sur leur tête l'esprit qu'ils appellent *de nouveauté;* et le moment actuel n'est point pour eux celui d'une sécurité imprévoyante. S'ils ne le savaient pas, ils ont appris depuis peu que la découverte d'une vérité en appelle une autre; que la conquête du droit commun n'est, pour l'homme qui veut être vraiment libre, que le prélude d'un second triomphe. C'est d'après ces principes, dont l'expérience nous atteste l'infaillibilité, que je jugerai la conduite future du ministère anglais.

« Peut-être, à la vérité, l'abandon que nous ferions de l'Espagne forcerait cette puissance à agréer non les conditions ostensibles, mais les conditions secrètes qu'on lui propose. Peut-être aussi cette acceptation ôterait-elle au ministère de la Grande-Bretagne le prétexte d'une guerre que, selon toute apparence, il destine en partie à détourner l'attention que le peuple anglais aurait pu donner aux vices de sa constitution, dans un moment où ce qui se passe chez ses voisins provoque cet examen.

« Mais la même nécessité subsistant pour le ministère britannique, au moment même où un prétexte lui échapperait, il en chercherait un autre; il céderait à ce qu'il croirait le besoin de se faire au plus tôt un ennemi, et cet ennemi ne pourrait être que la France.

« En effet, ne craignons pas de le redire, le nouvel

ordre de choses qui s'établit chez nous ne saurait plaire à la cour de Saint-James. Le monarque a des droits qu'il trouve le moyen d'étendre, parce qu'ils n'ont pas encore été bien définis. La chambre haute craint un changement qui ne respecterait peut-être pas la pairie; des hommes que leur naissance en rapproche, des hommes impatiens d'y siéger un jour s'agitent dans la chambre des communes, songent à s'y rendre chers ou redoutables au prince ou au ministère, et à se frayer la route pour parvenir aux plus hautes dignités. Voilà ceux qui sont intéressés à proscrire un système dont l'égalité individuelle est la base. Ils seront là pour détourner de leurs têtes aristocrates la tempête qui les menace, et pour présenter à l'effervescence du peuple anglais l'objet de son antique animosité : ils seront là pour lui prétexter des injures récentes, pour lui promettre des victoires faciles, pour lui rappeler des époques glorieuses. Et, si le succès de la guerre est seulement douteux, ils seront là pour calomnier la constitution française; ils seront là pour consolider celle qu'ils auront craint de perdre, par des comparaisons qu'une nation hautaine saisira toujours volontiers dès qu'elles caresseront son orgueil.

« Et dans le cas même où ils se verraient trompés dans leurs espérances, dans le cas où leur chute rendrait impuissante leur animosité personnelle, nous n'en aurions pas moins à combattre la haine nationale de l'Angleterre, haine que perpétueront nos succès, parce que tout ce qui tend à la prospérité de notre agriculture et de notre commerce, lui paraît une sorte d'attentat à sa prospérité; haine d'autant plus active que l'influence du peuple sera ce qu'elle n'aurait jamais dû cesser d'être.

« J'ai beaucoup parlé du peuple anglais, et je prie l'Assemblée de ne point prendre cette expression dans un sens différent de celui que j'ai voulu lui donner. J'entends par peuple toutes les classes des individus dont l'intérêt privé se combine, se confond avec l'intérêt général, ou dont l'âme élevée est au-dessus des considérations particulières. C'est dans ce sens que le fameux Chatham partageait les sentimens d'animosité du peuple anglais contre la France : une politique éclairée, un zèle ardent pour la gloire de sa patrie faisait en lui ce que l'intérêt déguisé sous des formes plus grossières opère sur la majeure partie de la nation.

« Ainsi, l'Angleterre fut de tout temps notre ennemie. Les circonstances, loin de changer ses dispositions, tendent en tous sens à l'y confirmer. C'est à vous de juger, messieurs, si vous devez, en vous séparant de l'Espagne, vous livrer en quelque sorte à la merci de vos rivaux; c'est à vous de juger s'il ne vous sera pas plus honorable et plus utile de mettre un frein à leurs usurpations.

« Je n'entends point, messieurs, appliquer ce mot aux raisons apparentes que l'Angleterre donne de sa rupture avec l'Espagne. Peut-être cependant si je voulais entrer dans cette partie de la question, ne me serait-il pas difficile d'en trouver les caractères dans sa conduite relativement à la baie de Nootka, ou de San-Lorenzo, comme l'appelle l'Espagne. Celle-ci fonde ses droits sur le traité d'Utrecht, par lequel l'Angleterre lui a garanti ses possessions de la mer du Sud, en lui promettant même tous les secours nécessaires pour lui faire restituer ce qu'on aurait pu conquérir sur elle dans le Nouveau-Monde depuis la mort de Charles II. Ce n'est donc point comme l'a dit dans la chambre des communes un orateur qui s'est cru plaisant, ce n'est donc point sur des *bulles du pape* que l'Espagne fonde sa propriété La baie de San-Lorenzo fait partie de la Californie, et long-temps avant Charles II l'Espagne avait pris possession de cette vaste presqu'île.

« Sans doute il est déraisonnable, sans doute il est immoral de considérer une région comme la propriété du premier occupant, parce que les indigènes sont d'une autre couleur, parlent un autre langage, ont une autre façon de vivre, et ne suivent pas la même religion que leurs conquérans, ou, pour mieux dire, parce qu'ils ne connaissent pas encore les moyens multipliés de destruction dont nous avons l'atrocité de nous enorgueillir. Mais, par malheur, tels sont dans leur principe tous les établissemens européens au delà des mers. L'avarice, l'injustice, la force les ont fondés, et ce n'est pas à l'Angleterre qu'il appartiendra de contredire cette assertion.

« Lorsque le gouvernement britannique, en 1584, donnait à Walter Raleigh et à la compagnie formée par cet homme aussi malheureux qu'intrépide, la disposition absolue de toutes les découvertes qu'il devait faire, par qui cette propriété lui avait-elle été transmise? Et, pour rapprocher les époques, de quel droit voyons-nous aujourd'hui le Bengale dans les mains de la compagnie des Indes anglaise, si ce n'est du droit du plus fort? Ils ont, me dira-t-on, légitimé leur conquête par la cession que leur en a faite depuis l'empereur de Delhy; mais cette cession obtenue d'un monarque fugitif était conditionnelle, et ils ne se sont jamais mis en peine d'en accomplir la moindre clause.

« Que l'Angleterre ne vienne donc point attaquer des titres de propriété dont elle a reconnu la validité pour un traité solennel! Vainement allèguerait-elle que l'Espagne, en ne formant aucun établissement à Nootka-Sund, avait renoncé dans le fait à ses prétentions sur cette baie. L'Espagne n'est pas la seule puissance qui se trouve dans cette position : que dirait l'Angleterre si nous nous établissions, je ne dis pas sur la côte occidentale de la Nouvelle-Hollande à l'opposite de Botany-Bay, mais dans telle île du nord de l'Écosse, dans tel lieu peut-être de la Grande-Bretagne délaissé par ses habitans, ou qui n'en a jamais eu?

« Je dirai plus, l'Angleterre a reconnu de la manière la plus expresse que les établissemens n'étaient pas nécessaires pour constater la propriété. Lorsqu'en 1770 les îles Falkland lui furent remises par l'Espagne, il fut stipulé que tous les établissemens en seraient détruits. Ils le furent en effet; elle ne peut y en former d'autres, et cependant, aux termes des traités, ces îles sont sa propriété. Que l'Angleterre respecte donc celle de l'Espagne; qu'elle imite les autres nations dont les vaisseaux comme les siens avaient projeté d'étendre leur commerce dans ces parages. L'Espagne a réclamé ses droits, et elles en ont reconnu l'authenticité. L'Angleterre non plus ne la révoque pas en doute. A la nouvelle de l'arrestation des deux vaisseaux, c'est l'Espagne qui s'est plainte la première de l'atteinte portée aux anciens traités par les navigateurs anglais. Mais à cette époque le cabinet espagnol refusait de se lier par un traité de commerce, il fallait un prétexte pour l'y réduire par la force des armes, et l'expulsion de ses vaisseaux de Nootka-Sund est celui que l'Angleterre a choisi.

« Pour vous développer les véritables motifs de sa conduite, je dois reprendre les choses de plus haut.

« Soumise par d'anciens traités à des conditions onéreuses, l'Espagne depuis long-temps était forcée de recevoir dans ses ports les arrivages étrangers, sans pouvoir en tirer elle-même beaucoup d'avantages, du moins pour les finances publiques, parce que l'influence de son gouvernement sur ses propres états était si peu de chose, qu'il ne dépendait pas de lui d'augmenter les droits sur les marchandises du dehors, ni même ceux établis sur les retours de ses colonies. Elle avait religieusement observé ces conventions jusqu'en 1761. Mais à cette époque elle se réveilla en quelque sorte de l'insouciance léthargique où elle avait existé jusqu'alors. Elle vit, dans l'introduction libre des étoffes étrangères, l'imperfection, le découragement, la proscription en quelque sorte de ses manufactures, enfin la ruine de son industrie, ou plutôt l'impossibilité de l'établir jamais. Elle négocia donc un traité d'alliance offensive et défensive avec la France, qui, sous la promesse secrète et positive d'une compensation égale au sacrifice, consentit à l'abolition des priviléges dont elle jouissait dans les ports espagnols. On devait opposer cet exemple à l'Angleterre, en exiger un désistement de ses prétentions, l'y contraindre s'il était nécessaire, et dès lors il fallait bien que les autres puissances reconnussent l'indépendance commerciale de l'Espagne avouée par les deux premières puissances de l'Europe.

« C'est sur ces principes que fut dressé le *Pacte de famille* (1).

« Il est aisé de voir que l'Espagne avait pour but de s'affranchir du joug de l'étranger. Ne le pouvant par ses propres forces, elle s'étayait de celles de la France; et comme les manufactures espagnoles ne devaient de long-temps, si elles y parvenaient un jour, fournir à la consommation du pays, et surtout à celle de ses colonies, elle assurait à la France, par les art. 24, 25 et 26, ce que celle-ci pouvait désirer de plus avantageux pour son

(1) Conclu le 15 août 1761 entre les diverses branches régnantes de la maison de Bourbon.

(*Note de l'éditeur.*)

commerce. Toutes les cessions de la France et la partie militaire du pacte furent publiques. Les art. 24, 25 et 26 ne le furent pas. La confection du tarif à régler en conséquence fut renvoyée après l'issue de la guerre. Chacun sait quelle fut cette issue, et que la France y reçut les ordres de sa rivale. L'instant n'était pas favorable pour notifier à l'Angleterre un traité de commerce qu'elle ne pouvait que trouver désavantageux. On fut fort heureux qu'elle n'exigeât pas l'entier anéantissement du pacte. Les négocians français, qui n'en connaissaient que la partie où étaient stipulés les sacrifices, demandèrent avec instances qu'on les traitât du moins à l'instar des Anglais, et l'obtinrent par des dispositions particulières et non générales.

Les choses restèrent en cet état jusqu'en 1768. Les deux cours se sentant alors capable de faire tête à l'Angleterre, l'Espagne témoigna à la France le désir qu'elle avait de détruire les établissemens anglais de Falkland, autrement les îles Malouines, et demanda si elle pouvait compter sur ses secours. M. de Choiseul y mit pour condition l'exécution immédiate des articles commerciaux du pacte de famille, et la convention de 1768 fut signée. Elle développe d'une manière plus favorable encore à la France les trois articles du pacte de famille. Cette convention dut rester secrète jusqu'à l'expulsion des Anglais des îles Falkland, afin de traiter à la fois ces deux objets, que naturellement ils ne devaient pas voir d'un bon œil. M. Mandariaga partit en 1769 pour cette expédition dont il revint en 1770. A son retour, le cabinet de Madrid pressa celui de

Versailles de se déclarer. M. de Choiseul voulait la guerre; mais il touchait au terme de sa puissance; non-seulement il ne put décider le Roi, mais il tomba devant une intrigue de cour dont on connaît l'ignoble moteur. Sa chute fit évanouir les projets qu'il avait conçus, projets qui pouvaient dédommager la France des suites de la guerre précédente. Le nouveau ministre désira la continuation de la paix. Il se porta pour médiateur, il proposa des mesures conciliatoires que l'Espagne délaissée se vit forcée d'agréer. L'Angleterre rentra en possession de Falkland, avec la clause d'en détruire les établissemens, et la convention de 1768 resta sans effet. On l'avait tenue si secrète, que même les négocians français en Espagne n'en eurent aucune connaissance.

Le temps qui s'écoula jusqu'en 1778 ne nous offre point de négociation intéressante. Dans cet intervalle, l'Espagne une seconde fois changea de système. Elle avait songé, en 1761, à éconduire les autres puissances au moyen de la France; elle voulut alors se passer même de cette dernière, et crut pouvoir attendre du temps et d'une sage politique un affranchissement industriel et commercial plus lent, mais plus complet. Elle fit entrevoir à la France un désir sincère de lui accorder toute espèce de préférence, mais en lui faisant observer que le moment de négocier n'était pas venu; en reconnaissance de ces avantages, dont elle se réservait de fixer l'époque, elle mettait à profit notre condescendance, elle restreignait nos priviléges, elle en reprenait même, avec l'attention de n'attaquer d'abord que ceux de peu d'importance; et, s'autorisant ensuite de sa conduite à notre égard, elle sappait de même les droits et les franchises des autres nations.

Cependant en 1778 la guerre éclata entre la France et l'Angleterre. L'Espagne répugnait à se déclarer; les motifs d'hostilités contrariaient sa politique. L'exemple des Anglo-Américains pouvait être contagieux. Elle se décida cependant en 1779; et dès ce moment, abjurant en faveur de la France le système qu'elle avait suivi depuis 1770, elle reprit son ancien projet d'un traité de commerce, et chargea M. de Montmorin, pour lors notre ambassadeur à Madrid, d'en faire l'ouverture au ministère de Versailles. M. de Vergennes ne sentit pas combien il était essentiel pour la France de mettre à profit une pareille démarche; il perdit du temps, et finit par renvoyer la conclusion du traité jusqu'à la paix, afin, disait-il, de l'établir alors sur une base plus solide. A la paix on s'en occupa sérieusement. L'Espagne désirait qu'il se fît en Espagne; M. de Vergennes insista pour que ce fût à Paris. Le cabinet espagnol y consentit; l'ambassadeur en fut chargé, et M. Del Campo vint à cet effet à Paris avec des instructions particulières. Les négociations s'entamèrent, et M. de Vergennes osa proposer qu'on y admît l'Angleterre. Par bonheur le reste du conseil s'y opposa fortement et avec succès; mais dans l'intervalle l'habile Vergennes conclut avec l'Angleterre le traité de commerce qui subsiste encore, et l'Espagne rompit à l'instant toute négociation. Elle prétendit avec raison qu'après avoir accordé à l'Angleterre tous les avantages de la nation la plus favorisée, il ne nous restait plus rien à offrir à l'Espagne en échange de ce qu'elle nous offrait elle-même. Dès lors elle reprit le système qu'elle avait suivi depuis 1770 jusqu'à cette époque.

Personne n'ignore les discussions qui survinrent entre la France et l'Angleterre en 1787, au sujet de la Hollande.

J'ai dit ailleurs avec quelle scrupuleuse exactitude l'Espagne alla même au devant des conditions militaires des traités. Mais elle n'en agissait pas aussi scrupuleusement quant aux articles commerciaux. Chaque jour nos commerçans avaient à se plaindre de quelques entraves nouvelles.

La conduite de l'Espagne était la même vis-à-vis des autres peuples, et l'Angleterre en souffrait d'autant plus, que son commerce était plus étendu. Toujours attentive à ses intérêts, elle a voulu faire cesser cette façon d'exister trop précaire suivant elle. Elle a porté ses vues plus loin. Elle a proposé à l'Espagne un traité d'où résulteraient pour l'Angleterre les avantages que la France pouvait se promettre de la convention de 1768, c'est-à-dire l'importation privilégiée des marchandises que l'Espagne ne peut se procurer de son sein, et l'exclusion par le fait de la France et du reste de l'Europe.

Lord Auckland, que la France a trop connu sous le nom de M. Eden, était parti pour l'Espagne dans ce dessein ; mais l'Espagne, affermie dans son nouveau système, s'est refusée à toute espèce de traité. Telles sont les causes réelles des hostilités dont l'Angleterre la menace.

Je n'ignore pas qu'on a voulu assigner d'autres causes. Je n'ignore pas que de zélés patriotes, égarés par une sollicitude louable, mais portée à l'excès, n'ont vu, dans des armemens rendus indispensables par la querelle qui vous occupe aujourd'hui, que des mesures alarmantes pour la liberté. Je sais les bruits que l'on a fait courir d'une coalition entre différens ministères, et je ne m'arrêterai point à les réfuter. Plus d'un an s'est écoulé depuis que les vaisseaux anglais ont été arrêtés dans la baie de San-Lorenzo, et cette date seule exclut toute idée de connivence, du moins quant au motif apparent de la guerre. Mais, dira-t-on, l'Espagne céderait si elle ne comptait sur les secours de la France? Soit, répondrai-je; mais le refus de ces secours nous serait plus pernicieux qu'à l'Espagne, et plût à Dieu que nos ministres n'eussent jamais eu d'autre tort que de ne pas laisser notre commerce passer en des mains étrangères! Sans doute on ne me dira pas que le cabinet de Saint-James soit aussi du secret. Il eût été bien plus simple alors que les escadres anglaises et hollandaises se réunissent à l'escadre espagnole. C'en était fait de nos îles et de notre commerce, et de nos vaisseaux de guerre s'ils se fussent hasardés à paraître en pleine mer.

Pardon, messieurs, de m'être arrêté, même en peu de mots, sur des craintes chimériques, sur des soupçons dénués de tout fondement. Au reste, les deux cabinets auraient combiné leurs démarches, que votre position serait toujours la même. Dans l'état actuel des choses, vous auriez toujours à vous déterminer entre les trois partis qui se présentent.

Le premier est celui de se tenir dans la neutralité la plus entière.

Le second est celui d'accorder purement et simplement à l'Espagne les secours qu'elle réclame aux termes des traités.

Le troisième est de faire cause absolument commune avec elle, de rompre le traité de commerce qui nous lie avec l'Angleterre, et de réclamer l'exécution littérale de la convention de 1768, conclue dans des circonstances pareilles.

Dans la première supposition, fût-il vrai que le cabinet de Saint-James pût assurer sa tranquillité au dedans sans chercher des ennemis au dehors, je pose encore en fait que vous n'éviteriez pas la guerre. En effet, quels seraient les résultats immédiats de votre neutralité? En faisant souscrire l'Espagne aux conditions offertes par l'Angleterre, en faisant accorder à celle-ci le traité de commerce qu'elle désire, vous amèneriez immédiatement une conséquence désastreuse pour la France; c'est-à-dire que vous excluriez de tous les ports espagnols les produits de nos manufactures, remplacés par les marchandises anglaises. Et de quel œil croyez-vous que la Bretagne, que la Normandie, que la Picardie, que le Languedoc, verraient la décadence entière de leurs fabriques déjà presque à moitié ruinées? Croyez-vous qu'elles ne vous forceraient pas à rompre le traité de commerce avec l'Angleterre, par qui ont commencé leurs désastres, ou à exiger de l'Espagne dans ses ports les mêmes avantages dont y jouiraient les Anglais? Ainsi, à quoi vous conduirait un lâche système de neutralité? rien qu'à avoir la guerre, mais à la soutenir seuls contre l'Angleterre et la Hollande; car sûrement l'Espagne, approvisionnée par ces deux puissances, ne mettrait pas plus d'empressement que vous n'en auriez mis vous-mêmes à remplir les traités dont elle réclame l'exécution, et vous n'auriez pas assez bien mérité d'elle pour qu'elle tirât de vos fabriques ce que l'Angleterre et l'Allemagne lui procureraient à meilleur prix.

« Cependant, malgré la ruine de cette branche extrêmement importante de votre commerce, vous ne seriez pas, sans doute, à la merci de l'étranger. Mais qui vous dira que dénué d'alliés, comme vous le seriez alors, vous conserveriez vos colonies? Certes, pour vous les ravir, il ne faudrait que le vouloir. Elles tenaient à la France alors que la France se faisait respecter, alors que la France pouvait les protéger; mais elles ne s'exposeraient pas à une perte inévitable pour se conserver à une puissance qui, s'abandonnant elle-même, délaisserait à plus forte raison ses établissemens lointains. Et quand les colonies voudraient partager le sort de leur métropole et lui rester fidèles, cette fidélité leur serait-elle possible ? Elles seraient tôt ou tard la proie de la nation qui posséderait exclusivement l'empire des mers ; et, je vous le demande, disputerez-vous seuls cet empire à l'Angleterre et à la Hollande réunies ?

« Si vous l'entrepreniez, comme j'ai entendu quelques honorables membres s'en flatter, la dépense extraordinaire des premières constructions, la dépense annuelle et régulière d'un établissement maritime plus considérable, la dépense plus ou moins prochaine des guerres à soutenir ne s'élèverait-elle pas infiniment au-dessus des avances que vous occasioneraient en ce moment les secours réclamés par l'Espagne ? Calculez ensuite ce que les levées de matelots, pour de pareils armemens, auraient de ruineux pour le commerce. Calculez les hasards de la mer et de la guerre que vous supporteriez seuls, parce que vous seriez isolés. Calculez le moins de ressources que vous offrirait un commerce exténué. Et si le sort des armes vous était contraire, voyez devant vous la perte de vos îles à sucre, et mesurez-en les conséquences. Dites-moi si, quelque fertile, quelque varié que soit le sol de la France, il peut suffire aux besoins que se sont formés ses habitans ?..... La France sera donc appauvrie, et de ce que lui procurait un commerce lucratif avec l'Espagne et du produit entier de nos îles, et de ce qu'elle devra débourser pour les matières ouvrées ou premières, de luxe ou de nécessité, qu'elle sera forcée de tirer du dehors. Ce qu'on lui fournira, elle le payera en argent, parce qu'elle aura fermé tous les débouchés à ses manufactures. L'exportation, et conséquemment la rareté du numéraire, rendra la circulation moins active; et la stagnation absolue, ou plutôt la paralysie du commerce, entraînera celle de l'agriculture.

« Je rejetterai donc bien loin la première hypothèse, c'est-à-dire celle d'une neutralité.

« Dans la seconde hypothèse, c'est-à-dire si nous nous bornons à fournir simplement à l'Espagne les secours qu'elle réclame en vertu des traités, il est probable que cette conduite de notre part n'amènera pas la guerre.

« En effet, l'immédiate conséquence de la guerre serait : 1° de faire perdre aux Anglais un avantage énorme qu'ils possèdent, c'est-à-dire leur traité de commerce avec nous ; 2° de réaliser un événement qu'ils craignent, c'est-à-dire le pacte commercial si long-temps projeté entre nous et l'Espagne.

Ainsi la guerre n'aurait pour l'Angleterre que de mauvaises chances, puisqu'elle commencerait par éprouver, sans coup férir, deux pertes sensibles; qu'ensuite, en cas d'insuccès, ou surtout d'échecs militaires, elle ferait encore d'autres pertes; et qu'enfin tout ce qu'elle pourrait attendre des campagnes les plus heureuses serait de se retrouver au point où elle est aujourd'hui.

« Ainsi donc, pas de guerre dans la seconde hypothèse; mais aussi nous n'aurions rien fait pour la prospérité de la France, et l'Espagne recueillerait seule les fruits d'une sécurité qui lui permettrait de suivre un système défavorable à notre industrie.

« Dans le troisième cas, messieurs, dans le cas où vous feriez franchement, hautement cause commune avec l'Espagne, vous devriez vous attendre à la guerre; et, dans toute autre circonstance, il n'y aurait pas à hésiter.

« Des besoins sans nombre sont imposés à l'Espagne par la quotité de ses consommations, et par la stérilité ou du moins par la langueur de son industrie.

« La nature de ces besoins est telle, que la France et l'Angleterre peuvent y pourvoir à l'exclusion l'une de l'autre, et du surplus de l'Europe. Les toiles, les draps, les flanelles, les serges, les camelots, tous les lainages dont elle manque (quoiqu'elle en ait plus et mieux qu'aucune autre nation la matière première), elle peut les tirer indifféremment de la France ou de l'Angleterre. C'est le droit de les lui fournir exclusivement que l'Angleterre se propose de conquérir. C'est ce privilége même qu'il dépend de vous de recevoir de l'Espagne qui le lui refuse. Elle préférerait sans doute n'en accorder à aucune nation; mais, s'il lui fallait en favoriser une, elle n'hésiterait pas un instant. Si même elle ne l'a fait déjà, la faute en est à des ministres aveugles ou prévaricateurs, et je crois vous avoir prouvé qu'ils l'ont forcée en quelque sorte à en abandonner l'idée. Notre position actuelle est celle de 1768. Il dépend de nous d'en renouveler la convention. La confiance de l'Espagne en nous contraste de la manière la plus marquée avec les craintes que lui inspire l'Angleterre; et pourquoi ne mettrions-nous pas à profit ces craintes et cette confiance?

« Sur deux cents millions de denrées de toute espèce que les colonies espagnoles demandent à leur métropole, elle ne peut leur en fournir de son sol que soixante-dix ou environ. Si les franchises des nations étrangères, qui contrarient, qui entravent, qui enchaînent son industrie, n'existaient plus, je suppose que l'Espagne parvînt graduellement à augmenter son exportation propre de trente autres millions : resteraient encore cent millions dévolus au commerce de l'étranger, resteraient cent millions qui seraient à vous, si vous vouliez les saisir, et qui seraient à vous par le droit le plus incontestable, par la volonté libre d'un État qui trouve son intérêt dans le vôtre. Pour ne rien outrer, messieurs, je suppose encore que le reste de l'Europe entre pour moitié dans ces cent millions, ce serait toujours cinquante dont s'enrichirait annuellement la France; et ce qu'on appelle *la balance de son commerce* n'étant en ce moment que de trente au plus, ce serait un bénéfice réel de vingt millions.

« Mais il faut bien faire attention qu'en même temps que votre commerce prendrait une nouvelle vigueur, celui de vos rivaux déclinerait nécessairement en raison de la plus grande extension du vôtre. Leur industrie et leurs forces s'affaibliraient conséquemment de tout ce que vous ajouteriez à votre industrie et à vos forces; par exemple, dans l'ancien système, sur les cent millions dont nous parlons, l'Angleterre seule fournissait aux besoins de l'Espagne et de ses colonies pour moitié plus que la France, ou à peu près; si dans un système nouveau la France, à son tour, fournissait à l'Espagne cinquante millions, et l'Angleterre trente seulement, il est certain qu'en même temps que la France ferait un gain de vingt millions pour son commerce, elle en ferait un de cinquante pour sa tranquillité; car, à coup sûr, vous ôteriez à la puissance d'une nation commerçante, lorsque vous attaqueriez dans son germe l'excessive opulence d'où dérivent sa fierté, son ambition, le despotisme spoliateur qu'elle veut exercer sur tous les points du globe.

« Mais encore une fois ces mesures avouées par la plus saine politique ne pourraient s'effectuer que par une guerre. Cette guerre, il est vrai, anéantirait du même coup ce monstrueux traité de commerce, qui, au profit de l'Angleterre, ruine la Bretagne, la Champagne, la Picardie, la Normandie; et quelques calculateurs ne craindraient pas d'avancer que peut-être une guerre n'achèterait pas trop cher la destruction de ce traité et le renouvellement de la convention de 1768.

« Ils oseraient vous dire que la masse des fonds que retiendraient ou que feraient refluer annuellement dans le royaume l'une et l'autre de ces mesures vous dédommagerait lucrativement d'une guerre dont la durée supposée de quatre ans n'entraînerait qu'une dépense de six cents millions, pour un armement de soixante-dix vaisseaux de ligne et d'un nombre relatif de bâtimens de moindre force, armement plus considérable qu'aucun de ceux sortis de vos ports durant la dernière guerre.

« Ils ajouteraient que ce calcul ne peut être erroné, puisqu'en se basant sur celui que le ministre de la marine vous a présenté pour l'équipement de quatorze vaisseaux de ligne et de moindres bâtimens, la mise-hors et l'entretien de la flotte très-considérable dont nous venons de parler ne s'élèveraient pas à quatre-vingt-dix millions, et qu'il en resterait soixante, ce qui est énorme, pour les constructions, les hôpitaux, les renouvellemens d'armes, de vivres, d'agrès et de munitions, que pour la première campagne je suppose tirés des magasins, et qui sont compris, par conséquent, dans les anciens déboursés.

« Ils ne craindraient pas de vous assurer, comme l'a fait un membre de votre comité des finances, que « si « les circonstances politiques entraînaient la France « dans une guerre, elle serait en état de développer « des moyens et d'obtenir un crédit public bien autre- « ment hypothéqué et garanti que celui qu'offre au- « jourd'hui l'Angleterre, dont le capital de la dette « atteint presque à la valeur du sol territorial. »

« Ils vous diraient enfin que s'il n'est point de guerre qui ne soit désastreuse, celle de mer l'est infiniment moins que celle de terre.

« Dans une guerre de terre, si nous voulons écarter de nos foyers les horreurs qu'elle traîne à sa suite, il nous faut transporter à grands frais nos armées dans le pays ennemi. C'est ce que nous avons fait dans nos guerres de Flandre, d'Allemagne et d'Italie, où nos succès ont concouru presque autant que nos revers à nos pertes. La première est une grande consommation d'hommes, occasionée soit par la désertion, soit par les maladies, résultat nécessaire des marches pénibles et du changement de climat. La seconde est l'irrémédiable perdition du numéraire, parce que chaque objet de dépense se paye au comptant. Ce n'est que l'argent à la main que vous pouvez soutenir votre armée, et cet argent ne vous revient plus. Le dépérissement de la partie de vos denrées, que consommait votre armée en temps de paix, est une calamité de plus, dont le fisc ne s'aperçoit pas, mais dont gémit l'agriculture. Sur seize cents millions qu'a coûtés la guerre de 1757, un milliard peut-être alla s'enfouir hors du royaume. Si, comme on a lieu de le présumer, la balance de notre commerce avant l'absurde traité, je dirai plus, avant le parricide traité fait avec l'Angleterre, s'élevait en notre faveur à soixante-dix millions, il fallait quatorze années de la plus heureuse paix pour rendre à notre industrie les fonds dont on l'avait privée; et comme l'absence de ces fonds a dû rendre pendant long-temps les reviremens moins rapides et le commerce plus languissant, c'est peut-être vingt ans qu'il a fallu pour réparer les désastreux effets de la guerre terminée par le traité de Paris.

« Il s'en faut bien que les résultats d'une guerre de mer soient aussi préjudiciables. Un vaisseau de ligne avec ses gréemens ne coûte guère qu'un million, dont un tiers au plus passe à l'étranger pour achat des matières premières, comme brai, bordage, chanvre, cuivre, mâtures. Ce serait donc exagérer que de porter à quarante millions l'exportation du numéraire nécessitée par quatre ans de guerre ; le surplus rentre dans la circulation par les mains des artisans en tout genre et des matelots qui le reçoivent, et la consommation n'éprouve, pour ainsi dire, aucun déchet vraiment appréciable. Sans doute la dépense est considérable, mais du moins elle alimente l'agriculture et l'industrie ; la chose publique en souffre, mais la chose privée n'en souffre pas, peut-être même y gagne-t-elle.

« Ces observations trouvent également leur place, soit, et ce serait mon vœu particulier, que vous unissiez sur-le-champ toutes vos forces à celles de l'Espagne pour l'abaissement de l'Angleterre, pour la prospérité de vos fabriques et pour l'extension de votre commerce ; soit que, vous en tenant à la lettre des traités, vous fournissiez sans condition, à votre allié, la stricte quotité des secours que ces traités lui garantissent.

« Ce serait peut-être ici le lieu d'apprécier le mérite intrinsèque des articles qui déterminent avec tant de précision la nature et l'étendue de ce secours. Il me serait facile de démontrer que toute clause qui en fixe la mesure est illusoire ou ridicule. En effet, ou les secours stipulés ne sont pas nécessaires à mon allié, et dans ce cas je ne dois pas y être tenu ; ou ils ne sont pas suffisans, et dans ce cas j'abuserais des mots si je disais l'avoir secouru. Quoi qu'il en soit, vous devez à l'Espagne des secours. L'intérêt et la gloire de l'empire français vous en font une loi. La prudence va plus loin ; elle exige qu'une force imposante mette à l'abri de toute insulte vos côtes, votre commerce et vos colonies, et que vous ne vous laissiez pas surprendre par des assurances mensongères.

« Mais que parlons-nous encore de paix, quand une escadre déploie sur l'Océan tout l'appareil de la guerre ? Tandis que des membres de cette assemblée calculaient avec une timide circonspection les inquiétudes que pouvait causer à l'Angleterre un misérable envoi de trois cents hommes et de trois cents fusils dans notre colonie de Tabago, vingt-cinq vaisseaux de ligne et trente-cinq autres bâtimens sont sortis des ports anglais, sans que nous ayons été prévenus de la destination de cet armement dont, aux termes des traités, le cabinet français aurait pourtant dû être instruit. Messieurs, ou le ministère en a reçu la nouvelle officielle, et ne vous l'a pas communiquée, et dès lors le ministère est coupable ; ou il ne l'a pas reçue, et vous ne pouvez tarder plus long-temps à faire connaître à l'Angleterre l'indignation qu'excite en vous l'arrogance de son procédé. Rappelez-vous les négociations de 1756, et la subtilité ou plutôt la mauvaise foi de la Grande-Bretagne à cette époque. Elle feignait de désirer la paix quand elle avait résolu la guerre ; quand, depuis près de deux ans, elle avait tracé à ses généraux les règles de conduite les plus hostiles. Rappelez-vous le droit des gens violé dans la personne, dans la propriété de vos commerçans, de vos armateurs, de vos colons, et jugez sa conduite actuelle... Messieurs, les craintes des députés extraordinaires du commerce ne sont rien moins que chimériques. On est bien près de tout oser quand on peut tout, et sans doute il ne dépend que de l'Angleterre de s'emparer de vos colonies. Vous armerez, il ne sera plus temps. Vous le pouvez aujourd'hui, et quelle considération vous retiendrait? si c'est le désir de la paix, songez que le plus sûr moyen de la conserver est d'être prêt à faire la guerre.

« Mais cette paix, vous ne l'achèterez point par la ruine de votre commerce, par une neutralité honteuse qui ne nous procurerait qu'une tranquillité momentanée. Le souverain qui achète la paix invite son ennemi à la guerre et le fortifie de tout l'argent dont il s'affaiblit. C'est un mauvais politique que celui qui se conduit comme s'il ne lui restait que quelques jours à vivre, et qui se soucie fort peu de ce que, après sa mort, deviendra l'État. Vous ne déshonorerez point, par un excès de prudence, le berceau de la constitution que vos travaux, que votre courage, ont fait éclore. Je le demande à ces guerriers, à ces citoyens qu'a rassemblés de toutes les parties de l'empire le serment glorieux de mourir pour la liberté! lorsqu'ils ont promis de maintenir la constitution au prix de leur sang et de leur vie, ont-ils entendu soutenir une constitution flétrie dès sa naissance par des craintes pusillanimes? non, messieurs, à l'instant où ils en ont juré le maintien au dedans, ils en ont juré la gloire au dehors; et quel être pensant pourrait se croire libre, s'il n'avait brisé les fers du despotisme intérieur que pour prendre les chaînes apprêtées par l'orgueil d'une nation rivale?

« Que servirait d'avoir arraché aux vampires du fisc les trésors dont ils se gorgeaient, et qui, quoique par des canaux impurs, refluaient au moins dans l'empire, si c'était pour les verser sans espoir de retour dans les mains d'un peuple qui mettrait à ce prix sa rapace amitié?

« Je me résume, messieurs, par un mot profond de ce Chatham qu ej'ai déjà cité: « L'Angleterre en paix « avec l'Espagne, ou la France en guerre avec l'An- « gleterre. »

« Je dis que nous ne pouvons abandonner l'Espagne sans nous mettre, sous tous les points de vue, à la merci de l'Angleterre, sans opérer la ruine de notre commerce, celle de nos colonies et celle de notre industrie, et, par un contre-coup nécessaire, celle de la constitution. La fermeté des mesures que vous adopterez peut seule vous mettre à l'abri des maux qui vous menacent. Telle est la base du décret que je prends la liberté de proposer à l'Assemblée. »

Projet de décret.

L'Assemblée nationale décrète que son président se retirera par devers Sa Majesté pour la supplier :

1° De donner les ordres nécessaires pour qu'indépendamment de l'escadre dont l'armement a précédemment été décrété, il en soit équipé sur-le-champ une seconde de trente vaisseaux de ligne et d'un nombre proportionnel de bâtimens légers;

2° D'interposer la médiation de la France dans la querelle élevée entre l'Angleterre et l'Espagne;

3° Dans le cas où la Grande-Bretagne persisterait dans le système hostile qu'elle annonce, Sa Majesté est autorisée à lui déclarer que le premier coup de canon tiré contre l'Espagne sera considéré comme tiré contre la France.

FIN DU TOME VII.

www.ingramcontent.com/pod-product-compliance
Lightning Source LLC
Chambersburg PA
CBHW070529230426
43665CB00014B/1625

* 9 7 8 2 0 1 3 5 1 3 0 5 0 *